21世纪高等学校电子商务专业规划教材

网站运营与管理（第2版）

◎ 赵守香 丁辉 等 编著

清华大学出版社
北京

内容简介

本书在2011年版《网站运营与管理》的基础上结合近几年电子商务行业的发展、岗位能力需求以及专业教学的要求进行了改版,在保留了网站管理内容的基础上增加了网站运营的相关知识。

本书主要内容包括网站运营与管理概述、新产品的发布、网站推广与网络营销、客户服务与在线客户服务、网站评价、网站维护、网站数据分析与应用等,涵盖了网站日常运营维护中的主要工作内容。

本书可以作为高等院校、职业院校电子商务相关专业课程的教材,也可以作为企业网站运维人员的参考资料。

本书封面贴有清华大学出版社防伪标签,无标签者不得销售。
版权所有,侵权必究。举报: 010-62782989,beiqinquan@tup.tsinghua.edu.cn。

图书在版编目(CIP)数据

网站运营与管理/赵守香等编著. —2版. —北京: 清华大学出版社,2019(2021.12重印)
(21世纪高等学校电子商务专业规划教材)
ISBN 978-7-302-52466-3

Ⅰ. ①网… Ⅱ. ①赵… Ⅲ. ①电子商务—网站—高等学校—教材 Ⅳ. ①F713.36 ②TP393.092

中国版本图书馆CIP数据核字(2019)第043186号

责任编辑: 闫红梅
封面设计: 刘 健
责任校对: 时翠兰
责任印制: 宋 林

出版发行: 清华大学出版社
网 址: http://www.tup.com.cn,http://www.wqbook.com
地 址: 北京清华大学学研大厦A座 邮 编: 100084
社 总 机: 010-62770175 邮 购: 010-83470235
投稿与读者服务: 010-62776969,c-service@tup.tsinghua.edu.cn
质量反馈: 010-62772015,zhiliang@tup.tsinghua.edu.cn
课件下载: http://www.tup.com.cn,010-83470236
印 装 者: 三河市铭诚印务有限公司
经 销: 全国新华书店
开 本: 185mm×260mm 印 张: 17.5 字 数: 422千字
版 次: 2011年1月第1版 2019年8月第2版 印 次: 2021年12月第5次印刷
印 数: 31001~33000
定 价: 49.00元

产品编号: 077135-01

  本书在 2011 年版《网站运营与管理》的基础上结合近几年电子商务行业的发展、岗位能力需求以及专业教学的要求进行了改版,在保留了网站管理内容的基础上增加了网站运营的相关知识。

  2011 年版《网站运营与管理》自出版以来收到了较好的使用效果,目前已经印刷 11 次。应广大使用者的要求,总结了多所院校在使用中的经验和建议,本次改版在原有内容的基础上增加了网站运营的知识,更新了部分网站管理的内容。

  本书结合了作者近五年从事职业院校电子商务技术大赛的组织经验,在部分章节分享了组织大赛的一些体会和参赛选手的优秀作品,希望对电子商务专业的教学有所帮助。

  尽管近几年电子商务的新概念、新模式、新技术层出不穷,但喧嚣过后真正留下的东西并不多。"万变不离其宗",作者希望在本书中能够抓住那些在网站运营和管理中相对根本的知识和技能,让教学不被热闹一时的新名词牵着鼻子走。

  本书共分为 10 章,内容分别是网站运营与管理概述、新产品的发布、网站推广与网络营销、客户服务与在线客户服务、网站可用性分析、网站评价、网站维护、数据分析工具、网站数据分析与应用、网站升级。

  本书由北京工商大学计算机与信息工程学院的赵守香老师负责组织编写,参与编写的老师还有青岛西海岸新区高级职业技术学校的丁辉老师、马晓燕老师,熊易华、刘睿智为本书的编写提供了大量的素材。

  本书既可以作为电子商务专业的教材,也可以作为广大网站规划者、设计者、开发者、维护者的参考资料,对企业网站的建设和运营管理有较大的帮助。

  在本书的编写过程中参考了许多前辈的图书和专业网站的资料,很多同行也无私地提供了自己宝贵的经验和研究成果,在此表示衷心的感谢!

  由于作者水平有限,书中难免存在不足之处,希望广大同行批评指正。

作　者
2019 年 1 月

目 录

第 1 章 网站运营与管理概述 ……………………………………………… 1
  1.1 企业实施电子商务过程中的误区 ……………………………………… 1
  1.2 网站运营与管理的含义 ………………………………………………… 2
  1.3 网站运营与管理的内容 ………………………………………………… 4
  1.4 网站运营与管理的 6S 理论 …………………………………………… 6

第 2 章 新产品的发布 ………………………………………………………… 11
  2.1 网上产品发布的步骤 …………………………………………………… 11
  2.2 商品拍摄概述 …………………………………………………………… 12
    2.2.1 商品拍摄的特点和要求 ………………………………………… 13
    2.2.2 拍摄工具的准备 ………………………………………………… 13
    2.2.3 光线的使用 ……………………………………………………… 14
    2.2.4 商品的布局 ……………………………………………………… 16
    2.2.5 背景的选择和处理 ……………………………………………… 17
    2.2.6 产品图片的处理 ………………………………………………… 17
  2.3 图片的拍摄 ……………………………………………………………… 21
    2.3.1 什么样的图片是"好"的 ……………………………………… 21
    2.3.2 图片的尺寸要求 ………………………………………………… 24
    2.3.3 商品画面的构图技巧 …………………………………………… 27
    2.3.4 精彩构图实例 …………………………………………………… 30
  2.4 产品的文字描述 ………………………………………………………… 31
  2.5 新产品的上线与发布 …………………………………………………… 40
  2.6 新产品的推广 …………………………………………………………… 43

第 3 章 网站推广与网络营销 ………………………………………………… 46
  3.1 网络营销概述 …………………………………………………………… 46
    3.1.1 网络营销的含义 ………………………………………………… 47
    3.1.2 网络营销的理论基础 …………………………………………… 47
    3.1.3 网络营销的主要方法 …………………………………………… 48
  3.2 软文营销 ………………………………………………………………… 52
    3.2.1 软文营销概述 …………………………………………………… 52
    3.2.2 软文营销的特点 ………………………………………………… 53

         3.2.3 软文营销的四要素 ………………………………………………… 54
         3.2.4 软文营销的操作步骤 ……………………………………………… 56
    3.3 搜索引擎推广 ………………………………………………………………… 58
         3.3.1 什么是搜索引擎推广 ……………………………………………… 58
         3.3.2 搜索引擎营销信息传递的一般过程与基本任务 ……………………… 58
         3.3.3 搜索引擎营销的实施 ……………………………………………… 60
    3.4 站间链接推广 ………………………………………………………………… 61
         3.4.1 站间链接的实际意义 ……………………………………………… 63
         3.4.2 站间链接的基本原理 ……………………………………………… 63
         3.4.3 增强网络广告交换推广策略有效性的途径 …………………………… 64
         3.4.4 网络广告交换的价值及面临的问题 ………………………………… 65
         3.4.5 交换 banner 链接推广网站 ………………………………………… 67
    3.5 邮件营销 ……………………………………………………………………… 68
         3.5.1 建立邮件列表的目的 ……………………………………………… 69
         3.5.2 电子邮件列表的分类 ……………………………………………… 70
         3.5.3 开展邮件营销的步骤 ……………………………………………… 71
         3.5.4 E-mail 营销的三大基础 …………………………………………… 72
         3.5.5 获取邮件列表用户资源的基本方法 ………………………………… 73
         3.5.6 邮件列表内容的一般要素 ………………………………………… 76
         3.5.7 邮件的发送方法 …………………………………………………… 78
         3.5.8 邮件列表中的法律和其他相关问题 ………………………………… 80
    3.6 付费广告 ……………………………………………………………………… 81
    3.7 网络营销应注意的问题 ……………………………………………………… 83
    3.8 作品分析 ……………………………………………………………………… 84

第 4 章 客户服务与在线客户服务 ………………………………………………… 88
    4.1 客户服务概述 ………………………………………………………………… 88
         4.1.1 客户服务的定义与内容 …………………………………………… 89
         4.1.2 客户服务的分类 …………………………………………………… 89
         4.1.3 客户按服务需求分层 ……………………………………………… 90
    4.2 客户服务质量 ………………………………………………………………… 91
         4.2.1 客户服务质量的概念 ……………………………………………… 91
         4.2.2 一般服务质量差距模型 …………………………………………… 92
         4.2.3 制造型企业的服务质量差距模型及提高服务质量的途径 …………… 93
    4.3 客户服务的工作机理 ………………………………………………………… 96
         4.3.1 客户服务的事件驱动型工作机理 …………………………………… 96
         4.3.2 客户服务的活动扫描型工作机理 …………………………………… 98
         4.3.3 客户服务的过程交互型工作机理 …………………………………… 100
         4.3.4 3 种工作机理的适用条件与服务实例 ……………………………… 102

4.3.5　客户服务工作机理的选择策略 …………………………………… 104
4.4　客户服务系统 ……………………………………………………………… 105
　　　4.4.1　客户服务支持系统的结构 …………………………………………… 105
　　　4.4.2　客户服务系统的功能模块 …………………………………………… 106
　　　4.4.3　客户服务系统的数据模型 …………………………………………… 107
4.5　在线客户服务 ……………………………………………………………… 109
　　　4.5.1　在线客户服务的概念 ………………………………………………… 109
　　　4.5.2　客户服务的职责 ……………………………………………………… 109
　　　4.5.3　客户服务的基本分类 ………………………………………………… 110
　　　4.5.4　在线客户服务的职责 ………………………………………………… 110
　　　4.5.5　客户服务的质量管理 ………………………………………………… 111
　　　4.5.6　客户服务人员的管理 ………………………………………………… 113
　　　4.5.7　客户沟通的技巧 ……………………………………………………… 114
4.6　在线客户服务的商务礼仪 ………………………………………………… 115
　　　4.6.1　商务礼仪的特点 ……………………………………………………… 115
　　　4.6.2　商务礼仪的基本特征 ………………………………………………… 116
　　　4.6.3　商务礼仪的作用 ……………………………………………………… 116
　　　4.6.4　商务礼仪的原则 ……………………………………………………… 117
　　　4.6.5　问候礼仪 ……………………………………………………………… 118
　　　4.6.6　商务通信礼仪 ………………………………………………………… 119
　　　4.6.7　客户服务语言规范准则 ……………………………………………… 121
4.7　案例分析 …………………………………………………………………… 122
　　　4.7.1　开头语以及问候语 …………………………………………………… 123
　　　4.7.2　无法听清 ……………………………………………………………… 123
　　　4.7.3　沟通内容 ……………………………………………………………… 124
　　　4.7.4　抱怨与投诉 …………………………………………………………… 125
　　　4.7.5　软/硬件故障 ………………………………………………………… 125
　　　4.7.6　结束语 ………………………………………………………………… 126
4.8　常见问题及应答 …………………………………………………………… 127

第 5 章　网站可用性分析 ……………………………………………………… 130
5.1　网站可用性概述 …………………………………………………………… 130
5.2　影响网站可用性的因素 …………………………………………………… 132
5.3　提高网站可用性的策略 …………………………………………………… 134
5.4　与可用性有关的技术/设计问题 ………………………………………… 138

第 6 章　网站评价 ……………………………………………………………… 144
6.1　网站评价概述 ……………………………………………………………… 144
　　　6.1.1　网站评价的主体 ……………………………………………………… 145

  6.1.2 网站评价的方法 …………………………………………………… 146
  6.1.3 国内外网站评价研究概况 ………………………………………… 147
 6.2 企业网站评价准则 ………………………………………………………… 148
  6.2.1 内容质量第一的原则 ……………………………………………… 148
  6.2.2 指标全面合理的原则 ……………………………………………… 148
 6.3 企业网站评价的指标体系 ………………………………………………… 148
  6.3.1 整体评价 …………………………………………………………… 148
  6.3.2 网站设计 …………………………………………………………… 149
  6.3.3 系统设计 …………………………………………………………… 150
  6.3.4 内容提供 …………………………………………………………… 151
  6.3.5 网站推广与其他 …………………………………………………… 152
  6.3.6 企业网站的综合评价指标体系 …………………………………… 153
  6.3.7 网站评价分值的计算方法 ………………………………………… 154
 6.4 电子商务网站评价方法 …………………………………………………… 163
  6.4.1 主观评价法和客观评价法 ………………………………………… 163
  6.4.2 定性评价法和定量评价法 ………………………………………… 164
  6.4.3 基于 IA 理论的网站评价方法 …………………………………… 164
  6.4.4 目前网站评价研究的不足 ………………………………………… 165
 6.5 企业网站评估报告 ………………………………………………………… 165

第 7 章 网站维护 ……………………………………………………………… 168

 7.1 网站维护概述 ……………………………………………………………… 168
  7.1.1 网站维护的概念 …………………………………………………… 169
  7.1.2 网站维护的内容 …………………………………………………… 170
  7.1.3 网站维护的方式 …………………………………………………… 172
 7.2 网站内容维护 ……………………………………………………………… 172
  7.2.1 网站内容维护的内容 ……………………………………………… 173
  7.2.2 网站内容维护的机制 ……………………………………………… 173
 7.3 网站数据库维护 …………………………………………………………… 174
  7.3.1 数据库维护的内容 ………………………………………………… 175
  7.3.2 数据库的安全性控制 ……………………………………………… 175
  7.3.3 数据库的正确性保护、转储与恢复 ……………………………… 175
  7.3.4 数据库的重组织 …………………………………………………… 177
  7.3.5 数据库的重构造 …………………………………………………… 178
 7.4 网站链接维护 ……………………………………………………………… 178
  7.4.1 奥斯本效应 ………………………………………………………… 178
  7.4.2 网站链接维护的对象 ……………………………………………… 179
  7.4.3 网站链接维护的方法 ……………………………………………… 179

7.5 网站安全维护 ········· 182
    7.5.1 网站安全维护服务的意义 ········· 182
    7.5.2 网站安全维护服务的内容 ········· 182
    7.5.3 网站安全维护服务的流程 ········· 183
    7.5.4 网站安全维护的内容 ········· 183
7.6 网站客户反馈信息维护 ········· 185
7.7 网站优化 ········· 187
    7.7.1 搜索引擎优化 ········· 187
    7.7.2 网站优化的基础 ········· 188
    7.7.3 网站优化的关键词部署 ········· 188
    7.7.4 企业网站优化方案 ········· 189
    7.7.5 网站优化应注意的细节 ········· 190
    7.7.6 做好企业网站优化的基本途径 ········· 191
7.8 网站维护效果评价 ········· 192
    7.8.1 搜索引擎统计 ········· 192
    7.8.2 搜索引擎收录 ········· 192
    7.8.3 关键词排名 ········· 193
    7.8.4 网站各级页面 PR 值 ········· 193
    7.8.5 查看网站链接广度 ········· 193

第 8 章 数据分析工具 ········· 195

8.1 数据分析概述 ········· 195
    8.1.1 数据分析过程 ········· 197
    8.1.2 数据分析框架的主要事件 ········· 198
8.2 数据分析与数据挖掘 ········· 199
    8.2.1 数据挖掘的任务 ········· 200
    8.2.2 数据挖掘的过程 ········· 202
    8.2.3 数据挖掘的主要算法 ········· 203
    8.2.4 数据挖掘的应用领域 ········· 206
    8.2.5 数据挖掘和 OLAP ········· 208
8.3 关联分析 ········· 208
    8.3.1 关联规则挖掘过程 ········· 209
    8.3.2 关联规则的分类 ········· 210
    8.3.3 关联规则的算法 ········· 210
    8.3.4 关联规则的应用 ········· 211
8.4 聚类分析 ········· 212
8.5 分类分析 ········· 215
    8.5.1 决策树 ········· 216
    8.5.2 K-NN 法 ········· 218

　　　　8.5.3　神经网络 218
　8.6　时间序列分析 219
　　　　8.6.1　时间序列的分类 220
　　　　8.6.2　时间序列建模的基本步骤 221

第9章　网站数据分析与应用 223

　9.1　网站数据分析概述 225
　　　　9.1.1　商业活动与商业数据 225
　　　　9.1.2　电子商务数据的特点 226
　　　　9.1.3　商务数据的挖掘利用 227
　9.2　网站数据分析 229
　　　　9.2.1　为什么需要进行数据分析 229
　　　　9.2.2　网站数据分析的内容 229
　　　　9.2.3　怎么做数据分析 230
　9.3　网站流量数据的获取 231
　　　　9.3.1　网站流量数据的获取方法 232
　　　　9.3.2　应用举例 234
　9.4　网站数据分析平台 235
　　　　9.4.1　网络数据流量分析方法 235
　　　　9.4.2　数据平台系统 237
　　　　9.4.3　离线数据平台系统 244
　9.5　数据分析应用 246
　　　　9.5.1　网站优化 246
　　　　9.5.2　个性化推荐 247
　　　　9.5.3　网页设计优化 250
　　　　9.5.4　服务提升与优化 252
　　　　9.5.5　网络营销 253

第10章　网站升级 256

　10.1　网站升级概述 257
　10.2　网站升级的内容 258
　10.3　网站升级的实施 261
　　　　10.3.1　网站改版流程 261
　　　　10.3.2　网站升级的步骤 261
　10.4　网站升级应注意的问题 262
　　　　10.4.1　网站升级的时机 262
　　　　10.4.2　网站升级的数据保护 263
　　　　10.4.3　网站安全 263

参考文献 266

第1章 网站运营与管理概述

【本章知识点】

本章从总体出发介绍了网站运营与管理中存在的问题以及网站运营与管理的内容,主要包括:

(1) 目前网站运营中存在的问题;
(2) 网站运营与管理的含义;
(3) 网站运营与管理的内容;
(4) 网站运营与管理的基础理论——6S理论。

网站运营就是在网站建设完成后以网站盈利为目标的相关工作,主要包括网站的产品/服务设计管理、内容策划和更新、市场推广和网站活动策划、客户服务,以及用户需求分析、竞争对手分析、运营人员管理、投资回报分析等。如果把网站当作企业的一个产品,那么网站运营需要做的基本上相当于产品经理的工作。

1.1 企业实施电子商务过程中的误区

企业需要在营销方式上不断革新才能持续发展,在互联网与商业日益结合紧密的今天,电子商务无疑成了企业营销圆桶中最重要的一块木板。企业受到电子商务的冲击,先后开始实施电子商务,但是在这些企业实施电子商务的过程中存在着一些误区,这些误区对企业的电子商务来说是致命的。

1. 网站建立的目的不明确,是为了好看还是追求实用

许多企业在建立网站的时候追求华丽、好看,使用很多的Flash动画和图片等,弄得企业的网站像跑马灯一样花花绿绿的跳个不停,虽然看起来养眼,但完全不给搜索引擎的爬虫一个进入企业网站的入口。做企业网站应该以大气、简约为美,网页设计要考虑到各种浏览器的兼容性,网站要有清晰的结构和站内搜索系统,让客户更容易地找到自己需要的信息,并且关注网站在搜索引擎上的排名。

2. 网站推广不是无意义的,甚至比网站本身更重要

企业建好网站以后就认为万事大吉,把网站扔到一边,其实网站推广甚至比网站本身更重要,因为通过推广才能让互联网用户知道企业的网站、浏览企业的网站。企业在推广网站的过程中会出现下列错误:①企业人员不能客观地看待互联网,总希望很快地找到客户并做成生意;②以为通过建网站就能很容易地找到客户;③不知道怎样在网上实施营销。成千上万的人通过互联网寻找卖家,由于网络上产品信息的透明性和可比性,使得他们可以搜罗到很多信息,从中筛选出最终的卖家,这一过程是漫长的,最终成为真正卖家的一定拥有质优价廉的产品和优质的服务。

3. 盲目选择不适合自己的网络营销方式

很多企业没有科学的选型方法,盲目根据服务商的名气或仅凭表面的价格选型。但是事实上,为了在众多的电子商务平台中占得一席之地,很多规模不是很大、名气不是很响的电子商务平台都有自己特色的服务,相比之下这些平台可能更适合一些中小企业。

4. 缺乏国际化搜索优化意识

目前国内企业对部分搜索引擎的竞价排名和关键字广告趋之若鹜,诚然这些在推广中起到了很大的作用,但是在国际采购中潜在客户的信息查找方式是多样化的,很多外国客户在选择世界知名搜索引擎之外还会选择很多本土的搜索引擎和黄页来查找信息,因此搜索国际化对网络推广同样有着不可替代的作用。例如全球推广是非常适合外贸企业进行海外推广的,全球推广分为普通关键字全球推广和热门关键字全球推广。普通关键字全球推广有以下特点:指定一个普通关键字搜索;面向全球所有国家;英文界面显示广告;保证时时显示;显示在搜索结果首页位置。热门关键字全球推广有以下特点:指定一个热门关键字搜索;面向全球所有国家;英文界面显示广告;保证时时显示;显示在搜索结果首页位置。

5. 缺乏全球推广意识

很多企业意识到了网络推广在国际贸易中的作用,但是在进行网站的全球推广过程中企业将全球网站放在国内的服务器上,这样企业的国外潜在客户在打开该网站的时候会非常慢。如果企业的国外潜在客户在打开企业的网站之后 10 秒钟还没有打开网页,他可能立刻会把企业的网站关掉,而去看企业的竞争对手的网站。所以,从网站的制作和投放策略来看,对于全球客户的企业网站,除了要用英文以外,必须把网站放在国外才能取得最好的推广效果。

根据经验,把网站放在国外还有一个优势,即能够有效地提高搜索引擎的更新频率和排名。如果同时用相同的方法为两个英文网站对某个关键字进行搜索引擎优化排名,方法相同,花费的精力却不同。空间放在国外的网站,仅用了三四个月就排到了 Google 第一页,而服务器放在国内的网站,竟然花了近一年才排到第一页。另外,如果放在国内,由于是国内的 IP 地址,对于目标客户所在地区的用户而言,用 Google 这样的搜索引擎很难找到。

1.2 网站运营与管理的含义

网站运营是指网络营销体系中一切与网站后期运作有关的工作。建立一个网站,对于大多数人来说并不陌生,尤其是已经拥有自己网站的企业和机构。

但是,提到网站运营可能很多人不理解,对网站运营的重要性也不明确,通常被忽视。网站运营不像网站建设那样,一次性投入,不管建的好坏,总能出现在人们面前。这就如同某单位出资建了一家企业一样,领导人到位,资金到位,设备到位,那么企业就算是成立了。那么,建立企业的目的是什么?是希望逐步发展,希望市场的占有率越来越高,实现利润的回报,肯定没有人希望企业建成之日便是倒闭之时。

同样,谁也不希望网站建设之后会变成一个死站,不能为企业效力。从这个意义上来说,网站若想得到好的回报,就应当进行运营,而且是科学的运营。网站的管理水平直接反映了该企业的管理水平,体现了整个企业的文化。

就目前我国的互联网发展趋势来看,网站的运营应当融入企业的整体经营体系中,使网络与原有的机制有机结合,这样才能发挥网站及网络营销的商业潜力。

企业的网站运营包括很多内容,例如网站的宣传推广、网络营销管理、网站的完善变化、网站后期的更新维护、网站的企业化操作等,其中最重要的就是网站的维护和推广。

很多企业在做网站时兴师动众,在网站做好后认为万事大吉,很少过问,负责网站管理的部门甚至没人懂得基本的维护知识,建网站充其量不过是在名片上带有一个WWW的上网标志。

现在网络应用正在深入,网络营销知识正在普及,越来越多的企业领导、管理人员意识到:一个一两年没更新过的网站,以及一个做得精美但没有多少人知道的网站,完全是在浪费资源。信息化原来并非一次性投资建一个网站那么简单,更重要的工作在于网站建成后的长期更新与推广过程。

网站维护涉及资源和成本问题,但只要用对工夫,大部分中小企业网站维护需要的资源和成本并不会太高。企业网站主要是更新产品及说明文字。一般中小企业网站都没有后台内容管理系统,网页更新需要懂得做网页的人员,但企业大多没有这种人才(虽然学习做网页也并非难事)。一个办法,就是在跟做网站的网络公司签订合同时就订下有关网页更新服务的条款,不要因为合同中忽略了这个问题,等到需要更新时再去找网络公司,这样会很被动。

另外一个比较柔性的解决办法就是,企业培养一个编辑网页的人员,学会使用FrontPage、Dreamweaver等HTML编辑程序。一个人要是能学会使用Word,就应该可以学会网页编辑、FTP上传文件等。当然,可以让做网站的网络公司给培训一下,结合买书自学,并不难,而学习者可以多掌握一门知识,也不会抗拒,因此这个办法也是可以采用的。

网站推广就复杂多了,从交换链接、登录搜索引擎、信息发布到邮件列表维护等,各方面都涉及专业知识,已经不是简单地学习一些网页制作方法就可以解决的,但这部分又至关重要,因此对于中小企业的网站推广有以下建议:重点项目外包,其他推广工作自己内部承担。

重点项目主要指搜索引擎推广、网络广告。国内搜索引擎和网络广告的业务开展都力推代理制,可以在网站上找到它们在各地区的授权代理商,有时候通过代理的价格比媒体网站自己的对外报价还低。如果企业没有这个预算,只好在Google上免费登录,只是一般网站策划和设计人员在网站建设中并不会单独考虑针对Google排名的网页优化问题,因此要获得好的排名还是很难。如果要进行搜索引擎优化,一方面涉及费用,而最重要的还是优化的质量。实际上,目前搜索引擎优化通常只是一些个人行为而非企业行为,因为搜索引擎优化并不是一个成熟的服务产品,而且效果常与主观努力大相径庭,所以要找一个优化高手并非易事。

其他推广工作主要是寻找互换超链接的对象、发布信息、E-mail 营销推广、回复客户 E-mail 以及网站与用户的互动应答等,大多需要长期经营。这些工作一般不需要涉及太复杂的专业知识,但需要投入很多精力。对于网站维护人员而言,需要明确工作职责、内容,并长期学习新知识。另外,可以利用传统媒体进行网站推广,例如各种传播媒体(广播、电视、报纸广告、户外灯箱及路牌广告等)、展会、企业印刷品(产品 Catalog、名片)等。

有些网站管理人员可能会收到一些垃圾邮件推销网络营销软件,感觉价格不贵,听起来对网站推广好像颇有帮助。其实通过垃圾邮件宣传的网络营销软件已经没多少人相信了,那种指望几封廉价的电子邮件就可以掘起一桶金的想法对于需要脚踏实地开展的网站运营非常有害。

应当说,只有踏踏实实地按照网络营销的商业原理结合企业的实际情况开展网站的运营才能使企业网站发挥真正的作用,因此无论是已有网站还是正在建设网站的企业千万不要忽视网站运营这个环节。

1.3 网站运营与管理的内容

网站运营是一个很大的概念,从网络运营和赢利模式设计、网站功能测试、用户体验分析到网站内容维护规范、注册用户审核甚至用户评论的管理等都属于网站运营的范畴,如果把这些内容都包括在网站运营方案中,显然太庞杂了。那么一般的网站运营方案应该包括哪些内容呢?在一个网站的功能和栏目结构等基本要素确定之后,网站运营方案应该包括网站内容策划及发布(内容选题、符合网站内容规范和网站优化思想的设计、网站内容周期性发布);网站推广方法的实施及效果跟踪;网站流量统计分析以及在各种数据分析基础上提出的网站分析及改进建议等。如果能够在这些方面做到专业,那么网站运营一定是卓有成效的。

1. 网站内容策划及发布

其主要包括:
(1)网站定位是什么?
(2)有哪些资源可利用?
(3)目标受众群体的特征如何?
(4)网站盈利模式是什么?
(5)网站的投资收益计划。
(6)商业计划书。

2. 网站推广方法的实施及效果跟踪

所谓网站推广,目的在于让尽可能多的潜在用户了解并访问网站,通过网站获得有关产品和服务等信息,为最终形成购买决策提供支持。通常来说,除了大型网站(例如提供各种网络信息和服务的门户网站、搜索引擎、免费邮箱服务商等网站)之外,一般的企业网站和其他中小型网站的访问量都不高,有些企业网站虽然经过精心策划设计,但在发布几年之后访问量仍然非常小,每天可能才区区数人,这样的网站自然很难发挥其作用,因此网站推广被认为是网络营销的主要任务之一,是网络营销工作的基础,尤其是对于中小型企业网站,用户了解企业的渠道比较少,网站推广的效果在很大程度上也就决定了网络营销的最终效果。

网站推广需要借助一定的网站推广工具和资源,常用的网站推广工具和资源包括搜索引擎、分类目录、电子邮件、网站链接、在线黄页和分类广告、电子书、免费软件、网络广告媒体、传统推广渠道等。所有的网站推广方法实际上都是对某种网站推广手段和工具的合理利用,因此制定和实施有效的网站推广方法的基础是对各种网站推广工具和资源的充分认识与合理应用。

3. 网站流量统计分析

网站流量统计分析是通过统计网站访问者的访问来源、访问时间、访问内容等信息,然后加以系统分析,进而总结出访问者的访问来源、爱好趋向、访问习惯等一些共性数据,为网站进一步调整做出指引的一门新型用户行为分析技术。

网站流量分析系统可以向商业网站提供页面访问计数、排行和访问分析服务,网站流量分析系统可以分析网站流量,对整个网站甚至任意页面的访问流量进行数据分析,并为网站分析出完整的统计报告,这样方便企业随时了解网站甚至任意页面的流量动向和受欢迎程度,并以此做出相关调整策略。

目前,国内已经推出很多免费的网站流量统计系统,企业可以通过它们了解网站的基本访问数据,这里以"一统天下"免费网站流量系统为例进行介绍,它可以统计到的基础数据如下。

- 访问量:包括网站的独立访客数(IP)及页面访问量(Pageview)。
- 访问时段:即一天24小时内的访问量的分布。
- 访问者来自地区:对国内访问的分析可以精确到省。
- 来自搜索引擎的访问:可以统计出搜索引擎种类及关键字分布。
- 客户访问时所使用的浏览器及操作系统。
- 客户访问时所使用的分辨率。
- 访问来源:可以统计出来自其他网站的链接所导入的访问量。
- 页面热点统计:可以统计出网站上最受欢迎的页面的排名。
- 同时在线统计:可以统计出15分钟内网站上的同时在线人数。
- 回头率分析:可以统计出访客回访网站的频率。

4. 网站分析及改进建议

从网络营销管理的角度来定义网站流量统计分析,是指通过对用户访问网站的情况进行统计、分析,从中发现用户访问网站的规律,并将这些规律与网络营销策略相结合,从而发现目前网络营销活动中可能存在的问题,为进一步修正或重新制定网络营销策略提供依据。

网站运营实际上更多的是具体的细微工作,比如网站内容维护,并不是从网上搜索一批相关内容加以编辑整理或者修改一下标题就发布在自己的网站那么简单,专业的内容设计应该是在研究用户获取信息行为的基础上参考该选题在其他网站的相关内容最终完成一篇专业的内容。这种内容写作是对编辑整理而言的,对于完全原创的文章,在选题和用户分析方面也可以参考这种思路。在网站运营的其他方面也都有各自的专业方法和技巧,比如网站流量统计分析,如果只是看访问量和搜索引擎来源等基本数据,有点互联网知识的人都可以看明白,但如果是从这些数据背后发现网站运营中存在的问题并去合理解决,则需要丰富的网站运营经验和多方面的综合知识。

5. 网站优化

网站优化是一个整体过程,从网站建设到网站的运营,整个过程都离不了优化策略,每个环节都必须有优化思想。

首先应该知道什么是网站优化?网站优化的目的是什么?

网站优化是指在搜索引擎许可的优化原则下,通过对网站中代码、链接和文字描述的重组优化,以及后期对该优化网站进行的合理反向链接操作,最终实现被优化网站在搜索引擎的检索结果中得到排名提升。网站优化包括网站自身的优化和针对搜索引擎的优化。

所谓搜索引擎优化(Search Engine Optimization,SEO),也就是针对各种搜索引擎的检索特点,让网页设计适合搜索引擎的检索原则(即搜索引擎友好),从而获得搜索引擎收录并在排名中靠前的各种行为。例如对基于META标签检索的搜索引擎,在META标签中设置有效的关键字和网站描述,对于以网页内容相关性为主的蜘蛛型搜索引擎,则通过在网页中增加关键字的密度,或者专门为搜索引擎设计一个便于检索的页面(例如 sitemap.htm、robots.txt)。搜索引擎优化(SEO)是搜索引擎营销的常见形式之一。

1.4 网站运营与管理的 6S 理论

6S 是一个网站管理工作的基础,将 6S 运用到网站管理维护中可以提升网站质量、网站形象、服务水平,提高网站管理工作的效率,6S 实施不到位的网站必然会出现资金、精力的浪费。

第一个 S:SEIRI(整理)

含义:区分必要的栏目和不必要的栏目,去掉可以去掉的栏目及版块;重新分类,使网站版面井然有序,不至于出现混乱的感觉。通过整理可以提高网站管理人员的工作效率,使力量更集中、目标更明确,同时使网站的主题更鲜明。

去掉一些网站栏目需要魄力,有些网站管理人员可能觉得这些版块或者栏目每天都能带来流量,所以舍不得丢弃,这样的心态是不利于网站发展的。有人会认为网站一直就这样,不是很好吗?但是如果网站是面向无聊和闲逛的用户,这些用户除了会浪费硬件资源,不能带来任何经济效益。当然,目前大多数人(包括投资者)都是流量的盲目崇拜者、迷信者。

效率和精准是务实的网络创业者所追求的,不要期望做到世界排名多少然后圈钱上市,而要踏踏实实从创业开始就稳健地发展盈利。

第二个 S:SEITON(整顿)

含义:调整页面设计,优化用户体验。网站应当用最简单、高效的方式充分满足用户的需求,争取让用户可以在 10 秒钟之内找到所需。

网络竞争比传统经济中的竞争更加残酷,在传统经济中,用户会因为地理等因素留下,但在网络上用户轻点鼠标就可能离去,所以一定要在最醒目的地方告诉用户这里能满足其所需,让他们安心留下来。

第三个 S：SEISO(清扫)

含义：去掉网站中的一切垃圾内容,比如 SPAM 回帖、AD 等,让网站保持干净、整洁。清扫的对象是漂浮广告、过多的站内广告、SPAM 回帖等各种影响网站形象的内容,当然还包括清理过期内容、及时清理缓存等,这样能提高网站的运行速度。

第四个 S：SEIKETSU(清洁)

含义：将清扫工作持之以恒,制度化、公开化,另外找到垃圾内容产生的源头并堵住,比如修补网站程序,阻止 AD 群发软件的登录,从一开始就禁止灌水、AD、枪稿,防止形成风气导致这一现象的蔓延,创造一个没有污染的网站。

第五个 S：SHITSUKE(修养)

含义：网站管理人员的一言一行体现了自身的修养,代表网站形象,要对管理工作负责、对用户负责。网站管理人员还要发扬团队精神,严格执行规定。

网站管理团队成员要养成好的习惯,这一点非常重要,如果养成了不好的习惯,再改正比较困难。如果想把网站管理工作做好,团队的每一个成员都要养成良好的习惯,要有发自内心的认同,并且自觉遵守规定。在网络这个浮躁的大环境下,很多人好的习惯没有养成,却养成了虎头蛇尾的习惯,做事三分钟热度,使管理工作不能有序进行。作为网站管理团队成员,应该知道自己必须要做的事,养成好的习惯,做一个优秀的人。另外,无数的收获都在奉献之后,未来的收获有很多并不在预期之中。

第六个 S：SHIKOKU(坚持)

做个网站就赚钱的年代是不存在的,有流量就能赚钱的年代仍在持续,所以很多网站盲目地扩充栏目、大量地采集内容,希望增加被搜索引擎索引的数量而增加流量,却不注重对网站质量和核心竞争力的打造,导致很多垃圾网站出现。随着网络的发展,网络上的很多领域必将出现同类网站过剩,供大于求的局面,搜索引擎这时也会对收录网站变得苛刻和挑剔,不少网站会在网络时代的快速发展中败下阵来。

随着网络的规范和发展,靠过去思路发展的网站即使勉强坚持,其收入也会不断减少,不具备竞争优势的网站在网络经济的大潮中被淘汰是必然的,网站经营者务必要清楚地看到这一现实。

目前很多网站面临着严峻的挑战,如果仍然以短期利益为主,则失去竞争力是必然的,如果想作为一项事业长远经营,必须要有产品的观念,至少要把网站当作经营的独特产品,注重产品的独特性、高品质以及服务的贴近性、灵活性等,这样才有长久生存和发展的空间。

提高网站的品质,6S 是最基础的工作。如果能够找到最精准的定位,实现最专业的品质、最快的响应速度、最贴心的服务、最灵活的工作方式、最合理的价格,网站就会跃上新的台阶。

【阅读材料】 B2C 直销网站运营思路

一、运营目标

运营目标是提高网站销售量,打造 B2C 直销品牌。在市场竞争日益激烈的环境下,PPG 模式倍受各大企业关注,淘宝 MALL 的上线无疑更是刺激了 B2C 行业的发展。中国有 4300 多万个中小企业、8.02 亿网民,这无疑成为 B2C 行业最有效的说服力。然而根据现阶段中国的基本行情和电子商务的普及程度,大多数企业处在B2C行业的门外,即使有少数企业建立了B2C网站,其能够起到的效果也是十分微小的。

1. 为什么要建立B2C品牌

由于互联网崇尚第一特征和网民"倾向效应",如果企业不能够在B2C行业占据领先地位和品牌权威性,那么B2C电子商务也同样会面临严峻的挑战。有了品牌影响力,就能有效地聚集用户、买家,促进B2C网站的发展,反过来B2C网站良好发展又提升了用户信心,形成循环效应,产生滚雪球式的品牌效应。

一个行业发展到一定程度,必然会经历一次洗牌,然后朝着正规化、系统化和品牌化的趋势发展。如果能够在网站发展过程中重视品牌的建立,其逐步完成的品牌效应和口碑效应对于网站商品销售的提升和未来行业竞争所起的作用都是非常大的。

2. 中国网民普遍存在跟风和第一特征

在日后B2C行业的激烈竞争中,越来越多的消费者会对处于行业领先地位的网站形成普遍认可,如此形成口碑效应,慢慢地也会形成寡头垄断形势,与现在淘宝占据80%的C2C市场同理。所以在B2C行业的网站建设和运营过程中,对于网站品牌的建设应该摆在相对重要的位置。

二、运营计划

1. 前期:提高销量和打造品牌知名度

(1) 通过新社会媒体营销、搜索引擎营销、视频营销等多种整合式在线营销模式快速扩展市场,提升网站访问量,增加网站用户,从而进一步引导达到提高网站商品销量的目的。

(2) 借助联盟推广、活动推广、新闻推广、借势推广等多种模式进一步辅助在线推广。

(3) 初步建立网站自己的品牌形象和品牌文化,并且提供对应品牌的优质服务,品牌的建立从网站本身做起,包括logo、客服。

① 树立网站的品牌口号、宣传标语和服务宗旨等。

② 对网站进行一定的符合品牌文化的修改,将品牌变成可记忆、易于传播的符号,例如logo等。

③ 对客服进行符合网站品牌形象和品牌文化的培训(这一点可以参考支付宝的客服,其唯一宗旨是帮助别人赚钱和创业)。

(4) 从根本上改善网站的服务和界面,这也是提高转化率、增加网站销量的有效途径。从根本上让用户感觉到网站品牌意义的存在,让网站品牌文化和品牌形象融入网站和项目组的每一个细节,并且初步达成口碑效应,这是第一阶段的目标。

2. 后期:稳定和扩展品牌权威性

在完成第一阶段的运营计划之后,网站已初步具备B2C网站规模,在稳定和持续进行相应的在线营销推广过程中需要考虑如何增加网站商品种类,渗透更多的传统行业产品。

1) 增加行业渗透,挖掘潜在产品,以进一步提高网站销售量

(1) 通过第一阶段的运营和数据累积,达成网站数据和市场数据分析,选择相对突出的适合B2C行业的商品种类进行市场拓展。

(2) 进行市场调研和潜在市场分析,以挖掘潜在市场和商品种类。

2) 宣传和推广网站品牌

此时关于网站品牌的基本工作已经完成,需要针对品牌进行对外推广和扩张。

（1）进行品牌排差：这部分在品牌建设阶段已经完成，现在需要做的是尽量避免与大型企业品牌推广冲突，例如当当网、卓越网和淘宝网等，尽量采取避强和排差策略进行品牌的稳定。

（2）利用借势和造势进行品牌推广（相对应用较多的如炒作等）。

（3）借用网络软文进行品牌推广。

（4）通过线下活动或者茶话会进行线下品牌拓展。

（5）进一步打造口碑效应，即开拓个人媒体宣传。

第二阶段目标如下：

（1）挖掘出四五个传统行业产品种类，扩大网站商品种类群，借以拓展网站潜在用户群体和有效消费用户。

（2）建立自己的市场调研渠道和市场分析体制。

（3）初步推广网站品牌，打造行业内一定的品牌知名度，并且在一定程度上得到用户的认可和口碑（具体值可以按照网站的第一阶段数据进行预算）。

总结：第一阶段主要以网站活跃用户和网站商品销量为主，以品牌建设为辅；第二阶段主要以品牌宣传和推广为重点，以行业市场挖掘为辅，同时持续进行网站推广和用户拓展。

3. 用户行为分析、用户追踪和网站黏性提升

1）用户行为分析

- 知道用户在网站上做了些什么？
- 重点浏览了哪些页面或者商品？
- 哪些商品被关注的次数最多？
- 用户的鼠标点击行为是什么？
- 用户从哪个页面离开？为什么离开？

这些数据对整个网站的发展起着至关重要的作用，甚至可以这样讲，如果在线营销是网站发展中的利剑，那么对网站数据的分析则是"剑客"的听觉和视觉。聆听用户的需求，观察用户的行为，这就需要用到网站统计系统和分析体系。

建立一个网站的统计和分析体制，企业能够知道的不止以上问题，还能够分析用户在哪个阶段的购买和咨询较为集中，从而合理地安排客服人员。

另外还能知道节日期间用户的购买率是否会增加，从而能够适当调整适合做各节日礼物的商品。

2）用户追踪

一个买家一次浏览了网站，是否还会有第二次、第三次、第四次？

如何让网站的买家在第一次产生过购买行为之后还会有第二次、第三次，除去口碑和网站良好的服务、商品价格等被动原因之外是否还会有其他方式呢？这就需要考虑到对用户进行回访和追踪。

在网站不断发展和进步的过程中要累积用户资料分析用户意图，并且建立网站用户资料库。

客户追踪、回访方式如下：

（1）提示、推荐和节日温馨祝福等模式。

(2) 制定阶段性购物海报并且进行推荐。

(3) 进行有偿的、有计划和有目的的用户回访计划。

3) 网站黏性提升

网站黏性和亲和度也是一个网站是否能够留住用户,提升用户回访率和口碑效应的关键因素。

一个网站的黏性指数是这个网站是否会成功的关键,同时初步建立了网站黏性也标志着网站已经跨出成功的第一步。

增加网站黏性的方法如下:

(1) 提高网站用户体验,将商品信息娱乐化和互动化。

(2) 在后期推出资料站,以供用户进行信息索引和信息比对。

(3) 提升细节服务,以达到让用户舒服的客户服务。

(4) 增强网站细节的修改,知道用户在什么地方需要用到什么,想要点击什么。或者说用户访问到哪个页面的时候需要进行在线咨询,用户访问到哪个页面的时候需要商品信息等。

4. 剩余部分

- 热点商品分析和行业趋势监控。
- 用户需求分析和数据统计。
- 进行网站改版和界面设计。
- 网站搜索引擎营销拓展。
- 搜索引擎营销对于B2C网站的重要性。
- 运营背景:无锡某公司B2C直销网站,采用类似沃尔玛的销售模式。
- 网站背景:全站Flash无统计,无优化。
- 网站情况:非正规,竞争力低下等。

第 2 章 新产品的发布

【本章知识点】

企业有新的产品上市,要把新产品的详细信息发布到网站上,并进行恰当的营销活动。

本章从网站产品维护的角度出发,根据新产品信息发布和推广的要求完成一个新产品的上线工作,主要内容包括:

(1) 产品图片的拍摄;
(2) 产品文字的描述;
(3) 产品上线;
(4) 产品推广策略。

【任务 1】 娃哈哈集团研发了新的产品"水溶 C100"果汁饮品(如图 2-1 所示),需要在网站上发布,同时进行新产品的折扣推广。

图 2-1 "水溶 C100"果汁饮品

2.1 网上产品发布的步骤

在网上发布新产品一般需要经过下列步骤。

步骤 1:给产品拍摄图片。

产品图片的拍摄效果直接影响到商品成品图的制作,也影响到商品的销售。拍摄好一张产品的图片,不仅节省图片的处理时间,也直接影响产品的销售。

一般至少要拍摄 5~10 张图片,从不同角度、全方位地展示产品的独特特性。

步骤 2：图片的处理。

利用 Photoshop 等图片处理软件对拍摄的图片做进一步处理，提高图片的效果。

步骤 3：产品信息的文字描述。

对每一张图片所传达的信息用通俗、精练、明了的语言描述出来，并与图片搭配好。

精美的图片配上详细介绍的产品说明，正如现实生活中人们所说的"卖相好"，找一个让客户心动的理由，使客户在虚拟的网络中寻到真实感，不要错过任何展示的机会。

将拍好的图片和商品描述文件存放到一个文件夹里，以便于管理。

步骤 4：产品上线发布。

登录到网站，在类目中选择产品类别，填写产品信息。

网站提供图片、文字资料上传的途径，把准备好的素材上传或输入平台。

步骤 5：新产品营销。

为了提高新产品的市场认知度，一般需要对新产品采取促销策略，折扣、优惠券、买送等都是常用的促销手段。

在准备产品信息资料的过程中，选用什么图片、从什么角度、用什么语言来描述产品，往往对产品的市场认知度和客户吸引力具有至关重要的作用，需要认真斟酌。当然也有一些技巧可以参照，例如下面两个案例。

【**案例 1**】 产品价值描述应是充实生动的数据。

例如：XYZ 牌减肥茶，方便速效，能在 7 天内令您体重减少 1.5kg。每天轻松饮用，您的体内将减少 7kcal 热量，相当于 0.75kg 的多余脂肪，两小时的剧烈运动，脂肪振动机不停地开两个星期。一个月饮用 XYZ 牌减肥茶，75kg 的人减重 6kg，85kg 的人减重 8kg，100kg 的人减重 11.5kg。如果有这种减肥茶，哪个胖子不心动。

【**案例 2**】 仿古灯笼。

标题：昔日宫廷帝王御用品，如今飞入寻常百姓家。仿古灯笼——工艺宫灯。

本产品做工精湛，皇家风范，产品为塑料制造，有金黄色和仿红木色，镀金色雍容华贵；仿红木色古色古香，配有山水国画、仙女下凡等中国特色传统图案，内附走马灯，行云流水，令图案更具动感，红色的流苏随风飘逸，精美大气，富丽堂皇，昔日宫廷帝王御用品，如今飞入寻常百姓家。各大酒店和社区楼盘及游园灯会大量订购使用，为增添节日气氛，现在家庭也多购置用于节日装饰，赏心悦目。其折装式自助包装，包装内备有安装图示，简单方便，体积小，运输方便。卖塑料宫灯和红木宫灯的厂家很多，但他们都说今年宫灯不好销，但我们却被客户催着交货，所有存货一扫而光，差别仅此而已。

朋友们要始终记住：产品特性就是描述产品是什么；产品价值就是描述产品能为客户解决什么问题，价值描述越多越生动，就越容易赢得客户。

2.2 商品拍摄概述

商品拍摄确实需要技巧和技能，下面介绍商品拍摄中的几个问题，包括商品拍摄的特点和要求、拍摄工具的准备、光线的使用、背景的选择等。

2.2.1 商品拍摄的特点和要求

商品拍摄的对象,从广义上来说可以是一切能够出售的物体,包括自然界中的花卉、树木、瓜果、蔬菜、日常用品、工业用品、手工艺品、历史文物等。这里要讲的是从狭义的角度,拍摄的表现范围主要是室内饰物、花卉、器皿、工艺品、服装等一些体积较小、可以人工摆放的物品。

商品拍摄不同于其他题材的摄影,它不受时间和环境的限制,一天24小时都可以进行拍摄,拍摄的关键在于对商品有机地组织、合理地构图、恰当地用光,将这些商品表现得静中有动,栩栩如生,通过照片给买家以真实的感受。

1. 商品拍摄的特点

(1) 对象静止:商品拍摄区别于其他摄影的最大特点是它所拍摄的对象都是静止的物体。

(2) 摆布拍摄:摆布拍摄是区别于其他摄影的又一个显著特点,不需要匆忙地现场拍摄,可以根据拍摄者的意图进行摆布,慢慢地去完成。

(3) 还原真实:不必过于追求意境,否则会失去物品本来的面貌。

2. 商品拍摄的总体要求

商品拍摄的总体要求是将商品的形、质、色充分表现出来而不夸张。

(1) 形:指的是商品的形态、造型特征以及画面的构图形式。

(2) 质:指的是商品的质地、质量、质感。商品拍摄对质的要求非常严格,体现质的影纹层次必须清晰、细腻、逼真,尤其是细微处以及高光和阴影部分,对质的表现要求更为严格。在拍摄时要用恰到好处的布光角度、恰如其分的光比反差,以求更好地完成对质的表现。

(3) 色:商品拍摄要注意色彩的统一,色与色之间应该是互相烘托,而不是对抗,是统一的整体。"室雅无须大,花香不在多",在色彩的处理上应力求简、精、纯,避免繁、杂、乱。

2.2.2 拍摄工具的准备

俗话说"工欲善其事,必先利其器",下面介绍一些拍摄工具。

既然是网店商品拍摄,就要有一款适合静物拍摄的相机,最好有微距功能。

三脚架是商品拍摄乃至其他各类题材摄影不可或缺的主要附件,为避免相机晃动,保证影像的清晰度,三脚架是必需的。

灯具是室内拍摄的主要工具,如果有条件,应准备3个以上的照明灯。这里建议使用30W以上的三基色白光节能灯,它们价格相对便宜,色温也好,很适合家庭拍摄使用。

商品拍摄台是进行商品拍摄必备的工具,但也可以因陋就简,灵活运用。办公桌以及家庭用的茶几、方桌、椅子和大一些的纸箱,甚至光滑平整的地面都可以作为拍摄台使用。

另外是背景材料,如果到照相器材店购买正规的背景纸、布,费用会很大,在小的房间里使用起来也不一定方便。大家可以到文具商店买一些全开的白卡纸来解决没有背景的问题,千万不要用复印纸。也可以到市场购买一些质地不同(纯毛、化纤、丝绸)的布料来做背景。

2.2.3 光线的使用

商品拍摄与其他摄影题材在光线的使用方面有一定的区别。

商品拍摄的对象大多是能够放在拍摄台上的东西,物体的质感表现、画面的构图安排比其他摄影题材的表现要求更高,而且拍摄中灯光的使用较多,自然光的使用较少,所以在画面布局和灯光处理方面比较复杂。

下面介绍两种拍摄商品的光线的使用方法。

1. 室内自然光

由于室内自然光是由户外自然光通过门窗等射入室内的光线,方向明显,极易造成物体受光部分和阴暗部分的明暗对比,既不利于追求物品的质感,也很难完成其色彩的表现。对于拍摄者来讲,运用光线的自由程度会受到限制。

如果要改变拍摄对象明暗对比过大的问题,一是要设法调整自己的拍摄角度,改善商品的受光条件,加大拍摄对象与门窗的距离;二是合理地利用反光板,使拍摄对象的暗处局部受光,以此来缩小商品的明暗差别。利用室内自然光拍摄商品照片,如果用光合理、准确且拍摄角度适当,不仅能使商品的纹路清晰、层次分明,还能达到拍摄对象受光亮度均匀、画面气氛逼真的效果。

在商品拍摄光线的使用方面,如果有条件,建议最好利用人工光源,根据自己对商品拍摄的理解认识去进行拍摄实践。

2. 人工光源

人工光源主要是指各种灯具发出的光,这种光源是商品拍摄中使用非常多的一种光源。它的发光强度稳定,光源的位置和灯光的照射角度可以根据自己的需要进行调节。

如何使用人工光源进行拍摄,要根据拍摄对象的具体条件和拍摄者对于表现方面的要求决定。灯光是以点状光源或是柔光棚光源及反射光线等形式对商品发生作用。在许多情况下,拍摄对象的表面结构决定着光源的使用方式。

在一般情况下,商品拍摄是依靠被摄商品的特征吸引买方的注意,光线的使用会直接关系到被摄商品的表现。拍摄者要善于运用光线明与暗、强与弱的对比关系,了解不同位置的光线所能产生的结果。

(1) 侧光能很好地显示拍摄对象的形态和立体感;

(2) 侧逆光能够强化商品的质感表现;

(3) 角度较低的逆光能够显示出透明商品的透明感;

(4) 角度较高的逆光可用于拍摄商品的轮廓形态。

熟悉和掌握上述各种位置灯光的作用和效果,在拍摄过程中可以先使用一个照度较大的单灯在拍摄对象的前后、左右位置进行照明实验,细心观察不同位置光线所能产生的不同效果,了解它对拍摄对象的表现所产生的作用。

利用室内灯光进行商品照片的拍摄,其光线的类型大致可以分为主光、辅助光、轮廓光、背景光、顶光、地面光等几种。在一般情况下，拍摄采用3~4种光线类型即可。

对于拍摄者来说，在布置各种类型的光线时切忌将所有的灯光全部照射到被摄对象及其背景等处，这样做会造成光影的混乱。

正规的布光方法应该注重使用光线的先后顺序，首先要重点把握主光的运用，因为主光是所有光线中占主导地位的光线，是塑造拍摄主体的主要光线。当主光作用在主体位置上后，其灯位就不再轻易移动。然后利用辅助光来调整画面上由于主体的作用而形成的反差，要适当掌握主光与辅助光之间的光比情况。

辅助光的位置一般都安排在照相机附近，灯光的照射角度应适当高一些，目的是降低拍摄对象的投影，不至于影响到背景的效果。在辅助光确定以后，根据需要考虑轮廓光的使用。

轮廓光的位置一般是在商品的左后侧或右后侧，而且灯位都比较高。在使用轮廓光的时候要注意是否有部分光线射到镜头表面，一旦发现要及时处理，以免产生眩光。之后再按照拍摄需要考虑背景光等其他光线的使用。

在全部所需光线部署好以后，纵观全局，做一些必要的细微调整。当然这种有主有从、有先有后的布光顺序是在一般情况下，面对一些特殊的拍摄对象，光线的使用并不一定拘泥于主光到辅助光再到轮廓光这种用光顺序。有时候只需要一个灯照明，有时候将顶光作为主光使用。拍摄者可通过反复实践，掌握用光的规律，这样就能很好地把握商品拍摄中光线的使用效果了。

下面介绍几种不同表面结构商品的光线运用方法。

（1）粗糙表面商品的光线运用：有许多商品具有粗糙的表面结构，例如皮毛、棉麻制品、雕刻等，为了表现好它们的质感，在光线的使用上应采用侧逆光或侧光照明，这样会使商品表面表现出明暗起伏的结构变化。

（2）光滑表面商品的光线运用：一些光滑表面的商品，例如金银饰品、瓷器、漆器、电镀制品等，它们的表面结构光滑如镜，具有强烈的单向反射能力，直射灯光聚射到这种商品表面会产生强烈的光线改变。所以拍摄这类商品一是要采用柔和的散射光线进行照明；二是采取间接照明的方法，即灯光作用在反光板或其他具有反光能力的商品上，反射出来的光照明商品，能够得到柔和的照明效果。

（3）透明商品的光线运用：玻璃器皿、水晶、玉器等透明商品的拍摄一般采用侧逆光、逆光或底光进行照明就可以很好地表现出静物清澈透明的质感。

（4）无影静物的光线运用：有一些商品照片，在画面处理上完全没有投影，影调十分干净，这种照片的用光方法是使用一块架起来的玻璃台面，将要拍摄的商品摆在上面，在玻璃台面的下面铺一张较大的白纸或半透明描图纸。灯光从下面作用在纸的上面，通过这种底部的用光就可以拍出没有投影的商品照片，如果需要也可以从上面给商品加一点辅助照明。在这种情况下要注意底光与正面光的亮度比值。

3．光线与气氛

商品拍照所表现的气氛是给予购买者的一种情感反应，这种气氛的形成是在拍摄过程中由于光线的作用而产生的。由特定的光线所表现出来的气氛只是在有意识地保留这种光线照明特征的情况下才能真正体现出来。比如，在逆光的照明条件下，拍摄对象的明暗反差会很大,被摄体朝向照相机镜头的这个"面"往往会呈现在阴影中,如果不恰当地使用过量的辅助光线,从物体的正面照射,把物体的背光面照得很亮,想着去表现被摄体更多的细部层次,这样做不仅会失去画面上逆光摄影的光线感觉,更重要的是由此破坏了照片画面的整体气氛。

气氛的表达要借助光线的作用,而光线的作用是依据主体的表现需求,在遇到上述情况时首先应想到如何协调质感表现、气氛渲染与主体内容表达之间的关系。根据所使用光线的造型作用和特点调整好主光与辅助光的光比结构,利用画面气氛更好地刻画静物拍摄画面的主体。

2.2.4 商品的布局

商品的布局,在这里是指静物画面的构图。商品拍摄要遵循摄影的一般构图要求,只是在某些方面,商品拍摄的构图要求更高、更细。因为商品拍摄不同于其他的摄影题材,它是通过拍摄者主观意图摆摄出来的,所以构图就要求更加完整、严谨,画面中各种关系的处理也要求合理。商品在画面中布局的过程就是建立画面各种因素的开始,这其中包括主体的位置、陪体与主体的关系、光线的运用、质感的表现、影调与色调的组织和协调、画面色彩的合理使用、背景对主体的衬托、画面气氛的营造等。

按照构图的基本要求,在简洁中求主体的突出,在均衡中求画面的变化,在稳定中求线条和影调的跳跃,在生动中求和谐统一,在完整中求内容与形式的相互联系。在准备拍摄之前要对被摄商品进行仔细观察,取其最完美、最能表现自身特点的角度,然后将其放在带有背景的静物拍摄台上。在构图时要根据不同的拍摄对象做不同的安排,拍摄历史文物,为求其平稳、庄重,一般放在画面居中的位置上;拍摄陶瓷奔马,应该在主体的奔跑方向前留出一些空间;拍摄细长的静物,就可以将其放在画面中间略偏向一边的位置上,用其投影来达到画面的平衡;拍摄大一些的物体,画面布局应当充实,给人一种大的感觉;拍摄小的静物,画面上可适当留一些空间,让人感觉到小;拍摄多个物体,则应考虑相互的陪衬和呼应关系。

对于静物拍摄画面的布局和构图的把握,要靠平时的练习和积累,这样运用起来才能得心应手。

下面介绍几种传统的静物拍摄构图形式,供大家在使用中参考。

(1) △形(三角形)构图:△形构图就是人们常说的三角形构图。这种构图是静物拍摄中最常用的一种方式,它所表现的静物画面具有稳定性和庄严的感觉。三角形构图要注意主次的关系一般形成不等边的三角形,这样显得既稳定又不呆板。

(2) ▽形(倒三角形)构图:与三角形构图相反,这种倒三角形构图极富动感,在不稳定的情绪中求得感觉上的变化。这种构图形式也是商品拍摄中较为常用的一种。

(3) S形构图:S形构图优美且富于变化,虽然在商品拍摄中这种构图形式比较少见,但是如果用它的表现力借助线条的作用会拍出一幅非常好的商品照片。

(4) 对角线构图:在这种构图形式中,由于主体倾斜,加强了画面的冲击力,给人以强烈的动感。

以上4种构图形式是较为传统的构图形式。商品拍摄的构图形式和布局没有固定不变的模式,借鉴的目的不是照搬,而是要在应用的基础上发挥自己的才能和创新。

2.2.5　背景的选择和处理

在商品拍摄中,背景在表现主体所处的环境、气氛和空间方面以及在表现整个画面的色调及其线条结构方面有着很重要的作用。由于背景的面积比较大,能够直接影响画面内容的表现,背景处理的好坏在某种程度上决定静物拍摄的成败。

背景使用的材料主要有专用的背景布/纸、呢绒、丝绒、布料、纸张和墙纸等。

1. 背景灯光的运用

在商品拍摄中,如果背景灯光运用合理,不仅能在一定程度上清除一些杂乱的灯光投影,同时也能更好地渲染和烘托主体。背景灯光的布光有两种形式,一种是将背景的照明亮度安排得很均匀,尽可能地在背景上没有深浅明暗的差异;另一种是将背景的光线效果布置成中间亮、周围逐渐暗的效果,或背景上部暗逐渐向下过渡的光线效果。通过用光线对背景调整,可以使背景的影调或色彩既有明暗之分又有深浅之别,将拍摄对象与背景融成一个完美的整体,会得到非常好的拍摄效果。

如果将背景灯置于主体物的背后,从正面照亮背景,就会在背景上形成一个圆形的光束环。灯光位置距离背景的远近决定了光束环的大小,拍摄者可以根据主体表现的需要自行调整。这种方法既简便,又可以表现出较好的画面效果,大家不妨按此方法拍张静物照片。

2. 背景色彩的处理

背景色彩的处理应追求艳丽而不俗气、清淡而不苍白的视觉效果。背景色彩的冷暖关系、浓淡比例、深浅配置、明暗对比都必须从更好地突出主体对象这个总的前提出发。大家可以用淡雅的背景衬托色彩鲜艳的静物,也可以用淡雅的静物配以淡雅的背景,在这方面没有一定的规律和要求,只要将主体和背景的关系处理得协调、合理即可。黑与白在商品拍摄背景中的使用已逐渐受到人们的重视,对于主体的烘托和表现,黑与白有着其他颜色背景达不到的效果,尤其是白背景给人的简练、朴素、纯洁的视觉印象,会将主体表现得清秀明净、淡雅柔和。如果要拍摄静物照片,不妨使用白背景尝试一下,相信能获得意想不到的成功。

3. 背景的"虚化"处理

如果在室外拍摄静物照片,会受到杂乱背景的影响。因此,为了不影响主体的表现,对背景进行虚化处理是很必要的。处理的方法一是采用中长焦距的镜头进行拍摄,发挥这种镜头焦距长、景深小的性能,虚化背景;二是拍摄时尽量不用太小的光圈,避免产生太大的景深;三是控制主体与背景之间的距离,从而达到虚化背景的目的。

如果在室内运用自然光拍摄静物照片,利用较慢的快门速度,在开启快门的时候同时将背景进行左右或者上下快速移动,同样可以达到虚化背景的目的,但需要两个人进行操作,快门速度也应该在 1/2 秒以下。

2.2.6　产品图片的处理

那么什么样的图片能够吸引客户的眼球,传递产品价值,赢得客户的信任,从而促成订单？如何做到让产品图片说话？下面就来分享一下产品图片的处理技巧。

1. 背景颜色要突出产品

如图 2-2 所示，可以发现左图中背景和产品的颜色过于接近；而右图采用与被摄主体颜色不同的背景，从而很好地突显出产品，给人以美感。所以，在采用单一背景时两者的颜色要有所差别。

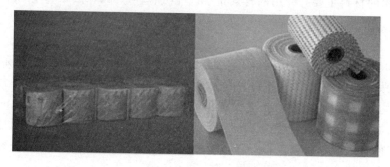

图 2-2　背景颜色的选择

如图 2-3 所示，对于灯具来说，采用深色的背景并将灯点亮，更能表现出其晶莹璀璨的效果。左图虽然真实地表现了车间的状态，但是给人的感觉有些凌乱，反而降低了产品在客户心目中的价值。

图 2-3　灯具的拍摄

如图 2-4 所示，在拍摄桌椅时不要将其放在灰暗的地板上拍摄，可以放在草地上拍摄，这样能够表现一种休闲、干净的感觉。

图 2-4　桌椅的拍摄

2. 物体摆放技巧

如图2-5所示,在左图中不同颜色、不同款式的鞋围在一起,不美观,没有主次之分;右图仅表现两只鞋子,一正一反,便于客户了解鞋子。

图2-5 鞋的摆放

如图2-6所示,拍摄玻璃器皿,由于是透明的比较难以表现,可以在玻璃器皿内装上有色液体,从而表现出玻璃器皿的材质和轮廓。

如图2-7所示,对于颗粒无固定形状的产品,特别是化工类产品,可以用干净的容器盛起来,这样拍出来会显得比较干净、漂亮。

图2-6 玻璃器皿　　　　　图2-7 颗粒产品

3. 巧用道具

如图2-8所示,如果只看左图有可能分辨不出这是什么产品,再看右图,通过香烟的提示客户就能知道这是一个烟灰缸。

图2-8 烟灰缸

如图2-9所示,左图虽然拍得也不错,但只有黑、白两色,显得有点单调;右图在此基础上添加了一些颜色丰富的小花,让这个画面顿时多添了几分美丽,更容易让批发商或者消费者心动。需要注意的是,小花的摆放也有技巧,不能抢了鞋的风头,要避免主次不分。

图 2-9　巧用背景

4．多角度展示

有的供应商只拍了一张产品的外观图片，甚至没有图片，留下一句话——详细情况面谈。打个比方，你到商场里去买个包，远远看一下产品的外观就会买吗？你肯定会走近并打开，了解包的内胆、缝合情况、面料等，再考虑要不要洽谈。那么，会说话的图片就是把客户所关心的细节部分都展示出来，帮助客户完成这个体验，就好像有个售货员在一旁指点，如图 2-10 所示。

图 2-10　多角度展示

5．给图片加上水印

水印是店铺的标志，在处理图片的过程中可以在图片上添加水印，这样不仅能给人专业的感觉，还能达到宣传的效果。每一张处理漂亮的图片都是卖家精心设计的，添加水印还可以保护自己的创意，防止其他卖家抄袭。

6．其他图片处理细节

（1）提高色彩对比度：提高彩色图片的对比度往往能得到意想不到的效果，增加对比度并调节色调,可以使图片具有几分"邋遢摇滚"的风格。

(2) 提高黑白对比度:黑白照片,尤其是高对比度的黑白照片,相对于色调来说,这种方法更突出了图形、线条、图案。

(3) 提高色彩饱和度:要让图片具有"流行"风格,一种途径就是提高图片的色彩饱和度,在调整时一定要留意色彩纹理的损失。

以上内容是产品图片的处理技巧,这里列举了不同行业、不同产品让图片说话的技巧,可以让图片传递更多的信息给客户,赢得客户的信赖。站在客户的角度,把客户关心的信息通过图片传递出来,就是会说话的图片。

2.3 图片的拍摄

图片拍摄的技巧和用 Photoshop 处理图片的方法有相关的专业课程介绍,在本书中就不赘述,本章主要从产品特征表达的角度来分析图片拍摄时的拍摄内容。

2.3.1 什么样的图片是"好"的

在回答这个问题之前,我们先问问自己:在看了网站上商品的介绍图片之后,是什么吸引你去购买?哪些因素决定了你的购买欲?

不同种类的商品,答案可能不同,但有一点是不变的,即满足消费者的实际需求。每一个产品在设计、研发时都是为了满足消费者的某个(些)需求,同时又有与其他同类产品的差异,因此能突出产品的设计特点、功能特点、性能特点、差异化特点的图片就是好的。

下面以两款产品为例来介绍图片的选取。

【案例3】 水溶 C100 果汁饮料。

官方介绍:水溶 C100 是农夫山泉公司出品的一款柠檬味复合果汁饮料,在 2008 年 5 月上市,以补充维生素 C 为功能利益点,因口感独特、造型清新出众,让人眼前一亮,上市当年即引起市场轰动;2009 年另一口味西柚汁饮料乘势上市,也是补充维生素 C 的最佳来源之一。

2014 年 11 月,饱含东南亚湿润气息的绿色小清新全新登场!水溶 C100 青皮橘味复合果汁饮料成为水溶 C100 家族的新成员!12%的果汁含量、酸甜清爽的口感、独特的瓶形、透明的标签,全方位打造新生代饮品潮流,上市后迅速成为追求时尚、注重生活品质的都市白领和年轻人群流行的潮流饮品。

首先来分析在这段产品文字介绍中哪些特点最能体现产品特色?最能打动人?

(1) 消费人群定位:都市白领和年轻人群。

(2) 特色:补充维生素 C。

(3) 营养和口味:12%的果汁含量,酸甜清爽的口感。

(4) 包装造型:独特的瓶形,透明的标签。

(5) 内容物:果汁醇厚。

下面看一下 2015 年优秀作品之一的图片选取和表达方式。

1. 包装造型和大小

瓶装饮料的容量是一个很重要的因素。在图 2-11 中突出了水溶 C100 产品的造型和容量（容量是 445mL），便于携带和一次饮用完。

图 2-11　突出包装大小：每瓶 445mL

2. 表现口味

图片要突出产品的口味，即青皮橘味和西柚味，如图 2-12 所示。

图 2-12　突出瓶装饮料的口味

3．表现内容物的品质

汁液醇厚、透明,如图 2-13 所示。

图 2-13　内容物醇厚、透明

4．表现营养成分

强调在补充维生素 C 的同时不会增加脂肪和蛋白质,完全符合都市白领和年轻人群的消费取向。图 2-14 展示了水溶 C100 的营养成分表。

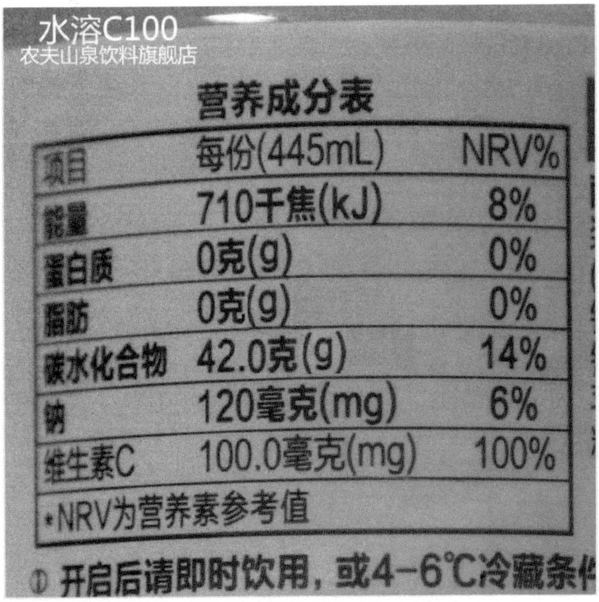

图 2-14　饮料的营养成分

5．饮用的方便性

图 2-15 展示了瓶盖的设计细节，可以看到便于开启。

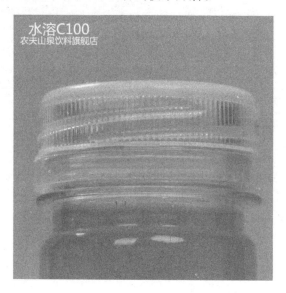

图 2-15　瓶盖的细节展示

2.3.2　图片的尺寸要求

一般网站都对上传的图片大小有严格要求，包括尺寸、存储格式、存储大小等。

1．图片形状

图片形状主要有正方形和长方形两种。

2．图片大小

图片大小一般是指图片文件的计算机存储容量，以字节（Byte）为单位，常用的表示方法有 KB、MB、GB 等。其中，1KB=1024B，1MB=1024×1024B，1GB=1024×1024×1024B。图片大小要根据网站的设计要求来决定。例如，在竞赛平台上，要求上传的所有图片单张大小必须在 500KB 以下，像素在 1000×1000px 以内；上传的所有 Flash 文件单个大小必须在 2MB 以下。

3．图片格式

图片格式是计算机存储图片的格式，常见的存储格式有 BMP、JPG、GIF、AI、RAW 等。

1）位图（Bitmap，BMP）

BMP 是一种与硬件设备无关的图像文件格式，使用非常广。它采用位映射存储格式，除了图像深度可选以外，不采用其他任何压缩，因此 BMP 文件所占用的空间很大。BMP 文件的图像深度可选 1b、4b、8b 及 24b。BMP 文件存储数据时，图像的扫描方式是按从左到右、从下到上的顺序。

由于 BMP 文件格式是 Windows 环境中交换与图有关的数据的一种标准，因此在 Windows 环境中运行的图形图像软件都支持 BMP 图像格式。

典型的 BMP 图像文件由两部分组成：位图文件头数据结构，它包含 BMP 图像文件的类型、显示内容等信息；位图信息数据结构，它包含 BMP 图像的宽、高、压缩方法，以及定义颜色等信息。

BMP 是 Windows 位图，可以用任何颜色深度（从黑白到 24 位颜色）存储单个光栅图像。Windows 位图文件格式与其他 Microsoft Windows 程序兼容，它不支持文件压缩，也不适用于 Web 页。从总体上看，Windows 位图文件格式的缺点超过了它的优点，为了保证照片图像的质量，请使用 PNG、JPEG、TIFF 文件。BMP 文件适用于 Windows 中的墙纸。

优点：BMP 支持 1~24 位颜色深度；BMP 格式与现有 Windows 程序（尤其是较旧的程序）广泛兼容。

缺点：BMP 不支持压缩，这会造成文件非常大。

2) 联合照片专家组(Joint Photographic Expert Group，JPEG)

JPEG 也是一种常见的图像格式，JPEG 文件的扩展名为".jpg"或".jpeg"。JPEG 由一个软件开发联合会组织制定，是一种有损压缩格式，能够将图像压缩在很小的存储空间，图像中重复或不重要的资料会丢失，因此容易造成图像数据的损伤，尤其是使用过高的压缩比例，将使最终解压缩后的图像质量明显降低，如果追求高品质图像，不宜采用过高的压缩比例。但是 JPEG 压缩技术十分先进，它用有损压缩方式去除冗余的图像数据，在获得极高的压缩率的同时能展现十分丰富、生动的图像，换句话说，就是可以用最少的磁盘空间得到较好的图像品质。而且 JPEG 是一种很灵活的格式，具有调节图像质量的功能，允许用不同的压缩比例对文件进行压缩，支持多种压缩级别，压缩比例通常为 $10:1$~$40:1$，压缩比例越大，品质越低；相反，压缩比例越小，品质越好。比如可以把 1.37MB 的 BMP 位图文件压缩至 20.3KB。当然也可以在图像质量和文件尺寸之间找到平衡点。JPEG 格式压缩的主要是高频信息，对色彩的信息保留较好，适合应用于互联网，可减少图像的传输时间，可以支持 24bit 真彩色，也普遍应用于需要连续色调的图像。

JPEG 格式是目前网络上最流行的图像格式，是可以把文件压缩到最小的格式，在 Photoshop 软件中以 JPEG 格式储存时提供 13 级压缩级别，用 0~12 级表示，其中 0 级压缩比最高，图像品质最差。即使采用细节几乎无损的 10 级质量保存，压缩比也可达 5:1。在以 BMP 格式保存时得到 4.28MB 的图像文件，在采用 JPEG 格式保存时文件仅为 178KB，压缩比达到 24:1。经过多次比较，采用第 8 级压缩为存储空间与图像质量兼得的最佳比例。

JPEG 格式的应用非常广泛，特别是在网络和光盘读物上都能找到它的身影。各类浏览器均支持 JPEG 这种图像格式，因为 JPEG 格式的文件尺寸较小、下载速度快。

JPEG 2000 作为 JPEG 的升级版，其压缩率比 JPEG 约高 30%，同时支持有损和无损压缩。JPEG 2000 格式有一个极其重要的特征——它能实现渐进传输，即先传输图像的轮廓，然后逐步传输数据，不断提高图像质量，让图像由朦胧到清晰显示。此外，JPEG 2000 还支持所谓的"感兴趣区域"特性，可以任意指定影像上感兴趣区域的压缩质量，还可以选择指定的部分先解压缩。

JPEG 2000 和 JPEG 相比优势明显，且向下兼容，因此可取代传统的 JPEG 格式。

JPEG 2000 既可应用于传统的 JPEG 市场，例如扫描仪、数码相机等，又可应用于新兴领域，例如网络传输、无线通信等。

JPEG 格式的优点如下：
- 摄影作品或写实作品支持高级压缩。
- 利用可变的压缩比可以控制文件大小。
- 支持交错（对于渐进式 JPEG 文件）。
- 广泛支持 Internet 标准。

JPEG 格式的缺点如下：
- 有损压缩会使原始图片数据的质量下降。
- 当用户编辑和重新保存 JPEG 文件时，JPEG 会混合原始图片数据的质量下降，这种下降是累积性的。
- JPEG 不适用于所含颜色很少、具有大块颜色相近的区域或亮度差异十分明显的较简单图片。

3）GIF 格式

图形交换格式（Graphics Interchange Format，GIF）是 CompuServe 公司在 1987 年开发的图像文件格式。GIF 文件的数据是一种基于 LZW 算法的连续色调的无损压缩格式。其压缩率一般在 50% 左右，它不属于任何应用程序。几乎所有相关软件都支持它，公共领域有大量的软件在使用 GIF 图像文件。

GIF 图像文件的数据是经过压缩的，而且采用了可变长度等压缩算法，所以 GIF 的图像深度从 1bit 到 8bit，即 GIF 最多支持 256 种色彩的图像。GIF 格式的另一个特点是在一个 GIF 文件中可以存多幅彩色图像，如果把存于一个文件中的多幅图像数据逐幅读出并显示到屏幕上，就可以构成一种最简单的动画。

GIF 解码较快，因为采用隔行存放的 GIF 图像，在边解码边显示的时候可分成 4 遍扫描。第一遍扫描虽然只显示了整个图像的 1/8，第二遍扫描后也只显示了 1/4，但这已经把整幅图像的概貌显示出来。在显示 GIF 图像时，隔行存放的图像会让观者感觉到它的显示速度似乎要比其他图像快一些，这是隔行存放的优点。另外，GIF 不支持 Alpha 透明通道。

4. 图片分辨率

图片分辨率是用于量度位图图像内数据量多少的一个参数，通常表示成 ppi（每英寸像素）。其包含的数据越多，图形文件的长度就越大，也能表现出更丰富的细节，但更大的文件需要耗用更多的计算机资源，例如更多的内存、更大的硬盘空间等。在另一方面，假如图像包含的数据不够充分（图形分辨率较低），就会显得相当粗糙，特别是在把图像放大到一个较大尺寸观看的时候，所以在图片创建期间必须根据图像最终的用途决定正确的分辨率。这里的技巧是要首先保证图像包含足够多的数据，能满足最终输出的需要，同时也要适量，尽量少占用一些计算机资源。通常，"分辨率"被表示成每一个方向上的像素数量，比如 640×480 等。在某些情况下，它也可以同时表示成"每英寸像素"（ppi）以及图形的长度和宽度，比如 72ppi 和 8×6 英寸。

如果分辨率固定不变，图像的尺寸会直接决定文件的大小；如果图像的尺寸不变，分辨率会影响图像的清晰度，分辨率越高，图像越清楚，文件占用的资源会越多，像素越多，文件自然也就越"大",这个大不是指尺寸,是指计算机中文件的大小。从理论上而言,清晰度越高的文件当然越好,实际操作则不是,道理很简单,如果文件尺寸较大,清晰度过高,计算机很容易死机,一般文件超过30MB以后计算速度会开始越来越慢;如果超过100MB,进行处理时就需要长时间等待;如果超过150MB甚至更大,计算机随时可能死机,所以分辨率(清晰度)并不是越高越好,应该看情况而定,图像应用于不同的行业,要求是不一样的。另外还需注意,分辨率(清晰度)高的图像可以减小分辨率变得不清楚,分辨率低的图像也可以增加分辨率,但是在本质上并不会变得更加清楚,即"大文件可以改小,小文件即使改大,从根本上而言还是小文件"。

2.3.3 商品画面的构图技巧

在拍摄中,除了需要遵从基本的构图原理之外,还要使用一些可以起到优化画面效果的构图技巧,针对适合的主体与陪体景物,适当使用,可以让画面有锦上添花的效果。

对构图的基本要求是简洁、完整、生动、稳定。

下面是构图的形式法则借鉴:

(1) 多样统一与照应;

(2) 均衡;

(3) 对比;

(4) 反复与渐变。

1. 中正平衡的中心构图

中心构图是将主体放置在画面中心进行构图。这种构图方式的最大优点就在于主体突出、明确,而且画面容易取得左右平衡的效果。这对于严谨、庄严和富有装饰性的摄影作品尤为有效,比如夕阳中一条通向大海的栈道。

常见的古建筑摄影也通常使用这种构图,表现其中正宏伟的气势,而且此类建筑通常是左右对称结构,有利于这种建筑特点的表现。一般来说,这类作品要求横平竖直,即景物的水平线(例如地平线)要水平、垂直线(例如建筑的竖直外墙沿)要垂直,这样作品才会有和谐的美感。

在使用中心构图法拍摄完一张照片后,可以尝试把主体放在其他位置拍摄,比较作品效果,看看它们各自的利弊,构图方法没有对错,只是不同主题的适应性和自己的喜好罢了。

2. 和谐变化的三分法

"三分法"就是将构图框横、竖都进行三等分,将画面三等分后所形成的4条线和4个交叉点便是安排景物的理想位置。三分法在风光、人像和建筑、小品摄影中都有广泛的应用,但在使用中一定要灵活运用。

在摄影三分法中,摄影师需要将场景用两条竖线和两条横线分割,就如同是书写中文的"井"字。这样就可以得到4个交叉点,然后将需要表现的重点放在4个交叉点中的一个,如图2-16所示。

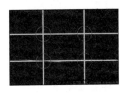

图2-16 摄影三分法

1）三分法中4条线的利用

在拍摄风光时要善于运用三分法中的两条水平分割线，它们通常是放置地平线的理想位置。如果想突出地面上的景物细节，例如岩石、花草等，可以利用画面上方的水平分割线安置地平线；若想突出天空中的景物，例如白云或突出的山峰，则可以利用画面下方的水平分割线安置地平线。

2）三分法中的4个点睛点

三分法中的4个交叉点同样是"点睛"的位置，可以用来放置比例较小的景物，例如满山春色之中的一棵开满鲜花的桃树，或是花卉小品中的花心与蜜蜂等。

3．突出力量的对角线构图

对角线构图是一种经典、常用的构图方式，它通过明确地联系画面对角的线形关系为画面提供活泼、运动的感觉，同时对角线构图会为画面带来强烈的视觉冲击力，因此在风光、建筑摄影中很常用，比如拍摄山峦、河流、长城等。

对角线构图在人像摄影中并不常用，原因在于其倾斜感会给人物带来要摔倒的感觉。但对于运动人物的拍摄大胆地使用对角线，恰恰是要利用这种不稳定性来突出运动感。尽管画面中的人物处于静止状态，但运动效果十足。注意，在运用对角线构图时不必追求严格的对角标准，那样的效果过于刚硬，只要带有相应的趋势就足够了。

在拍摄时可以通过简单地描绘画面中的对角线来强调透视感，从而表现场景的纵深感。如果对角线过于平直缺乏变化，则会使画面过于僵硬，带有平面构成的意味，从而缺乏立体感的表现。

4．优美的S形曲线构图

曲线构图通常被用于拍摄恬静、舒缓的风光小品，例如蜿蜒的小路、峡谷中的河流等，它们因自然地势的影响呈现曲线蜿蜒。画面中主体的曲线造型可以带来优美、柔和的感觉，而当曲线形的道路或河流成为画面中的陪体时，还可以起到引导观众视线的作用。在构图时最好综合考虑曲线安排的位置，通常正中的位置会割裂画面，破坏优美、柔和感，而让它偏向画面的一侧，让曲线两侧的面积形成大小对比，可以更加突出画面的节奏、韵律变化。

在拍摄女性人像时，最好以S形来表现其身材之美。人物头部稍向后仰，配合挺胸收腹，可以把上身曲线完美地体现出来；而臀部、膝关节的弯曲造型，可以构成下肢的体现。这样的造型不仅曲线完美，而且姿态自然、协调，是最具传统美感的经典造型。

在拍摄模特人像时，可以让模特的摆姿体现出S形曲线，例如弯曲的臂膀与小腿、胸部与臀部的凹凸关系等。当然，这样的S形摆姿最好自然、协调，符合人体的天然走势。

5．稳定的三角形构图

在人像，尤其是女性人像的拍摄中，三角形构图很少被用到，大概在于夸张身材的原因。在拍摄T台模特时，将模特拉起裙摆，飘逸而来的精彩瞬间抓拍下来，鲜艳的橙红色与背景的黑白灰形成鲜明的对比，而若隐若现的模特身体在这稳定的三角形构图中又多了几分健美。

三角形构图是一种稳定的构图形式，使用三角形构图可以给画面带来沉稳、安定感，同时它从画面的视觉效果上还可以带给观众一种无形、强大的内在重量印象。孤立的山峰、建筑的房顶等都是以稳定的三角形构图给人以难以撼动的感受,因此这类题材都是运用三角形构图的绝佳范例。

6. 门窗所形成的框架式构图

出色的框架无疑是为画面填色的视觉重点。斑驳的墙面、土红的砖门,吸引着观众向里张望,发现其内部隐藏的种种秘密,而其内部的世界更有着光与影的变化、主体人物的动作细节。有了框架的出现,尽管人物在画面中的比例极小,但由于重重门框的视觉限定,反而在含蓄中格外突出,更体现了创造上的沉稳之美。

框架式构图是一种在光线条件不佳或景物平淡时突出主体、优化画面效果的重要手段。利用门、窗、洞口等人造物作为框架,为主体增加一个画框,这个框架不仅可以约束住画面的主体,起到限定观众视野的作用,更能够将观众的注意力集中到所要表现的主题上。框架的出现还能表达出画面纵深的空间感,产生强烈的空间变换和透视效果,给观众以身临其境的现场感,形成拍摄者主观拍摄意图的体现。

框架的构图,也可以利用地形地貌,甚至是各种自然景观的天然所成。作者使用繁茂的树枝作为前景,利用它们组成的天然孔洞,显露出山村民居的灰砖黑瓦,体现了民居与自然的完美结合。这种框架式构图,又被称为"钻空"或"隧道"式构图。实际上都起着环境与主体结合的作用。

7. 突出形式感的重复式构图

重复式构图是在画面中相同或类似的景物重复出现,并按照一定的规律排列和分布,为画面带来节奏感,从而形成视觉上的和谐统一,带来画面的愉悦感。对于一些形体小、形式单一的主体,可以运用重复式构图,通过叠加重复增加其数量的表达,起到突出小景物、增加画面视觉冲击力的效果。

通过相似的形状、结构、线条或色彩的重复可以吸引观众的注意力,所以它是凸显照片形式感的有力方式。观察常见景物中的重复成分,将这些成分的景物从广大的视域中分离出来,可以构成重复式构图的作品。

8. 更具现代感的开放式构图

开放式构图又被称为"不完整构图"或"破坏性构图",它突破了相机取景框的限制,把画面内的主题表达延伸到画框之外,注重画内与画外空间的联系。由于作品的表达延伸到画面外的空白空间,这也就给了观者自由发挥的想象空间,形成了作者与观众的互动交流。开放式构图是摄影受到现代艺术创作影响而产生的,更具互动性与实验性,它更多地运用于新闻摄影和纪实摄影当中。

网上商品主要以展示商品特性为主,过于花哨的背景或装饰反而会削弱商品原本想传达的信息,因此网上店铺出售的商品图片主要是由简洁明快的背景和清晰的主体构成,不仅可以明确地展示商品,还能够使店铺看上去整齐划一,增加了舒适感,也容易给第一次来小店的顾客留下不错的印象。

2.3.4 精彩构图实例

【实例1】 因为正宗,所以不同——正宗美食中国行之寻找正宗味道。

图片创意:网页以加多宝产品为中心,周围围绕着很多中华传统美食,使顾客很容易将中华传统美食与加多宝结合到一起,凸显了加多宝的"正宗"地位,使顾客认同加多宝就是正宗的代言词,如图 2-17 所示。

图 2-17 加多宝"正宗美食中国行"

【实例2】 2012 雪花勇闯天涯——冲破雪线。

图片创意:本届雪花啤酒勇闯任务的策划围绕"冲破雪线"的主题,所以宣传图以蓝色的天和雪为背景,同时用滑雪者的脚的剪影来吸引消费者挑战"冲破雪线",生动且富有激情,如图 2-18 所示。

图 2-18 雪花勇闯天涯

【实例3】 可口可乐——新愿欢享中国年。

图片创意:新年之际,可口可乐的活动是"新年许愿",此宣传图片以中国红为主调,中间是一个由各种金色祝福组成的可口可乐瓶子的形状,如图 2-19 所示。将"新年许愿"这一仪式行为与可口可乐最具代表性的瓶身加以结合,在适当的时机创造出一个独一无二的品牌体验。

图 2-19　可口可乐"新愿欢享中国年"

2.4　产品的文字描述

在进行图片处理时添加一些文字是图片处理中极其重要的部分,优美的文字总能轻易引起人们感情上的共鸣,文字对人们来说天生就有一种无法形容的魅力,在处理图片时可以在图片上写一些产品宣传语、产品价钱、广告语之类的文字,这样更能吸引顾客的眼球。

精彩的文案不仅是对产品的绝佳阐述,还能从文学的美感上为产品加分。

我们常说要"图文并茂",图片给人的是直观的展示,能在第一时间抓住访问者的注意力,但一些细节的、具体的产品信息需要用文字表达。

那么如何准确、简练、客观、达意地描述产品信息呢?在网站上展示、宣传产品类似于给产品做广告,也应该遵守我国广告法中对产品信息描述、使用语言等的具体要求。下面摘选《中华人民共和国广告法》中与产品信息描述有关的部分供读者参考。

【拓展阅读】《中华人民共和国广告法》

《中华人民共和国广告法》于 1994 年 10 月 27 日第八届全国人民代表大会常务委员会第十次会议通过,2015 年 4 月 24 日第十二届全国人民代表大会常务委员会第十四次会议修订,自 2015 年 9 月 1 日施行。

第二章　广告内容准则

第八条　广告中对商品的性能、功能、产地、用途、质量、成分、价格、生产者、有效期限、允诺等或者对服务的内容、提供者、形式、质量、价格、允诺等有表示的,应当准确、清楚、明白。

广告中表明推销的商品或者服务附带赠送的,应当明示所附带赠送商品或者服务的品种、规格、数量、期限和方式。

法律、行政法规规定广告中应当明示的内容,应当显著、清晰表示。

第九条 广告不得有下列情形:

(一)使用或者变相使用中华人民共和国的国旗、国歌、国徽,军旗、军歌、军徽;

(二)使用或者变相使用国家机关、国家机关工作人员的名义或者形象;

(三)使用"国家级""最高级""最佳"等用语;

(四)损害国家的尊严或者利益,泄露国家秘密;

(五)妨碍社会安定,损害社会公共利益;

(六)危害人身、财产安全,泄露个人隐私;

(七)妨碍社会公共秩序或者违背社会良好风尚;

(八)含有淫秽、色情、赌博、迷信、恐怖、暴力的内容;

(九)含有民族、种族、宗教、性别歧视的内容;

(十)妨碍环境、自然资源或者文化遗产保护;

(十一)法律、行政法规规定禁止的其他情形。

第十条 广告不得损害未成年人和残疾人的身心健康。

第十一条 广告内容涉及的事项需要取得行政许可的,应当与许可的内容相符合。

广告使用数据、统计资料、调查结果、文摘、引用语等引证内容的,应当真实、准确,并表明出处。引证内容有适用范围和有效期限的,应当明确表示。

第十二条 广告中涉及专利产品或者专利方法的,应当标明专利号和专利种类。

未取得专利权的,不得在广告中谎称取得专利权。

禁止使用未授予专利权的专利申请和已经终止、撤销、无效的专利做广告。

第十三条 广告不得贬低其他生产经营者的商品或者服务。

第十四条 广告应当具有可识别性,能够使消费者辨明其为广告。

大众传播媒介不得以新闻报道形式变相发布广告。通过大众传播媒介发布的广告应当显著标明"广告",与其他非广告信息相区别,不得使消费者产生误解。

广播电台、电视台发布广告,应当遵守国务院有关部门关于时长、方式的规定,并应当对广告时长做出明显提示。

第十五条 麻醉药品、精神药品、医疗用毒性药品、放射性药品等特殊药品,药品类易制毒化学品,以及戒毒治疗的药品、医疗器械和治疗方法,不得做广告。

前款规定以外的处方药,只能在国务院卫生行政部门和国务院药品监督管理部门共同指定的医学、药学专业刊物上做广告。

第十六条 医疗、药品、医疗器械广告不得含有下列内容:

(一)表示功效、安全性的断言或者保证;

(二)说明治愈率或者有效率;

(三)与其他药品、医疗器械的功效和安全性或者其他医疗机构比较;

(四)利用广告代言人做推荐、证明;

(五)法律、行政法规规定禁止的其他内容。

药品广告的内容不得与国务院药品监督管理部门批准的说明书不一致,并应当显著标明禁忌、不良反应。处方药广告应当显著标明"本广告仅供医学药学专业人士阅读",非处方药广告应当显著标明"请按药品说明书或者在药师指导下购买和使用"。

推荐给个人自用的医疗器械的广告,应当显著标明"请仔细阅读产品说明书或者在医务人员的指导下购买和使用"。医疗器械产品注册证明文件中有禁忌内容、注意事项的,广告中应当显著标明"禁忌内容或者注意事项详见说明书"。

第十七条 除医疗、药品、医疗器械广告外,禁止其他任何广告涉及疾病治疗功能,并不得使用医疗用语或者易使推销的商品与药品、医疗器械相混淆的用语。

第十八条 保健食品广告不得含有下列内容:
(一)表示功效、安全性的断言或者保证;
(二)涉及疾病预防、治疗功能;
(三)声称或者暗示广告商品为保障健康所必需;
(四)与药品、其他保健食品进行比较;
(五)利用广告代言人做推荐、证明;
(六)法律、行政法规规定禁止的其他内容。

保健食品广告应当显著标明"本品不能代替药物"。

第十九条 广播电台、电视台、报刊音像出版单位、互联网信息服务提供者不得以介绍健康、养生知识等形式变相发布医疗、药品、医疗器械、保健食品广告。

第二十条 禁止在大众传播媒介或者公共场所发布声称全部或者部分替代母乳的婴儿乳制品、饮料和其他食品广告。

第二十一条 农药、兽药、饲料和饲料添加剂广告不得含有下列内容:
(一)表示功效、安全性的断言或者保证;
(二)利用科研单位、学术机构、技术推广机构、行业协会或者专业人士、用户的名义或形象做推荐、证明;
(三)说明有效率;
(四)违反安全使用规程的文字、语言或者画面;
(五)法律、行政法规规定禁止的其他内容。

第二十二条 禁止在大众传播媒介或者公共场所、公共交通工具、户外发布烟草广告。禁止向未成年人发送任何形式的烟草广告。

禁止利用其他商品或者服务的广告、公益广告宣传烟草制品名称、商标、包装、装潢以及类似内容。

烟草制品生产者或者销售者发布的迁址、更名、招聘等启事中不得含有烟草制品名称、商标、包装、装潢以及类似内容。

第二十三条 酒类广告不得含有下列内容:
(一)诱导、怂恿饮酒或者宣传无节制饮酒;
(二)出现饮酒的动作;
(三)表现驾驶车、船、飞机等活动;
(四)明示或者暗示饮酒有消除紧张和焦虑、增加体力等功效。

第二十四条 教育、培训广告不得含有下列内容:

(一)对升学、通过考试、获得学位学历或者合格证书,或者对教育、培训的效果做出明示或者暗示的保证性承诺;

(二)明示或者暗示有相关考试机构或者其工作人员、考试命题人员参与教育、培训;

(三)利用科研单位、学术机构、教育机构、行业协会、专业人士、受益者的名义或者形象做推荐、证明。

第二十五条　招商等有投资回报预期的商品或者服务广告,应当对可能存在的风险以及风险责任承担有合理提示或者警示,并不得含有下列内容:

(一)对未来效果、收益或者与其相关的情况做出保证性承诺,明示或者暗示保本、无风险或者保收益等,国家另有规定的除外;

(二)利用学术机构、行业协会、专业人士、受益者的名义或者形象做推荐、证明。

第二十六条　房地产广告,房源信息应当真实,面积应当表明为建筑面积或者套内建筑面积,并不得含有下列内容:

(一)升值或者投资回报的承诺;

(二)以项目到达某一具体参照物的所需时间表示项目位置;

(三)违反国家有关价格管理的规定;

(四)对规划或者建设中的交通、商业、文化教育设施以及其他市政条件做误导宣传。

第二十七条　农作物种子、林木种子、草种子、种畜禽、水产苗种和种养殖广告关于品种名称、生产性能、生长量或者产量、品质、抗性、特殊使用价值、经济价值、适宜种植或者养殖的范围和条件等方面的表述应当真实、清楚、明白,并不得含有下列内容:

(一)做科学上无法验证的断言;

(二)表示功效的断言或者保证;

(三)对经济效益进行分析、预测或者做保证性承诺;

(四)利用科研单位、学术机构、技术推广机构、行业协会或者专业人士、用户的名义或形象做推荐、证明。

第二十八条　广告以虚假或者引人误解的内容欺骗、误导消费者的,构成虚假广告。

广告有下列情形之一的为虚假广告:

(一)商品或者服务不存在的;

(二)商品的性能、功能、产地、用途、质量、规格、成分、价格、生产者、有效期限、销售状况、曾获荣誉等信息,或者服务的内容、提供者、形式、质量、价格、销售状况、曾获荣誉等信息,以及与商品或者服务有关的允诺等信息与实际情况不符,对购买行为有实质性影响的;

(三)使用虚构、伪造或者无法验证的科研成果、统计资料、调查结果、文摘、引用语等信息做证明材料的;

(四)虚构使用商品或者接受服务的效果的;

(五)以虚假或者引人误解的内容欺骗、误导消费者的其他情形。

这里提炼出在一般商品的文字描述中应遵守的基本原则。

(1)信息真实:产品信息的描述要实事求是,与产品的实际情况一致,不要用虚夸的词汇和语言夸大产品的质量和功能。

(2)属性完善:属性是指产品的特质、特征、性质。例如,若销售的产品是服装,那么服装的风格、款式、面料、品牌等都是该产品的属性。详细填写产品属性可以吸引更多客户,增加成交机会,建议尽可能填写完整。

(3) 文字精练:用简洁、通俗、容易理解的文字和语言描述产品,尽量避免使用过于专业的词汇。例如,描述服装的面料成分时用棉、麻、化纤等词汇,而不是用"聚丙烯腈纤维"这样的专业词汇。

(4) 特色鲜明:在描述产品的信息时要突出产品有别于市场上其他同类产品的特点。

(5) 重点突出:由于一个页面的信息容量有限,不可能用大篇幅的文字去描述产品的特点,所以要抓住产品最吸引人的信息。

(6) 多种媒体结合:除了使用图片、文字来描述产品外,还可以充分发挥互联网的多媒体功能,将视频、音频信息与静态的图片、文字信息结合,给客户直观的、贴心的指导。

下面以 2015 年全国信息技术大赛(中职组)的参赛作品为例来说明上述原则的具体应用。

【案例 4】 水溶 C100 果汁饮料细节文字介绍。

1. 产品基本信息介绍

如图 2-20 所示,在产品基本信息介绍中要清晰地介绍产品的品牌、名称、产地、质地、包装容量、口味等信息。

图 2-20 产品基本信息介绍

2. 营养成分介绍

如图 2-21 所示,对于食品来说,消费者更关心食品的安全、营养、口味等信息,尤其是对于食品添加剂,大家还存在很多认识上的误区。让消费者明明白白地知道,这个饮料里添加了什么、添加了多少,能够增强消费者的消费信心。

3. 口味介绍

口味介绍如图 2-22 所示。

4. 内容物介绍

内容物介绍如图 2-23 所示。

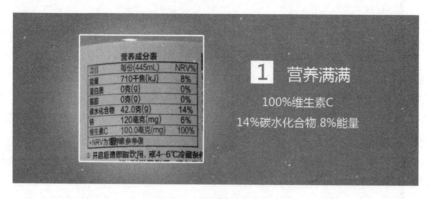

图 2-21 营养成分介绍

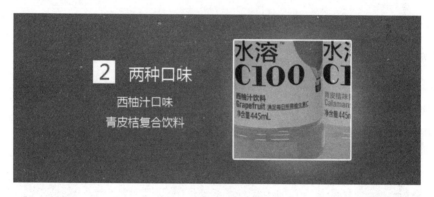

图 2-22 口味介绍

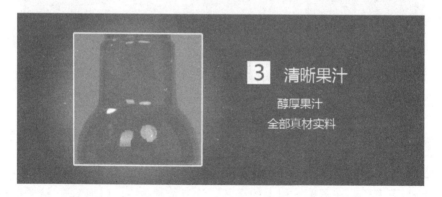

图 2-23 内容物介绍

5．容量介绍

容量介绍如图 2-24 所示。

6．瓶口介绍

外出旅行，最窘迫的莫过于包里的饮料瓶不严，洒得到处都是。图 2-25 直观地描述了瓶口的设计细节，消除了消费者选择时的困扰，起到了画龙点睛的作用。

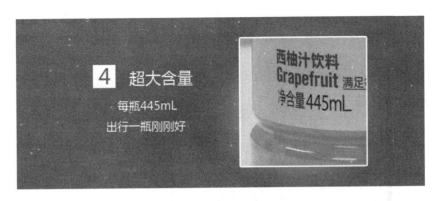

图 2-24　容量介绍

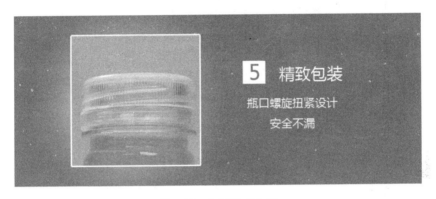

图 2-25　包装特点介绍

【案例 5】　MYKIND 迷你熊猫音响。

官方介绍：熊猫头是国内知名数码音箱品牌"迈开 MYKIND"的一款熊猫创意音箱，名字叫乖乖熊，乖乖熊"出生"在中国，去过很多地方，近的日本、韩国有其身影，远到欧美都能见到它的风采。乖乖熊凭借亲切、可爱、超萌的外观设计和有趣的操作体验成为数码音箱行业的传奇。

这只是乖乖熊的外在表现，如果用户深入了解、用心体会，将感觉到生命的存在，这不是一只塑料的卡通音箱，而是用户生活与工作的伙伴。它具有亲切、可爱、超萌的外观设计，无论用户站在哪个方向，乖乖熊都睁着大大的眼睛，笑眯眯地看着，令用户备感亲切、心生萌意！

乖乖熊的五官被设计成功能操作键，每一次操作都与乖乖熊亲密接触：

- 鼻子是开关；
- 左耳朵是音量调节键；
- 右耳朵是高低音调节键；
- 小嘴是气场排出口；
- 眼睛是扬声器。

乖乖熊有 3 种功能配置产品，以满足不同需求层次。

（1）MK500 USB 音箱：一种单一功能的 USB 电源音箱，易操作，使用广泛，满足任何需求层次的消费者，主要运用于台式计算机、笔记本电脑、平板电脑、智能手机等。

（2）MK500X-FM 多功能读卡音箱：可直接读取 U 盘、SD 卡内的 MP3 格式音频文件，还带 FM 收音机功能，遥控操作，可满足老人跳广场舞、学生们进行语言学习与娱乐，足够满足办公室、生活小空间对于音频的需求。

（3）MK500BT 无线蓝牙音箱：最受移动一族、时尚数码爱好者的青睐。

下面是竞赛选手的作品信息。

1．商品基本信息

商品基本信息如图 2-26 所示。

图 2-26　商品基本信息

2．外观、规格

外观、规格如图 2-27 所示。

图 2-27　规格描述

用精确的数字来表示产品的大小更有说服力。

3．音量调节

音量调节如图 2-28 所示。

4．多种插口

多种插口如图 2-29 所示。

5．扬声器

扬声器如图 2-30 所示。

点评：这个作品的最大优点是通过精确的数字、文字、图片把产品的设计特点、功能特

图 2-28 音量调节描述

图 2-29 插口描述

图 2-30 扬声器描述

点、人文情怀表现得淋漓尽致,基本上把该产品的设计理念都传达出来,充分利用了熊猫这个国人尽知的卡通形象,紧紧抓住了年轻人的心。

6. 周到的购物服务

图 2-31～图 2-34 描述了联系信息、购物流程、售后服务和支付方式,帮助初次访问者下单,提高访问的转换率。

图 2-31　联系信息描述

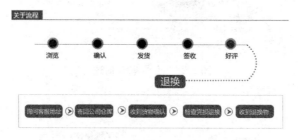

图 2-32　购物流程描述

图 2-33　售后服务描述

图 2-34　支付方式

2.5　新产品的上线与发布

产品发布就是把产品的信息发布到网站上，并在突出位置显示。

下面以电子商务平台 EC Store 为例来说明新产品上线的过程。表 2-1 是 EC Store 后台管理模块"商品管理"的功能。

表 2-1 后台商品管理的功能

后台模块	功能模块	模块子功能	功能描述
商品管理	添加商品	基本信息	添加商品时所需要的基本字段,包括分类、类型、名称、货号、品牌、关键字、规格等
		类型信息	添加商品时所需要的商品属性、规格参数等
		配件	添加商品的辅助信息,配件也是商品,比如购买笔记本式计算机,同时选择的配件有插座、音响
		添加相关商品	添加商品时与已经添加好的某些商品进行关联,双向增加销售能力
		HTML 页面参数设置	SEO 设置
		商品标签	添加热卖、给力、新品等标签
	编辑商品	基本信息	编辑商品时所需要的基本字段,包括分类、类型、名称、货号、品牌、关键字、规格等
		类型信息	编辑商品时所需要的商品属性、规格参数等
		配件	编辑商品的辅助信息,配件也是商品,比如购买笔记本式计算机,同时选择的配件有插座、音响
		添加相关商品	编辑商品时与已经添加好的某些商品进行关联,双向增加销售能力
		HTML 页面参数设置	SEO 设置
		商品标签	添加热卖、给力、新品等标签
	商品二维码	二维码展示、下载、扫购	商品列表(后台)中展示商品的二维码图片、支持下载等信息,管理员可以下载二维码,粘贴在各类场所或印刷品上,消费者可以使用移动设备扫描二维码查看
	批量操作	商品上架	将已经添加好的多个商品全部上架
		商品下架	将已经添加好的多个商品全部下架
		统一调价	可对已经选择的多个商品的价格按某个规律(公式)做出相同的调整
		分别调价	可对已经选择的多个商品的价格用列表的方式在一个界面中逐一修改
		统一调库存	可对已经选择的多个商品的库存按某个规律(公式)做出相同的调整
		分别调库存	可对已经选择的多个商品的库存用列表的方式在一个界面中逐一修改
		商品名称	可对已选择的多个商品增加前缀、后缀、查找、替换
		商品简介	可对已选择的多个商品增加前缀、后缀、查找、替换

续表

后台模块	功能模块	模块子功能	功能描述
商品管理	批量操作	商品品牌	统一修改品牌
		商品排序	批量修改排序可让所选商品的排序整体前移、后移,序号越大越靠前
		商品重量	统一修改为可一致修改所选商品重量一致。"公式调重量"可让所选商品的重量整体上浮、下降
		分类转换	可对已选择的多个商品进行分类转换,商品分类的修改不会影响商品类型
		重新生成图片	① 此功能将会根据"商店配置→商品图片设置"中的图片尺寸重新生成商品的3种图片以及重新添加水印; ② 重新生成新图片后,原有旧图片将被删除或覆盖; ③ 该处理过程可能会比较慢,请耐心等待
	商品标签	为选中项打标签	在列表页多选商品批量设置商品标签
		标签设置	商品标签管理,包括标签的新增、编辑、删除
	删除商品		商品数据删除进入回收站
	商品导出		导出商品列表页选择的商品数据
	商品导入		商品导入入口,一般为导出的商品数据更新后导入入口
	商品列表页 Tab		数据筛选列表,包括全部、已下架商品、缺货商品、库存报警、自定义筛选
	商品快速搜索	货号	输入某货号在商品列表中快速搜索
		商品名称	输入某商品名称在商品列表中快速搜索
		商品关键字	输入某商品关键字在商品列表中快速搜索
	商品高级筛选	按编号	按商品编号进行筛选
		按名称	按商品的名称进行搜索
		按货号	按商品的货号进行搜索
		按商品标签	按商品的标签进行搜索,例如热卖、推荐
		按商品分类	搜索某个商品分类下的商品
		按商品品牌	搜索某个商品品牌下的商品,可能会分布在多个分类下
		按商品销售价	按指定的商品价格范围进行搜索
		筛选项设置	可自定义筛选的某些类目,以得到精准筛选结果
	商品导入		在CSV中编辑好商品信息后一次性导入,一般适用于大量有某些共同特性的商品
	到货通知		当商品库存到达设置的某个值时会显示到货通知,无法正常购买,点击后信息会显示在后台,可以在这一模块给已预约用户发送到货通知与删除预约

续表

后台模块	功能模块	模块子功能	功能描述
商品配置	商品分类	分类管理	添加分类,添加分类子类,编辑排序,收起,展开
		自定义分类模板	自定义某个商品分类的前台展示页面,一般用于特殊分类或重点推荐的分类
		分类页 SEO 功能	设置商品分类的 SEO 相关信息,可提高搜索引擎的认可度
		展开/收起分类	分类数据在 500 条内,列表页收放显示
	商品类型	商品类型管理	某一类商品的相同属性归纳成的属性集合,例如手机类型都有屏幕尺寸、CPU、内存
		自定义商品类型	根据自己产品的特性重新定义添加商品类型
		扩展属性管理	可对商品的某些共有属性进行添加、编辑与删除
		价格区间	列表页商品属性,在筛选时显示
	商品规格	添加规格	对商品的颜色、尺寸等规格进行添加
		编辑	对商品的颜色、尺寸等规格进行编辑
		删除	对商品的颜色、尺寸等规格进行删除
		规格图片设置	设置默认规格图片
	商品品牌	添加品牌	添加设置品牌的名称、网址、logo 等基本信息,会显示在前台商品品牌处
		编辑品牌	编辑设置品牌的名称、网址、logo 等基本信息,会显示在前台商品品牌处
		删除品牌	品牌数据的删除
		品牌快速搜索	按照品牌名称、网址、别名快速搜索品牌
	虚拟分类		不同分类的商品通过标签显示在一个区域,达到促销的目的
	库存提示规则管理	商品提示规则管理	优化前台库存提醒,当详情页库存不足时自定义提示

从该表可以看出,网站平台提供了丰富的、详细的功能来定义一个商品的所有属性。

2.6 新产品的推广

酒香也怕巷子深。再好的产品,如果没有人知道,也不可能有市场。新产品上市,为了迅速提高产品的知名度和市场认知度,一般会在上市发布的同时选择各种推广方法,折扣、买送甚至免费品尝都是常用的策略。

下面介绍一些常用的促销手段。

1. 传统渠道

报纸、杂志、广播、电视、户外广告版等都是宣传企业、产品的阵地。

2. 搜索引擎

搜索引擎营销的基本思想是让用户发现信息，并通过点击进去网站/网页进一步了解所需要的信息。

搜索引擎检索出来的是网页信息的索引，一般只是某个网站/网页的简要介绍，或者搜索引擎自动抓取的部分内容，而不是网页的全部内容，因此这些搜索结果只能发挥一个"引子"的作用，如何尽可能好地将有吸引力的索引内容展现给用户，是否能吸引用户根据这些简单的信息进入相应的网页继续获取信息，以及该网站/网页是否可以给用户提供所期望的信息，这些是搜索引擎营销所需要研究的主要内容。

3. 邮件营销

邮件营销可以向精准客户提供新产品的信息，发布促销，建立关系。邮件地址代表的是每个鲜活的人，企业之前已经和他们有过很好的关系，提供给他们独特的价值。新产品的发布策略是在没有向公众发布之前不妨先通知忠诚客户、核心客户，这样的行为有助于培养企业与客户之间的感情和关系，并可能通过这些人进行口碑传播。

如果苹果公司在发布新产品之前对其核心客户透露消息，可以想象这些粉丝会如何传播。如果化妆品公司发布新的护肤用品，通过邮件透露新产品的卖点、价格、独特之处，粉丝又会有什么样的体验？

4. 在线广告的应用

新产品的发布会引起用户的注意力，用户会通过搜索引擎来检索相关的产品关键字，在线广告可以抓取有价值的眼球。

5. 利用社交平台

博客、微博、微信、QQ等社交平台基于人与人之间的关系和信任，是发布产品信息的平台。

1）社交网络推广营销成本低、简单易学、成效高

社交网络推广营销的优势有很多，首先它的成本极低，仅仅是注册认证一个属于企业的账号就可以，可以说不用什么成本；而且社交网络的影响很广泛，信息可以在社交圈内传播，见效很快。

2）社交网络推广营销在无形中就能让品牌的知名度提升

社交网络，例如微博，如果是在一个名人的微博上内容跟帖，其关注量就会大大增加。如果能抢占沙发，就能够让无数网友在第一时间看到你的回帖，这样所获得的效果是不错的。如此多的人看到我们的信息自然而然会对我们品牌知名度的提高助力不少。网站的品牌被更多人知道之后，就可以为网站日后的发展奠定一定的基础。

3）提升用户体验度，缩短站长和用户之间的距离

在很多情况下，企业和用户并没有站在统一角度来考虑问题，应该把这一问题归咎于没有一个比较好的平台来拉近企业与用户的距离，这才导致企业和用户之间的关系被局限在买卖关系当中，而社交网络推广营销的出现刚好让这个问题迎刃而解。通过社交网络平台，

企业可以在社交平台上发布信息,与用户互动,这就拉近了企业和用户之间的距离。此外,社交网络可以让用户与企业的沟通更加及时,用户可以更加及时地获得与企业相关的信息。

4) 关注社会最新动态,及时发现企业自身问题,帮助企业维持品牌信誉

目前很多人都是通过社交网络获得最新动态的,例如现在很火的微博直播,信息相当多并且及时,有时对于一些最新新闻资讯,新闻媒体机构还是从社交网络上获得的。企业可以从社交网络上获得最新的行业信息,同时可以发现自身存在的不足。从这一点可以看出社交网络的强大威力,如果企业可以很好地利用社交网络的这一优势,相信能够获得不错的推广效果。

有关这部分的详细内容,将在第 3 章详细介绍。

【本章小结】

本章系统介绍了新产品上线需要的工作,包括产品图片拍摄、图片处理、产品文字描述、产品上线、产品营销等内容,重点是产品图片的选取和处理、文字描述。

在选择产品图片时要突出产品的特性,包括设计特性、功能特性、质量特性、包装特性等。文字描述要符合广告法的基本要求,既要实事求是,又能吸引访问者。

新产品的促销是必要的,可以是一种方式,也可以是多种方式的组合。

第 3 章 网站推广与网络营销

【本章知识点】

本章主要解决下列业务问题：
(1) 推广网店,吸引更多的流量到网站/网店中；
(2) 营销手段的选择；
(3) 商品的促销方案策划；
(4) 活动策划。

本章学习目标：
(1) 了解网络营销的含义、目的；
(2) 准确理解网络营销的原则；
(3) 掌握网络营销的主要方法；
(4) 掌握软文营销的基本思路,以及撰写软文的方法和原则；
(5) 熟练运用邮件列表进行邮件营销；
(6) 熟练运用事件营销的方法营销网站和产品；
(7) 熟练撰写企业资讯新闻稿,并发布在网站首页上；
(8) 了解 SEO 的原理和应用。

【任务 1】 A 企业是一家专门从事办公用品设计、生产、销售的企业,其生产的某种商品具有一定的社会知名度。为了提升品牌知名度、扩大市场份额和提高客户服务水平,A 企业在互联网上开设了网店,从事企业品牌宣传、新产品发布、产品销售、客户在线服务等业务。

3.1 网络营销概述

【引导案例】

BodyBuilding.com 是美国网络零售商 400 强中排名第 160 位的零售网站。美国网上零售业竞争激烈,大部分零售网站都会投入很大一部分甚至全部网络营销预算到搜索引擎营销中以推广网站,不过健美塑身产品零售网站 BodyBuilding.com 不投入分文搜索引擎营销费用也一样能够在自然搜索结果中获得很好的表现,从而获得大量访问者。

目前，BodyBuilding.com 每天吸引约 250 万独立访问人数，而带来这一巨大访问量的主要原因是网站上接近 1 万篇关于健康、营养、体重、塑身及其他相关主题的文章。BodyBuilding 的 CEO——Ryan DeLuca 说："我们没有做任何付费搜索引擎推广，不过我们拥有大约 400 个写手，他们很多都是各自主题领域内的专家，他们为网站贡献这些专业文章作为网站内容。目前，网站文库大约有 1.6 万个网页，并且数目一直在增加。这些文章为我们赢得了良好的口碑广告效应。"

以前 BodyBuilding.com 网络营销的主要方法是依靠自然排名的搜索引擎优化和一些 E-mail 营销手段。目前网站访问者主要是那些对健身塑身感兴趣的人，他们来网站阅读文库中的专业文章，文章中提到的产品将激发读者在该网站进行在线购买。由于这些内容的专业性，使得该网站的购物者忠诚度也很高，他们实施在线购买都是基于一种理智的决定。BodyBuilding.com 网站建立在读者和购物者的忠诚度之上，他们将继续采用口碑营销策略而不是付费搜索引擎广告来驱动网站访问量。

网站内容推广策略在获得用户访问的同时可以创建良好的品牌形象，高质量的网站内容加上合理的搜索引擎优化是网络营销成功的保证。

3.1.1 网络营销的含义

网络营销（On-line Marketing 或 E-marketing）是企业整体营销战略的一个组成部分，网络营销是为了实现企业总体经营目标所进行的以互联网为基本手段营造网上经营环境的各种活动。笼统地说，网络营销就是以互联网为主要手段开展的营销活动。网络营销是以互联网为载体，以符合网络传播的方式、方法和理念实施营销活动，以实现组织目标或社会价值。

网络营销产生于 20 世纪 90 年代，发展于 20 世纪末至今。网络营销产生和发展的背景主要有 3 个方面，即网络信息技术发展、消费者价值观改变、激烈的商业竞争。

3.1.2 网络营销的理论基础

网络营销的理论基础主要是直复营销理论、网络关系营销理论、网络软营销理论和网络整合营销理论。

1. 直复营销理论

直复营销理论是 20 世纪 80 年代引人注目的一个概念。美国直复营销协会对其所下的定义是"一种为了在任何地方产生可度量的反应和（或）达成交易所使用的一种或多种广告媒体的相互作用的市场营销体系。"

2. 网络关系营销理论

网络关系营销理论是 1990 年以来受到重视的营销理论，它主要包括两个基本点，首先，在宏观上认识到市场营销会对范围很广的一系列领域产生影响，包括顾客市场以及影响者市场；在微观上认识到企业与顾客的关系不断变化，市场营销的核心应从过去简单一次性的交易关系转变到注重保持长期的关系上来。

3. 网络软营销理论

网络软营销理论是针对工业经济时代的以大规模生产为主要特征的"强势营销"提出的新理论，它强调企业进行市场营销活动的同时必须尊重消费者的感受和体会，让消费者能舒服地主动接收企业的营销活动。

在互联网上，由于信息交流是自由、平等、开放和交互，强调的是相互尊重和沟通，网络软营销恰好是从消费者的体验和需求出发，采取拉式策略吸引消费者关注企业来达到营销效果。

4. 网络整合营销理论

网络整合营销理论主要包括以下关键点：网络营销首先要求把消费者整合到整个营销过程中，从他们的需求出发开始整个营销过程。

3.1.3 网络营销的主要方法

网络营销的实施是通过各种具体方法来实现的，所有的网络营销方法实际上都是对网络营销工具和资源的合理利用。根据可以利用的网络营销工具和资源将网络营销的基本方法归纳为9种，即搜索引擎推广方法、电子邮件推广方法、资源合作推广方法、信息发布推广方法、病毒性营销方法、快捷网址推广方法、网络广告推广方法、综合网络营销方法及社会化媒体营销。

1. 搜索引擎推广方法

搜索引擎推广是指利用搜索引擎、分类目录等具有在线检索信息功能的网络工具进行网络营销的方法。由于搜索引擎的基本形式可以分为网络蜘蛛型搜索引擎（简称搜索引擎）和基于人工分类目录的搜索引擎（简称分类目录），因此搜索引擎推广的形式也相应地有基于搜索引擎的方法和基于分类目录的方法，前者包括搜索引擎优化、关键词广告、竞价排名、固定排名、基于内容定位的广告等多种形式，而后者主要是在分类目录合适的类别中进行网站登录。随着搜索引擎形式的进一步发展变化，也出现了其他一些形式的搜索引擎，不过大多是以这两种形式为基础。

搜索引擎推广的方法又可以分为多种不同的形式，常见的有登录免费分类目录、登录付费分类目录、搜索引擎优化、关键词广告、关键词竞价排名、网页内容定位广告等。

从目前的发展趋势来看，搜索引擎在网络营销中的地位依然重要，并且受到越来越多企业的认可，搜索引擎营销的方式也在不断发展演变，因此应根据环境的变化选择搜索引擎营销的合适方式。

2. 电子邮件推广方法

以电子邮件为主要的网络营销手段，常用的方法包括电子刊物、会员通信、专业服务商的电子邮件广告等。

基于用户许可的 E-mail 营销与滥发邮件（Spam）不同，许可营销比传统的推广方式或未经许可的 E-mail 营销具有明显的优势，比如可以减少广告对用户的滋扰、增加潜在客户定位的准确度、增强与客户的关系、提高品牌忠诚度等。根据许可 E-mail 营销所应用的用户电子邮件地址资源的所有形式，E-mail 营销可以分为内部列表 E-mail 营销和外部列表 E-mail 营销，或简称内部列表和外部列表。内部列表也就是人们通常所说的邮件列表，是利用网站的注册用户资料开展 E-mail 营销的方式，常见的形式有新闻邮件、会员通信、电子刊物等。外部列表 E-mail 营销则是利用专业服务商的用户电子邮件地址来开展 E-mail 营销，也就是电子邮件广告的形式向服务商的用户发送信息。许可 E-mail 营销是网络营销方法体系中相对独立的一种，既可以与其他网络营销方法相结合，也可以独立应用。

3. 资源合作推广方法

通过网站交换链接、交换广告、内容合作、用户资源合作等方式，在具有类似目标网站之间实现互相推广的目的，其中最常用的资源合作方式为网站链接策略。

每个企业网站都可以拥有自己的资源，这种资源可以表现为一定的访问量、注册用户信息、有价值的内容和功能、网络广告空间等，利用网站的资源与合作伙伴开展合作，实现资源共享、共同扩大收益的目的。在这些资源合作形式中，交换链接是最简单的一种合作方式，调查表明它也是新网络营销的有效方式之一。交换链接（或称互惠链接）是具有一定互补优势的网站之间的简单合作形式，即分别在自己的网站上放置对方网站的 logo 或网站名称并设置对方网站的超链接，使得用户可以从合作网站中发现自己的网站，达到互相推广的目的。交换链接的作用主要表现在获得访问量、增加用户浏览时的印象、在搜索引擎排名中增加优势、通过合作网站的推荐增加访问者的可信度等方面。交换链接还有比是否可以取得直接效果更深一层的意义，一般来说，每个网站都倾向于链接价值高的其他网站，因此获得其他网站的链接也就意味着获得了合作伙伴和一个领域内同类网站的认可。

4. 信息发布推广方法

将有关的网络营销信息发布在其他潜在用户可能访问的网站上，利用用户在这些网站获取信息的机会实现网络营销的目的，适用于这些信息发布的网站包括在线黄页、分类广告、论坛、博客网站、微博平台、QQ、供求信息平台、行业网站、微信平台等。信息发布是免费网络营销的常用方法之一，尤其是在互联网发展早期，当网上信息量相对较少时，往往通过信息发布的方式即可取得满意的效果，不过随着网上信息量爆炸式的增长，这种依靠免费信息发布的方式所能发挥的作用日益降低，同时由于更多更加有效的网络营销方法的出现，信息发布在网络营销的常用方法中的重要程度也有明显下降，因此依靠大量发送免费信息的方式已经没有太大价值，不过一些针对性、专业性的信息仍然可以引起人们极大的关注。

5. 病毒性营销方法

病毒性营销方法并非传播病毒，而是利用用户之间的主动传播让信息像病毒那样扩散，从而达到推广的目的。病毒性营销方法实质上是在为用户提供有价值的免费服务的同时附加上一定的推广信息，常用的工具包括免费电子书、免费软件、免费 Flash 作品、免费贺卡、免费邮箱、免费即时聊天工具等可以为用户获取信息、使用网络服务、娱乐等带来方便的工具和内容。如果应用得当，这种病毒性营销手段往往可以用极低的代价取得非常显著的效果。

6．快捷网址推广方法

快捷网址推广方法即合理利用网络实名、通用网址以及其他类似的关键词网站快捷访问方式来实现网络营销的方法。快捷网址使用自然语言和网站 URL 建立对应关系，这给习惯使用中文的用户提供了极大的方便，用户只需输入比英文网址更加容易记忆的快捷网址就可以访问网站，用自己的母语或者其他简单的词汇为网站"更换"一个更好记、更容易体现品牌形象的网址，例如选择企业名称或者商标、主要产品名称等作为中文网址，这样可以大大弥补英文网址不便于宣传的缺陷，因为在网址推广方面有一定的价值。随着企业注册快捷网址数量的增加，这些快捷网址用户数据也相当于一个搜索引擎，这样当用户利用某个关键词检索时，即使与某网站注册的中文网址不一致，同样存在被用户发现的概率。

7．网络广告推广方法

网络广告是常用的网络营销策略之一，在网络品牌、产品促销、网络营销等方面均有明显作用。网络广告的常见形式有 banner 广告、关键词广告、分类广告、赞助式广告、E-mail 广告等。banner 广告所依托的媒体是网页，关键词广告属于搜索引擎营销的一种形式，E-mail 广告则是许可 E-mail 营销的一种，可见网络广告本身并不能独立存在，需要与各种网络工具相结合才能实现信息传递的功能，因此也可以认为网络广告存在于各种网络营销工具中，只是具体的表现形式不同。将网络广告用于网络营销，具有可选择网络媒体范围广、形式多样、适用性强、投放及时等优点，适合于网站发布初期及运营期的任何阶段。

8．综合网络营销方法

除了前面介绍的常用网络营销方法以外，还有许多专用性、临时性的网络营销方法，例如有奖竞猜、在线优惠券、有奖调查、针对在线购物网络营销的比较购物和购物搜索引擎等，有些甚至建立一个辅助网站进行推广。有些网络营销方法可能别出心裁，有些网站则可能采用有一定强迫性的方式来达到推广的目的，例如修改用户浏览器默认首页设置、自动加入收藏夹，甚至在用户的计算机上安装病毒程序等，真正值得推广的是合理的、文明的网络营销方法，大家要拒绝和反对带有强制性、破坏性的网络营销手段。

9．社会化媒体营销

社会化媒体营销就是利用社会化网络、在线社区、博客、百科或者其他互联网协作平台和媒体来传播和发布资讯，从而形成的营销、销售、公共关系处理和客户关系服务维护及开拓的一种方式。一般社会化媒体营销工具包括论坛、微博、微信、博客、SNS 社区、图片和视频，通过自媒体平台或者组织媒体平台进行发布和传播。

1）创造企业的网络曝光量

企业应用社交媒体可以在社交网络、微博、博客等拥有海量注册用户的社交媒体网络上发布相关的服务信息和产品资讯，利用社交媒体网络上的粉丝关注效用和社群效应可以大大增加企业的产品与服务信息在社交网络上的曝光量。

社交媒体的热点聚焦效应使得企业能够通过社交媒体实现与潜在用户之间更为广泛的沟通。社交媒体还具有平等沟通的特性，更利于企业与潜在客户之间保持亲和的沟通，持续深化关系。

2）增加网站流量和注册用户

传统的网络营销是基于信息上网为特征的,企业通过在自己的官方网站上或垂直门户里的资讯频道上发布信息,然后通过关键词搜索,由搜索引擎带来相关的流量和点击。

社交媒体的应用改变了以往过于依赖搜索引擎的网络营销模式,通过社交媒体不仅可以直接将社交媒体上的用户流量转化为企业官方网站的流量,而且可以通过企业在社交媒体上的信息吸引与服务互动来发展注册用户。

3）吸引更多业务合作伙伴

社交媒体在吸引个人用户的同时也吸引了越来越多的企业用户,统计显示,美国有72%的企业在利用社交媒体提供各种类型的服务。这也给许多企业提供了寻求合作的机会,通过社交媒体来找到更多适合的合作伙伴。

社交媒体的属性特征使得用户在社交媒体上能够获得比搜索引擎更加全面和完善的资讯,也更容易判断合作伙伴的经验和能力,从而帮助企业带来更多潜在的合作机会。

4）提升搜索排名

传统的官方网站和产品网站是以信息发布为主的,内容多是静态信息和资讯,内容更新频率比较低,主要通过关键词被搜索引擎收录。

而社交媒体上的信息更新与内容互动要频繁得多,企业在社交媒体上频道页面的更新率非常高,更容易在搜索中排到更靠前的位置。

5）带来高质量的销售机会

包括零售、旅游、金融等行业的许多企业在 Facebook 上的成功应用已经证明了社交媒体对于销售机会的促进效应。在美国的许多零售企业已经通过 FacebookAds 发布消息,利用网络下载优惠券,在微博上发起与产品有关的话题,监控感兴趣的客户行为,结合邮件营销和博客营销,带来了大量的销售机会。

6）减少整体营销预算投入

社交媒体营销当然也需要投入,但是应用得好,企业的整体营销预算反而会大大减少。这是因为社交媒体有着其他传统媒体和网络媒体不可替代的传播效应,一方面社交媒体网络的开放性吸引了大量的注册用户,另一方面有关产品与服务的信息可以利用社交媒体网络以更低的成本、更快的速度来进行传播。如果企业能够将社交媒体与视频营销、病毒营销结合起来,常常能够达到意想不到的营销效果。荷兰皇家航空公司(KLM)就在 2011 年 3 月新开航的迈阿密航线上成功地运用社交媒体营销传播,利用 Twitter 发起话题,通过 Youtube 实现视频分享,以极低的投入对这条新航线的推广起到了意想不到的传播效果,同时也大大增加了 KLM 的品牌美誉率。

7）促进具体业务成交

社交媒体的特性不仅是利用社交网络、微博等发布信息,更重要的是利用社交媒体平台发起与潜在用户的互动。

企业的社会化营销团队不仅可以关注在社交媒体上的用户,监控用户对于相关产品与服务的关注,并且可以实时发起与潜在用户的互动,持续深化与潜在用户的关系,促进对企业产品与服务的兴趣,并且适时地发起社会化营销活动来促进成交。

企业实施社会化营销的步骤如下。

(1) 社会化营销整合:在开放的网络结构下,消费者的数字行为变得越来越无序也越来越自主,品牌在社交网络中建构品牌社群经营与消费者的关系,并不能完全满足品牌对消费者行为管理的需要,品牌需要更加全面和完整地管理消费者行为与体验,更充分地整合多种营销手段,整合优势资源,不断积累和沉淀用户关系提升用户体验,这样才能不断地实现品牌市场任务。

(2) 建构品牌社群:企业需要进入社交网络开展营销工作,而开放的社交网络结构以及平等的用户关系给企业带来了巨大的挑战和不可预见的危机,这需要企业更加懂得"如何正确地进入"社交网络,需要对社交网络用户足够了解,并且需要制定严密的规则,以保证在开放和不可控的网络结构下品牌市场任务可以实现。企业社会化参与规则制定(social guidance book)指帮助企业基于自身特点和市场任务制定完善的社交战略及执行规范手册,帮助管理多账号、多平台的企业社会化行为,保证企业市场目标实现,提升工作效率,降低不可控风险。

(3) 建立关系链:社会化媒体营销的基础是关系链。

社会的构成元素是人和组织,而社会能够称为社会的关键在于人与人、人与组织及组织与组织之间的关系链。我们处于网络社会时代,那么在社会化属性日益增强的互联网中,关系链自然是社会化媒体最重要的组成部分。社会化媒体营销的一个显著优势就是用户对于信息的信任度高,而信任度高的原因就是社交关系链。我们只有很好地利用了用户的社交关系链才能发挥社会化媒体营销的优势。

社会化媒体营销一定要增大营销内容的传播动力。

既然知道了关系链对于社会化媒体营销成败的关键作用,就要考虑如何利用关系链。我们可以考虑建立与目标受众之间的关系链,但是关系链的建立需要艰难而漫长的过程,显然,更好的手段是利用用户之间既有的关系链,在关系链的某一个点注入信息,通过关系网迅速传播。然而就像电流需要电压才能传输一样,没有传播动力的内容即使投入关系网中也激不起一丝涟漪。对于社会化媒体营销来讲,最困难和最重要的就是增大营销内容的传播动力。

3.2 软文营销

【任务2】 突破极限 超越自我。

娃哈哈新推出了娃哈哈激活维生素饮品(柑橘/柠檬/水蜜桃/荔枝口味),如图 3-1 所示。该激活维生素饮品特别添加了人体所需的维生素 B3、B6、B12 以及维生素 C、肌醇等活性维生素群,专业配方,科学配伍,激活你的每个细胞,给你超凡表现。改变自己,从激活开始。

请根据"激活"产品的特点写一篇软文发布到论坛或其他媒体上。

3.2.1 软文营销概述

广告是很多企业的主要宣传方式,无论是电视、广播、报纸还是杂志、户外媒体等,企业都是以硬性广告的形式来展开。但随着互联网的发展、信息时代的来临以及消费者的改变,

图 3-1　娃哈哈激活运动饮料

单纯的硬性广告已经不能满足企业的要求，它被分化、稀释，再进行隐形和"软化"就形成了今天的软文营销。

所谓的软文营销，就是通过特定的概念诉求以摆事实讲道理的方式使消费者走进企业设定的"思维圈"，以强有力的针对性心理攻击迅速实现产品销售的文字模式和口头模式，例如新闻、第三方评论、访谈、采访、口碑。

软文是基于特定产品的概念诉求与问题分析对消费者进行针对性心理引导的一种文字模式。从本质上来说，它是企业软性渗透的商业策略在广告形式上的实现，通常借助文字表达与舆论传播使消费者认同某种概念、观点、分析思路，从而达到企业品牌宣传、产品销售的目的。

3.2.2　软文营销的特点

与硬性广告相比，软文营销具有下列特点。

1．隐蔽性

软文不同于广告，没有明显的广告目的，而是将广告的诉求嵌入文字当中，从侧面进行描述，属于渗透性传播。其本质还是商业广告，但以新闻资讯、评论、企业文化等文字形式出现，潜移默化地影响消费者。

如今互联网上存在着海量的信息，读者很难分辨出哪篇文章是新闻，哪篇文章是带有商业目的性的软文，而这恰恰就是软文存在的最大价值。

2．多样性

从论坛发帖到博客文章、网络新闻，从娱乐专栏到任务专访，从微信到微博……软文由于文字资料的丰富性，又不拘泥于文体、载体，从而表现形式多种多样。软文凭借其多样性遍布于网络的各个角落，使大部分网民都成为受众群体、潜在消费者。

3．敏捷性

受益于互联网，软文营销不受时间、地域的限制，能对当下社会最新最热的新闻、话题等做出最敏捷的反应，借助当下热门的事件、新闻等，结合企业和产品的销售、传播目的而展开一系列活动。这种快速反应、借势宣传是硬广告所不能及的。

4．可接受性

软文的宗旨是制造信任，它弱化或者规避了广告行为本来的强制性和灌输性，一般软文是由专业的写作人员在分析产品目标消费群的消费心理的基础上投其所好，用极具吸引力的标题、话题来吸引用户。然后用细腻、具有亲和力或者诙谐、幽默的文字以讲故事、评论等方式打动用户，而且文章以用户感受为中心，从消费者的角度思考，使读者易于接受。

5．低成本性

传统的硬广告受版面、时间等限制，传播信息有限，投入风险大，成本高。相比之下，软文营销则具有高性价比的优势，信息量大，不受过多的条件限制，在网络上存在的时间长。

全球最大的网络调查公司——CyberAtlas曾经给出这样的数字：75％的网站访问量来自搜索引擎；在获得同等收益的情况下，企业对网络营销工具的投入是传统营销的1/10，而信息到达速度却是后者的5~8倍。软文有很好的搜索引擎效果，可以进行二次传播。

3.2.3 软文营销的四要素

1．标题

具有吸引力的标题是软文营销的基础。在网络这种信息爆炸的情况下，如果没有一个引人眼球的标题，内容再丰富也是徒劳。

优秀的软文标题应该做到简短明了、内容点睛、融入关键词，还可以多用问号和疑问句，引起读者的好奇心。优秀的标题，例如《小站长年收入10万不是梦——我的奋斗历程》《苹果Air创新薄（世上最薄的笔记本电脑）》《高端乳酸猪肉是忽悠吗？》《不要脸的时代已经过去》等。

2．话题

2007年7月16日，百度"魔兽世界吧"发表了一个名为《贾君鹏，你妈妈喊你回家吃饭呢》的帖子，立即演变成为一个全国性的网络热点，短短6小时内就获得了39万多的点击量，有超过1.7万网民参与回帖，创造了当今网络"第一神贴"的奇迹。事后，北京一家传媒公司的CEO表示，该公司动用了800人制造出"贾君鹏"目的是让网民持续关注"魔兽"这款游戏。而利用热门话题"贾君鹏""魔兽世界"成功吸引了玩家的注意力。

除了这种创造话题的方式以外，大多数的软文都是借助其他话题进行推广的，选取网络用户关注、热门的话题，结合企业和产品借势推广，将会收到不错的成效。

3．结构

高质量的软文排版应该是严谨、有条不紊的。一篇排版凌乱的文章会让读者阅读起来很困难，思路混乱，给人一种不权威的感觉；而且用户的耐心是非常有限的，一篇可读性差的文章无疑会给人以糟糕的阅读感。

所以，为了达到软文营销的目的，文章的排版不可马虎，需要做到最基本的上下连贯，借助小标题等，突出文章重点，让人一目了然。在语言措辞方面，要尽量做到有理有据，提升文章的权威感。

4．广告

软文营销本质上就是广告，如何把广告内容自然、不留痕迹地融入文章当中是最难的一部分。一篇高境界的软文就是要让读者读起来没有一点广告的意味，读完之后读者还能获益匪浅，认为文章给他提供了不少帮助。下面通过一篇软文范例进行分析。

《宝宝为什么不爱吃饭》

很多小孩子在吃饭方面都有一些问题，尤其是不爱吃饭，为此爸爸妈妈们是伤透了脑筋。其实，宝宝不爱吃饭主要是因为没有建立起良好的饮食习惯，要从现在入手，赶快纠正宝宝的不良习惯，让其爱上吃饭。

吃饭时，孩子在前面跑父母在后面追的情景，相信在很多家庭都会出现，这也是父母很头痛的问题。宝宝出现长期食欲不振、食量减少，可导致小儿营养不良，多种微量元素缺乏，影响生长发育。

据分析，其实引起厌食的原因有多种，从节后情况看，除了零食以外，家长不规律的饮食习惯也会导致孩子厌食，因为家长应酬多，节期饮食起居不规律，导致孩子原本正常的饮食规律被打破。据了解，在出现厌食情况的孩子中，其实有近六成是无须治疗的"假性厌食"，只需调整家长的喂养习惯和孩子的饮食习惯，诸如撇开零食、定时定点（给孩子相对固定的一个吃饭位置）让孩子吃正餐、让孩子自己吃饭而不撵着喂、不要同时看电视等，厌食现象很快就会远离孩子。

聪明的妈妈应该懂得如何培养宝宝良好的饮食习惯。例如：

（1）让宝宝吃各种不同口味、颜色和口感的菜，这会让宝宝总是对饭菜很感兴趣。即使是很小的宝宝，如果每天吃相同的东西，也会感到厌烦的。

（2）当宝宝吃得很好的时候要表扬他。

（3）给宝宝提供健康零食，宝宝每天会消耗大量的能量，因为他们每天动来动去，所以用营养丰富的零食来补充宝宝的能量，比如水果片（新鲜的或干制的）、天然酸奶、米糕、面包条。

（4）不要给宝宝吃快餐食品，如果在就餐时间带着宝宝出去转转，最好随身带一些健康食品，这样就不必依赖快餐店了，薯条、汉堡包、香肠都是高脂肪、高盐、高糖分食品，而且含有很多添加剂，应该避免食用。

（5）别把甜食当奖励。如果想让宝宝喜欢吃新鲜水果和蔬菜，自己首先要大量吃这些食物以给宝宝树立榜样。如果您总是把饼干和巧克力当作零食，并且把甜食作为奖励（这些食物会使宝宝越来越喜欢吃甜食，并使他们长出龋齿），不要指望您的宝宝爱吃水果。您可不能为了宝宝吃水果和蔬菜而跟他讨价还价，这会形成一个难以改变的习惯。

（6）在给宝宝喝的饮料中，水是最佳和最提神的，所以要把水作为首选饮料。如果宝宝的食欲不是很好，可以给他喝obabyl宝贝乐，这样可以使胃肠道产生多种有机酸和消化酶，帮助儿童吸收食物，增进食欲。

（7）不要给宝宝吃含过量的饱和脂肪、食盐和糖的油炸食品，最好以蒸烤的食品取代。

加工食品中的盐、糖和人工调味剂的含量很高,所以要给宝宝吃新鲜的食品,包括以下4类:

① 鱼、肉、鸡蛋和其他富含蛋白质的食物;
② 牛奶、酸奶和其他奶制品;
③ 大米、马铃薯、面包、面条和其他碳水化合物;
④ 水果和蔬菜。

这是一篇非常常见的科普性软文,虽然文章当中也有广告植入,但是不会产生生硬感,使读者易于接受。

3.2.4 软文营销的操作步骤

1. 营销调研

营销调研指系统地、客观地收集、整理和分析市场营销活动的各种资料或数据,用于帮助营销管理人员制定有效的市场营销决策。

企业在做软文营销时必须要有一个清晰的目标和定位,所以前期的调研工作不可缺少。企业内容调研包括调查企业的创建史、企业的商业模式、经营范围以及企业荣誉、企业资质、企业组织构架、企业文化等。

企业外部调查的调研就是要全面了解行业的发展情况,与公司相关的新闻热点,公司客户群的主要特征和行为习惯,竞争对手分析,特别是对手的营销策略。

此外还要确定软文的定位,这是根据特定人群而定的,要了解相关人群,例如普通消费者、企业合作伙伴、企业大客户、业内竞争对手等。

2. 营销策划

根据企业的自身情况做出具体分析后确定软文营销的方案。

一个好的企业软文营销策划主要包括以下3点:

(1)明确软文的"目的"是树立品牌、拉动销售还是对竞争对手的策略回应等。若是多个目标就必须要有顺序,否则会影响软文营销的效果。

(2)明确软文营销的实施策略,包括时间要求、数量要求、投放渠道等。

(3)根据确定的目标和策略确定软文撰写的角度。把目的和策略依序写出来做成表格,包括行动目标、投放渠道、软文数量、投放时间、费用预算等。例如,中国联通的软文营销策划如表3-1所示。

表3-1 中国联通的软文营销策划

策 划 要 素	要 素 详 解
行动目标	销售:提升收集销量和办卡率,宣传广东联通品牌
撰写角度	分类:分小标题介绍优惠活动
投放渠道	网站:新浪网科技频道
软文数量	同类别软文5篇
投放时间	2014.1.20
费用预算	营销费用根据新浪网科技频道的推广费用确定

3. 软文撰写

软文撰写的技巧主要分为标题、内容布局、语言风格运用以及首位等方面。软文撰写要有重点，切忌用词过猛，植入广告要有限度。在软文撰写完毕以后要进行相关检查，例如目标是否植入、标题是否吸引人、软文中的超链接是否正确、文中是否存在错别字、是否有法律风险等。

4. 软文的发布

在软文撰写好以后选择平台尤为重要，要根据不同的软文分类选择不同的平台。现在软文主要的发布平台有以下几种。

（1）论坛：其主要特点是搜索引擎可以快速收录，但是论坛中的曝光率是有限的，这需要与论坛管理人员沟通好，能置顶效果最好。注意，有些论坛要求不能带链接。

（2）博客：博客软文由第三方博客和独立博客软文构成，博客软文对链接基本上没有限制。

（3）微博：其主要特点是字数有限制，一般不超过200个字符，可以同步微博发布，如果粉丝多，也是可以让很多人看到的，不过网站外链接的作用不大。

（4）报刊：例如报纸、期刊等，一般为新闻稿件。

（5）分类信息网站。

（6）门户网站：软文营销的主要渠道之一，全国较大的门户网站有新浪、网易、搜狐、腾讯等。

（7）微信：这两年新兴的软文营销渠道，与微博类似，但是没有字数限制。

在确定好软文发布的平台以后，还要根据目标群体的习惯、身份职业以及软文的内容来确定软文发布的最佳时间。

5. 营销评估

软文营销评估常用以下几种统计方法。

（1）点击率：软文被用户点击的次数，能反映软文的受关注度。

（2）评论数：软文被用户评论的数量，能反映论文所引起用户的互动影响力。

（3）转载量：软文在一个网络载体发表后被其他网络载体转载的数量，能反映软文的新闻价值。

（4）搜索引擎收录量：软文发表后分别被百度、谷歌等搜索引擎收录的数量，能反映软文的质量和受众喜好度。

（5）直接IP数量：通过软文中发布的网站地址直接访问网站的数量，能反映软文的转换率。

（6）有效IP数量：通过软文访问的IP地址中有多少达成了目标，例如有多少留下了联系方式，有多少直接下了订单等。

以上仅仅是软文营销可视化的效果评估方法，软文营销对企业认知度、品牌知名度以及促进产品线下销售等作用也是不容忽视的。

除了统计软文营销的成效以外，还要对软文营销效率进行计算，即达成目标的数量与计算达成目标的成本。软文营销的成本主要包括营销策略的制定费用、软文撰写费用、软文发布费用、软文跟进执行费用等。

3.3 搜索引擎推广

【任务3】 把娃哈哈"激活"饮料的软文投放到百度搜索上。

3.3.1 什么是搜索引擎推广

国外著名互联网调查研究机构 Forrester Research 的研究结果显示：超过80%的互联网用户通过搜索引擎来寻找网站。互联网上的网站和资料浩如烟海，如何才能让网站以及产品和服务被找到呢？多数没有进行搜索引擎推广的网站都默默无闻被埋藏在搜索引擎的结果的最深处。根据 Media Metrix 的调查显示：47%的消费者通过搜索引擎来查找产品信息；28%的消费者在搜索引擎中直接查找产品名称；9%的消费者通过搜索引擎查找名牌产品；5%的消费者通过搜索引擎查找公司名称；5%的消费者通过搜索引擎的购物频道查找产品。

搜索引擎推广是通过搜索引擎优化、搜索引擎排名以及研究关键词的流行程度和相关性在搜索引擎的结果页面取得较高的排名的营销手段。搜索引擎优化对网站的排名至关重要，因为搜索引擎在通过 Crawler(或者 Spider)程序收集网页资料后会根据复杂的算法(各个搜索引擎的算法和排名方法是不尽相同的)来决定网页针对某一个搜索词的相关度并决定其排名的。当客户在搜索引擎中查找相关产品或者服务的时候，通过专业的搜索引擎优化的页面通常可以取得较高的排名。

与其他的网络营销方式相比，搜索引擎推广是为网站带来新的客户的最有效和最经济的手段。搜索引擎推广的投资回报率也是最高的。通过搜索引擎竞价排名可以使网站的流量在短期内快速增加，从而使业务得以迅速扩展。通过搜索引擎优化排名可以使企业源源不断地获得新的客户而不需要付出额外的费用。好的搜索引擎排名不仅可以使企业获得6倍于条幅广告的客户，还可以为企业在互联网上建立起良好的品牌效应。

搜索引擎推广的优点如下：

(1) 搜索引擎是客户找到企业网站和产品的最主要的方式。

(2) 如果客户通过搜索引擎找到网站，而非竞争对手的网站，企业就已经在互联网的竞争上战胜了竞争对手。

(3) 搜索引擎带来的流量是购买率极高的优质客户，因为他们正是通过搜索引擎在寻找企业产品或者服务。

与传统广告和其他的网络推广方式相比，搜索引擎网络营销更便宜、更有效。

3.3.2 搜索引擎营销信息传递的一般过程与基本任务

搜索引擎和互联网用户获取信息的基本工具之一，企业利用被用户检索的机会实现信息传递的目的，这就是搜索引擎营销。

1. 搜索引擎营销信息传递的一般过程

搜索引擎营销得以实现的基本过程是企业将信息发布到网站上成为以网页形式存在的信息源；搜索引擎将网站/网页信息收录到索引数据库；用户利用关键词进行检索（对于分类目录则是逐级目录查询）；在检索结果中罗列相关的索引信息及其链接 URL；根据用户对检索结果的判断选择有兴趣的信息并单击 URL 进入信息源所在的网页。这样便完成了企业从发布信息到用户获取信息的整个过程，这个过程也说明了搜索引擎营销的基本原理。

图 3-2 表示了搜索引擎营销信息传递的一般过程。

图 3-2 搜索引擎营销信息传递的一般过程

在上述搜索引擎营销过程中包含了 5 个基本要素，即信息源（网页）、搜索引擎信息索引数据库、用户的检索行为和检索结果、用户对检索结果的分析判断、对选中检索结果的单击。对这些因素以及搜索引擎营销信息传递过程的研究和有效实现就构成了搜索引擎营销的基本内容。

2. 搜索引擎营销的基本任务

根据搜索引擎营销信息传递的一般过程，实现搜索引擎营销的基本任务有 5 个步骤：构造适合于搜索引擎检索的信息源（基础准备）；创造网站/网页被搜索引擎收录的机会（存在层）；让企业信息出现在搜索结果中靠前的位置（表现层）；以搜索结果中有限的信息获得用户关注（关注层）；为用户获取信息提供方便，促使用户转化（转化层）。

1) 构造适合于搜索引擎检索的信息源

构造适合于搜索引擎检索的信息源，也就是为实现搜索引擎营销的第一个目标层次进行基础准备。信息源被搜索引擎收录是搜索引擎营销的基础，这也是网站建设之所以成为网络营销基础的原因，企业网站中的各种信息是搜索引擎检索的基础。由于用户通过检索之后还要来到信息源获取更多的信息，因此这个信息源的构建不能只是站在搜索引擎友好的角度，应该包含用户友好，这就是在建立网络营销导向的企业网站时所强调的，网站优化不仅仅是搜索引擎优化，而是包含 3 个方面，即对用户、对搜索引擎、对网站管理维护的优化。

2) 创造网站/网页被搜索引擎收录的机会

创造网站/网页被搜索引擎收录的机会即搜索引擎营销目标层次的第一层——存在层。网站建设完成并发布到互联网上并不意味着自然可以达到搜索引擎营销的目的，无论网站的设计多么精美，如果不能被搜索引擎收录，用户便无法通过搜索引擎发现这些网站中的信息，当然就不能实现网络营销信息传递的目的。因此，让尽可能多的网页被搜索引擎收录是网络营销的基本任务之一，也是搜索引擎营销的基本步骤。

3) 让企业信息出现在搜索结果中靠前的位置

网站/网页仅仅被搜索引擎收录还不够，还需要让企业信息出现在搜索结果中靠前的位置,这就是搜索引擎优化所期望的结果,也是搜索引擎营销目标层次中的第二层——表现层。因为搜索引擎收录的信息通常很多,当用户输入某个关键词进行检索时会反馈大量的结果,如果企业信息出现的位置靠后,被用户发现的概率就会大大降低,搜索引擎营销的效果也就无法保证。

4) 以搜索结果中有限的信息获得用户关注

搜索引擎营销目标的第三个层次是关注层,即通过搜索结果中有限的信息获得用户关注。通过对搜索引擎检索结果的观察可以发现,并非所有的检索结果都含有丰富的信息,用户通常并不能单击浏览检索结果中的所有信息,需要对搜索结果进行判断,从中筛选一些相关性最强、最能引起用户关注的信息进行单击,进入相应网页之后获得更为完整的信息。做到这一点,需要针对每个搜索引擎收集信息的方式进行针对性的研究。

5) 为用户获取信息提供方便,促使用户转化

搜索引擎营销的最高目标是通过网站访问量的增加转化为企业最终实现收益的提高,实现这一目标就是搜索引擎营销转化层的任务,这也是其他层次网络营销工作效果的全面体现。用户通过单击搜索结果进入网站/网页是搜索引擎营销产生效果的基本表现形式,用户的进一步行为决定了搜索引擎营销是否可以最终获得收益。在网站上,用户可能为了了解某个产品的详细介绍而成为注册用户。在此阶段,搜索引擎营销将与网站信息发布、顾客服务、网站流量统计分析、在线销售等其他网络营销工作密切相关,在为用户获取信息提供方便的同时与用户建立密切的关系,使其成为潜在顾客,或者直接购买产品。

3.3.3 搜索引擎营销的实施

搜索引擎优化既是一项技术性较强的工作,也是一项和企业特点息息相关需要经常分析和寻求外部合作的工作。实践证明,搜索引擎优化工作不仅能让网站在搜索引擎上有良好的表现,而且能让整个网站看上去轻松、明快,页面高效、简洁,目标客户能够直奔主题,网站发挥出了沟通企业与客户的最佳效果。这里针对搜索引擎优化提出以下建议:

(1) 避免使用过多的图片和动画。
(2) 使用动静结合的网页。
(3) 用好关键词。
(4) 重视外部网站链接的数量和质量。

1. 竞价排名的实施策略

竞价排名本身并不能决定交易的实现,只是为用户发现企业信息提供一个渠道或者机会,由此可见,网站建设是网络营销的基础,没有扎实的基本功,什么先进的网络营销手段都不会产生明显的效果。另外,某些行业由于受国家直接控制,基本上属于垄断性的行业,比如石油和煤炭行业,像这些行业的开发生产型企业就没有必要做竞价排名。对于一些网络服务企业、IT产品生产和销售企业等最好做竞价排名。

2. 选择适合企业自身的搜索引擎

在同样价格的条件下,应尽量选择用户数量比较多的搜索引擎,这样被检索和浏览的效率会高一些,但如果同一关键词竞价的网站数量较多,而且排名靠后,反而会降低营销效果,

因此还要综合考虑多种因素来决定性价比最高的搜索引擎。在可能的情况下,也可以在若干个搜索引擎上同时展开竞价排名,这样更容易比较各个搜索引擎的效果。

3. 根据企业实际情况购买适量的关键词

实际上,即使是同一行业,由于用户使用关键词也是有一定分散性的,仅选择一个关键词所能产生的效果是有限的,比较理想的方式是选择3~5个用户使用频率最高的关键词同时开展竞价排名活动,这样可能覆盖60%以上的潜在用户,取得收益的概率将大大增加。此外,在关键词的选择方面也应进行认真的分析和设计,热点的关键词价格较高,如果用几个相关但价格较低的关键词代替,也不失为一种有效的方式。

4. 提高点击率和业务达成率的转换率

大家应注意以下几点:

(1) 将搜索引擎营销的思想贯穿于整个网站策划建设的过程中,最好是在网站策划和建设计划阶段将网络营销思想结合进来,这样不仅要比网站发布之后效果不佳再回头来考虑这个问题节省时间和金钱,同时也在很大程度上增加了网络营销人员的信心。

(2) 网页内容与搜索关键词具有相关性极为重要。如果在百度或Google上就某些关键词进行宣传,在用户输入那些关键词并登录网站后应该能正确地进入到与关键词相关的网页位置。因此,如果用户在百度中输入"鲜花",相关的网页就会显示出来,继续单击就可以进入到下一个涉及并有出售"鲜花"的网页,而不应是在网站的主页或者与鲜花无关的网页上,然后通过一个链接将用户带至其他相关产品网页。

(3) 测量和实验是提高转换率的关键。在没有测量的情况下无法提高转换率,因此需要具备一种好的测量系统,了解其实际情况,并测试网站的更新。

(4) 提高网络品牌形象,获得客户信任。可以通过积极地展示企业的优惠政策、采购程序,对站点上的表格采用SSL加密保护,以及用企业所提供的易于使用的联系方式,比如名称、网址和通过电子邮件等方式帮助用户建立对企业的信任,能够通过网络上的文章和"如何……"部分或者新闻组慢慢培养对企业的信任。

(5) 通过网络营销软件、搜索引擎优化与竞价排名自动检测软件和网站流量分析系统监控网站报告并找出转换率较高的搜索词以及删除转换率较低的搜索短语至关重要。

3.4 站间链接推广

网络广告交换也称为友情链接、互惠链接、互换链接等,是具有一定资源互补优势的网站之间的简单合作形式,即分别在自己的网站上放置对方网站的logo或网站名称,并设置对方网站的超链接,使得用户可以从合作网站中发现自己的网站,达到互相推广的目的,因此它常作为一种网络营销手段。

图3-3和图3-4所示为军都山滑雪场的主页和主页上的友情链接。

在图3-4中可以看到,在军都山滑雪场的主页上分别放置了滑雪服品牌"哥伦比亚"、温泉产品"凤山温泉度假村"以及滑雪胜地阿尔卑斯山的链接,这样的交换链接不仅满足了滑雪者一站式服务的需求,也提升了滑雪场本身的美誉度。

图 3-3 军都山滑雪场主页

图 3-4 主页上的交换链接广告

3.4.1 站间链接的实际意义

很多人在友情链接的选择上定位模糊。经过长时间的观察发现,在国外 links 成为一个非常重要的网站栏目。国内很多网页设计者没有积极地去做友情链接的原因如下:

(1) 担心影响自身的形象;
(2) 担心客户流失;
(3) 担心影响自身的权威性;
(4) 懒于或羞于做友情链接;
(5) 认为其他站点的内容很差。

其实应该树立一种正确的"链接价值观",友情链接带来的收益可能让人出乎意料。通常可以获得以下收益:

(1) 首先可以增加网站的访问量,提高网站的知名度。其中,直接的访问量是因为网友单击了友情链接,间接的访问量是因为友情链接提高了网站的 Google 排名,增加了被搜索到的概率。

(2) 友情链接不仅不会使客户流失,反而可以让网民更加敬重你,因为你为网民提供了更多有价值的网站。

(3) 这种情况的友情链接可能会降低你的网站自身以及被链接网站的权威性:网站本身没有多少自己原创的内容,大部分都是转载并且没有注明转载来源和原创作者的,这也是违背"著作权法"的,可能还要承担民事赔偿责任。

相反,如果你的网站做得非常好,都是原创内容,与你做友情链接的网站也会得利。如果你提供的网站也是原创内容的网站,绝不会影响你自身的权威性。

(4) 友情链接对于提高网站某一关键词的排名起着很重要的作用,因为反向链接越多,首页的 Google 排名就会相应提高。与首页相连的内页,排名同样也会提高,这一点你将会慢慢体会到。反向链接的数量有助于提高你的网站的 Page Rank。

互联网应该是一个互通互联的世界,让更多的好网站与大家见面、与大家分享。那么如何知道一个网站的好坏呢？链接与否？不考虑网站的美工怎样,只考虑网站的原创内容,不管内容多少,只要是原创的,就很好。

3.4.2 站间链接的基本原理

在网络广告交换网上,一般包括文本的交换及图标(logo)的交换。其中,图标交换的运作机制一般为广告主先向交换网管理员申请获得一个序号,然后按照要求制作一个宣传自己的图标,并将自己归到某一类中,最后传送给交换网络。由于受到网络速度的限制,一般的广告交换网都对广告图片做了从几十到几百千字节不等的规定,而且广告图片要求符合旗帜广告或按钮广告的尺寸。此时作为交换网的成员,广告主可以提交自己主页的图片,该交换网会相应给出一段 HTML 代码,广告主把该代码加到自己的主页中即可参与交换。每当有人访问广告主的主页上的其他网站的广告时,广告主得到交换网规定的分数(例如 0.5 或 1 分)。根据该交换网的交换比率(例如 1∶1),广告主的广告就会在该交换网的另一网站的主页上显示相应的次数(例如 1 次),这样就可以达到相对公平地在成员中互换图标广告的目的了。图 3-5 显示了网络广告交换的基本原理。

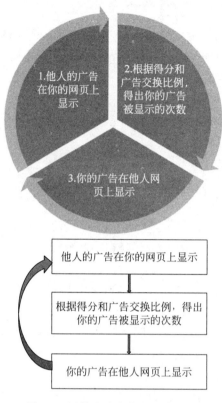

图 3-5　网络广告交换的基本原理

3.4.3　增强网络广告交换推广策略有效性的途径

1. 改变链接形式，采用不同的文字链接到不同的栏目

一般来说，交换链接都是利用网站名称（或者 logo）与合作伙伴网站的名称（或者 logo）互相交换放置在各自的网站上，并且链接到合作网站的首页。考虑到网站交换链接效果的递减效应，这样的链接方式随着链接完成时间的推移效果会变得越来越小，因此在链接方式上有必要采用多种不同的形式，尤其在网站发布一段时间之后再进行的链接，可以针对部分有吸引力的栏目甚至某个产品/内容页面进行链接，这样不仅增加了用户了解网站的方式，并且增加了被搜索引擎发现的概率。

2. 增加主动链接，提高链接的有效性

建立交换链接的过程是漫长的，效率也是低下的，并且由于对合作方的了解不够，建立互相链接后的效果也无法预期。在实际工作中也有很多方法可以自己为自己建立网站链接，早期常见的方式如在信息发布平台和论坛发布网站信息等，但这些方法的效果不够显著。这几年最热门的博客为建立主动性链接提供了极大的便利，而且由于博客文章很容易被 Google、Yahoo、MSN 等搜索引擎收录，文中的链接对于增加网站链接具有一定的价值，更为直接的效果是阅读博客文章的读者越来越多,读者根据文章中的链接进入网站获取进一步信息的机会要远高于仅仅将网站名称罗列在一个网站某个角落里的"交换链接",因此这种链接的直接效果更加明显。

3. 单向链接也值得重视

所谓单向链接,也就是自己主动链接其他网站而并不要求对方链接自己的网站,这样看起来是损失,但实际上也是有价值的,尤其是被链接网站名称(或者栏目名称、文章摘要和标题等)中含有重要关键词时,首先对丰富自己网站的关键词产生效果,这对于增加搜索引擎可见性具有一定的价值。同时,对于访问者来说,由于这种单项链接增加了网站/网页的延伸内容,为读者获取更多相关信息提供了方便,有助于提高用户忠诚度。这种链接不是通过一两篇文章就可以做到的,需要一个网站长期坚持这样的内容策略。这种链接的效果还需要一段时间的检验。另外,单项链接可能潜在的风险是一段时间之后被链接网页 URL 的变更或者服务器关闭等原因造成大量的死链接,影响网站的质量,因此一般倾向于链接有一定知名度并且长期保持稳定的网站信息。

4. 注重站内网页的链接,增加网页被搜索引擎收录的机会

尽管不能肯定网站被链接数量对于搜索引擎排名的价值还有多高,但可以肯定的是,网站内部链接的推广作用是不会立刻消失的,利用这种链接可以为网页创造尽可能多的被收录的机会,一个网站被收录的网页数量增加,也相当于增加了网站总体的搜索引擎可见性,无论网站首页是否因此而获得更好的 PR(Page Rank,网页级别)。尤其是当网站采用动态网页技术设计时,内部网页内容链接的重要性更加明显,如果发布的内容是动态网页,可利用搜索引擎推广,强调的就是对有关内部链接重要性的说明。

3.4.4 网络广告交换的价值及面临的问题

关于网络广告交换链接可以取得的效果,许多学者或营销人员的看法有较大差别,有人认为可以从链接中获得的访问量非常少,也有人认为链接的意义很大,不仅可以获得潜在的品牌价值,还可以获得很多直接的访问量。其实,交换链接的意义并不仅仅表现在直接效果的多少上,而在于业内的认知和认可,一般来说,互相链接的网站在规模上比较接近,在内容上有一定的相关性或互补性。

在网站链接的问题上,我们经常会看到一些极为不同的结果,有的网站不加区分地罗列了许许多多似乎毫无关联的网站链接,从化工建材到个人写真,以及形形色色的个人主页,也有很多网站根本没有相关网站的链接。这两种情况都有些极端,即使在一般正常的情况下,还是有一些方面需要引起注意。

1. 没有价值的链接

链接的数量上限的问题往往是一些网络营销人员比较关心的,不过这个标准恐怕很难确定,主要与网站所在领域的状况有关。一个特别专业的网站,可能相关的或者有互补性的网站非常少,那么有可能做到的交换链接的数量自然也比较少。反之,大众型的网站可以选择的链接对象要广泛得多。

交换网站希望链接的网站数量尽可能多,但并不是什么样的链接都有意义,无关的链接对自己的网站没有什么正面效果。相反,大量无关的或者低水平网站的链接将降低高质量网站对其的信任,同时访问者也会将其网站视为素质低下或者不够专业,严重影响了网站的声誉。因此,在进行交换时不要试图用自动链接的软件来完成,也不要链接大量低质量的网站,每一个链接对象都是一个合作伙伴,应该亲自对合作伙伴的状况做出分析,看是否有必要互做链接,也只有在经过认真分析后发出合作邀请,成功的机会才比较大。

2. 不同网站 logo 的风格及下载速度

图片链接(通常为网站的 logo)是许多网站交换链接时首选的交换方式,但是在链接时由于各网站的标志千差万别,即使规格可以统一(多为 88×31px),但是图片的格式、色彩等与自己网站的风格很难协调,从而影响网站的整体视觉效果。例如,有些图标是动画格式,有些是静态图片,有些画面跳动速度很快。将大量的图片放置在一起往往给人眼花缭乱的感觉,而且并不是每个网站的 logo 都可以让访问者明白它所要表达的意思,不仅不能为被链接方带来预期的访问量,对自己的网站也产生了不良影响。

另外,首页放置过多的图片会影响下载速度,尤其当这些图片分别来自于不同的网站服务器时。因此,建议不要在网站首页放过多的图片链接,具体多少合适与网站的布局有关,5 幅以下应该不算太多,但无论什么情形,10 幅以上不同风格的图片摆在一起一定会让浏览者的眼睛感觉不舒服。

3. 回访友情链接伙伴的网站

和搜索引擎注册一样,交换链接一旦完成,也具有一定的相对稳定性,不过还是需要做不定期检查,也就是回访友情链接伙伴的网站,看对方的网站是否正常运行,自己的网站是否被取消或出现错误链接,或者因为对方网页改版、URL 指向转移等原因是否会将自己的网址链接错误。由于交换链接通常出现在网站的首页上,错误的或者无效的链接对自己网站的质量会有较大的负面影响。如果发现对方遗漏链接或其他情况,应该及时与对方联系,如果某些网站因为关闭等原因无法打开,在一段时间内仍然不能恢复,应考虑暂时取消那些失效的链接。不过可以备份相关资料,也许对方的问题解决后会和你联系,要求恢复友情链接。同样的道理,为了合作伙伴的利益着想,当自己的网站有什么重大改变或者认为不再合适作为交换链接时,也应该及时通知对方。

4. 注意无效的链接

谁也不喜欢自己的网站中存在很多无效的链接,但是实际上很多网站都不同程度地存在这种问题。即使网站内部链接没有问题,也很难保证链接到外部的同样没有问题。链接网站也许经过改版、关闭等,原来的路径已经不再有效,而对于访问者来说,所有的问题都是网站的问题,他们并不去分析对方的网站是否已经关闭或者发生了其他问题。研究表明,平均每 15 个链接就有一个坏链接,如果网站平均每人浏览 15 个网页,那就意味着每个访问者将发现一个错误链接,这会对网站形象产生不良影响。

因此,应该每隔一定时间对网站链接进行系统性的检查。检查链接的方法有很多,对于主要页面,应逐条检查每个链接,对其他页面成千上万的链接进行检查需要借助一些软件,或者采用在线测试的方式。

此外,新网站每天都在不断诞生,交换链接的任务也就没有终了的时候。当然,在很多情况下都是新网站主动提出合作的请求,对这些网站进行严格考察,从中选择适合自己的网站,将合作伙伴的队伍不断壮大和丰富。

3.4.5 交换 banner 链接推广网站

banner 是指横幅广告条,位于网页顶部、中部、底部的任意一处,但它横向贯穿整个或者大半个页面。图 3-6 所示为新浪网主页上的海花岛的横幅广告。

图 3-6　新浪网主页上的 banner

与别人交换 banner 是很有利的,因为它能为你的商业活动增加可信度,而且它也是一种很好的免费广告方式。把你的 banner 放在另外一家公司的网站上,也就是在表明这家公司信任你的产品或服务,也等于说你被这家公司认可了。有时可能要为这种交换花一点钱,但是在一般情况下,你不用花钱就可以与别人达成协议,使你的信息得到广泛传播,这种方式是非常划算的。这里有一些技巧可供在实施时进行参考。

1.信任度

这种信任度是双方的。你一定不想与一家名声不好的公司建立互相链接,那么先做一些准备工作。检查他们的站点,试着与他们的顾客联系一下,最重要的是与较好的商业管理机构建立联系,了解一下对方公司的商业状况,事前警惕些,以后就会少有麻烦。

2.目标用户

以信息传播的有效性为目标。在搜索引擎上搜索或从别人那里打听一下,寻找一些知名度高、点击率高的站点,而且它们的访问者要有一些是你的潜在用户,然后与这样的网站联系一下 banner 链接交换的事宜。

3.合同

要保证有一份签过字的合同。这是确保对方履行承诺的唯一方法,而且当约定不被履行时你才有追索权。记住要指出具体的起始时间。

4. 放置

如果没人能看到你的 banner 或按钮,那么你就会劳而无功。在合同里要规定你要放置在显眼的、首页、文件夹的位置上。被更多的人看见是收到效果的关键。

5. 暴露次数

要知道你想要多少暴露量,而且要知道你能给别人提供多少暴露量。把 banner 或按钮放在合作公司的网站上,你应该对想得到多少暴露有具体的数值概念,同时也要让对方说明他想在你这里得到多少次暴露,这些都不要忘了在合同中指明。万一任何一方在合同终止时没有得到指定数量的暴露,按照合同规定,受损失的一方有权要求另一方在指定日期(合同终止日期之后)以前完成其余的暴露。

6. 评估

要保证双方都会有一份最终的报告,报告里要指明双方在这段时间内收到的暴露量。在线推广你的商业活动,交换 banner 链接是一种操作简单、成果显著的方式,依照这些简单的指导去做,在正确的位置放置你的 banner,会明显增加你的产品或服务被更多人知道的机会。

3.5 邮件营销

【任务 4】 Travelzoo 利用邮件列表推广。

Travelzoo(旅游族)是一家全球性互联网媒体公司,提供值得信赖的旅游度假、娱乐及本地优惠信息。Travelzoo 在全球有超过 2700 万会员选用其推荐的旅游产品。

Travelzoo 有超过 2000 个业内伙伴,为消费者推荐真正物超所值的旅游产品。

Travelzoo 根据重要指标替消费者筛选优质的旅游产品。

Travelzoo 不是旅行社,也不贩售旅游产品,而是从消费者角度并以客观中立的立场由专业的旅游产品制作人根据价格、航班、住宿、景点、交通、自费项目、隐藏费用等重要指标帮助消费者筛选出优质的旅游产品。

Travelzoo 推荐的旅游产品均经过专人订购测试,确保每项推荐产品的正确性、有效性。

Travelzoo 于每周三出版的「Top 20® 精选特惠」为消费者完整收录物超所值的旅游产品。

图 3-7 所示为 Travelzoo 给会员用户发送的邮件信息。

E-mail 营销是网络营销信息传递的有效方式,也是主要的顾客服务手段之一。E-mail 营销与网络营销的其他方法相辅相成,本身又自成体系,成为一个相对完整的网络营销分支。开展许可 E-mail 营销的过程就是在营销目标的指导下将有关营销信息通过电子邮件传递到目标用户的电子邮箱中,通过营销信息的渗透达到营销目的。

邮件列表是在基于用户自愿加入的前提下,通过为用户提供有价值的信息,同时附带一定数量的商业信息,实现网络营销的目的。

这里强调电子邮件营销的 3 个基本要素:

图 3-7　Travelzoo 的邮件广告

(1) 基于用户许可；
(2) 通过电子邮件传递信息；
(3) 信息对用户有价值。

许可营销的原理是企业在推广其产品或服务的时候事先征得顾客的"许可"，得到潜在客户许可之后，通过 E-mail 的方式向顾客发送产品/服务信息。许可营销的主要方法是通过邮件列表、新闻邮件、电子刊物等形式在向用户提供有价值信息的同时附带一定的商业广告。

3.5.1　建立邮件列表的目的

其实，每一项营销活动或每一种营销计划都有其特定的目的，邮件列表也不例外。按照邮件的内容，邮件列表可分为新闻邮件、电子刊物、网站更新通知等类型，不同类型的邮件列表的表达方式有所区别，所要达到的目的也不一样。在建立自己的邮件列表时应该先考虑为什么要建立邮件列表？

一般来说，网站经营邮件列表有以下几个主要目的：
(1) 作为公司产品或服务的促销工具；
(2) 为了方便和用户交流；
(3) 获得赞助或者通过出售广告空间；
(4) 收费信息服务。

就目前环境来看，大部分网站的邮件列表主要是上述前两个目的，因为一般网站的邮件列表规模都比较小，靠出售广告空间获利的可能性较小，而收费信息服务的条件还不太成熟。不过，这些目的也不是相互孤立的，有时可能是几种目的的组合。

在确定了建立邮件列表的目的之后，接下来要规划一下通过什么表现形式来建立邮件列表的内容风格。这个问题和用户的需求行为有关。比如，作为促销工具的邮件列表，自然要了解用户对什么产品信息感兴趣,并在邮件内容中重点突出该产品的特点、优惠措施等,而一个注重与用户交流的邮件列表,则通常会告诉订户网站有什么新的变化,更新了哪方面的内容,增加了什么频道等。

例如,亚马逊网上书店就有这么一项服务,用户只要告诉网站对哪个作者的新书感兴趣,只要该作者有新书到货,用户就会收到亚马逊网上书店发来的通知。这种服务对增加顾客忠诚度和公司长期利益无疑会起到良好效果。

3.5.2 电子邮件列表的分类

在 E-mail 营销的分类中,按照 E-mail 地址资源的所有权分类可分为内部列表和外部列表。由于拥有的营销资源不同,因此内部列表和外部列表两种形式所需要的基础条件和基本的操作方式也有很大的区别。

内部列表和外部列表各有自己的优势,对网络营销比较重视的企业通常拥有自己的内部列表,但内部列表与采用外部列表并不矛盾,如果有必要,两种方式可以同时使用。内部列表包括企业自己拥有的各类用户的注册资料,例如免费服务用户、电子刊物用户、现有客户资料等,是企业开展网络营销的长期资源,也是 E-mail 营销的重要内容。外部列表包括各种可以利用的 E-mail 营销资源,常见的形式是专业服务商,例如专业 E-mail 营销服务商、免费邮件服务商、专业网站的会员资料等。

内部列表和外部列表由于在是否拥有用户资源方面有根本的区别,因此开展 E-mail 营销的内容和方法也有很大差别。自行经营的内部列表不仅需要自行建立或者选用第三方的邮件列表发行系统,还需要对邮件列表进行维护管理,例如用户资料管理、退信管理、用户反馈跟踪等,对营销人员的要求比较高,在初期用户资料比较少的情况下费用相对较高,随着用户数量的增加,内部列表营销的边际成本在降低。这两种 E-mail 营销方式属于资源的不同应用和转化方式,内部列表以少量、连续的资源投入获得长期、稳定的营销资源,外部列表则是用资金换取临时性的营销资源。内部列表在顾客关系和顾客服务方面的功能比较显著,外部列表由于比较灵活,可以根据需要选择投放不同类型的潜在用户,因而在短期内即可获得明显的效果。

表 3-2 列出了内部列表和外部列表 E-mail 营销的比较。

表 3-2 内部列表与外部列表 E-mail 营销的比较

主要功能和特点	内部列表 E-mail 营销	外部列表 E-mail 营销
主要功能	客户关系、客户服务、品牌形象、产品推广、在线调查、资源合作	品牌形象、产品推广、在线调查
投入费用	相对固定,取决于日常经营和维护费用,与邮件发送数量无关,用户数量越多,平均费用越低	没有日常维护费用,营销费用由邮件发送数量、定位程度等决定,发送数量越多,费用越高
用户信任程度	用户主动加入,对邮件内容信任程度高	邮件为第三方发送,用户对邮件的信任程度取决于服务商的信用、企业自身的品牌、邮件内容等因素
用户定位程度	高	取决于服务商邮件列表的质量

续表

主要功能和特点	内部列表 E-mail 营销	外部列表 E-mail 营销
获得新用户的能力	用户相对固定，对获得新用户效果不显著	可针对新领域的用户进行推广，吸引新用户的能力强
用户资源规模	需要逐步积累，一般内部列表用户数量比较少，无法在很短的时间向大量用户发送信息	在预算许可的情况下，可同时向大量用户发送邮件，信息传播覆盖面广
邮件列表维护和内容设计	需要专业人员操作，无法获得专业人员的建议	服务商专业人员负责，可对邮件发送、内容设计等提供相应的建议
E-mail 营销效果分析	由于是长期活动，较难准确评价每次邮件发送的效果	由服务商提供专业分析报告，可快速了解每次活动的效果

E-mail 营销的阶段比较，如表 3-3 所示。

表 3-3　内部列表与外部列表 E-mail 营销的比较（从营销阶段角度）

E-mail 营销的阶段	内部列表 E-mail 营销	外部列表 E-mail 营销
① 确定 E-mail 营销目的	需要在网站规划阶段制定，主要包括邮件列表的类型、目标用户、功能等内容	在营销策略需要时确定营销活动目的、期望目标、内容、形式、规模等
② 建设或者选择邮件列表技术平台	网站建设阶段完成，或者在必要的时候增加邮件列表功能，也可以选择第三方的邮件列表发行平台	不需要自己的邮件发行系统
③ 获取用户 E-mail 地址资源	通过各种推广手段，吸引尽可能多的用户加入列表，发送邮件不需要支付费用	不需要自己建立用户资源，而是通过选择合适的 E-mail 营销服务商用户列表，每次发送邮件均需要向服务商支付费用
④ E-mail 营销的内容设计	在总体方针的指导下来设计每期邮件的内容，一般为营销人员的长期工作	根据每次 E-mail 营销活动制作邮件内容，或者委托专业服务商制作
⑤ 邮件发送	利用自己的邮件发送，根据设定的邮件列表发送周期按时发送	由服务商根据服务协议发送邮件
⑥ E-mail 营销效果跟踪评价	自行跟踪 E-mail 营销的效果，可定期进行	由服务商提供专门的分析报告，具体方式取决于服务商

3.5.3　开展邮件营销的步骤

开展 E-mail 营销的过程就是将有关营销信息通过电子邮件的方式传递给用户的过程，为了将信息发送到目标用户电子邮箱，首先应该明确向哪些用户发送信息、发送什么信息以及如何发送信息。

1．制定许可 E-mail 营销目标

一般而言，根据不同的营销目标，电子邮件营销又可以进一步细分为品牌形象推广电子邮件营销、产品促销电子邮件营销、社会调查电子邮件营销、用户服务电子邮件营销、网站推广电子邮件营销等。因此，企业应该结合自身目前的状况根据不同的许可 E-mail 营销计划确定在推广企业形象和产品、提高市场营销等不同方面的营销目标。

2. 合理选择营销途径

根据企业要达到的营销目标、企业的资金状况以及企业拥有的 E-mail 地址资源确定有效的邮件列表以及外部列表，选择合适的外部列表服务商。企业、邮件列表以及外部列表服务商是这一阶段要考虑的 3 个重要因素。

3. 合理设计邮件内容

针对内部和外部邮件列表，由企业自己或者与外部列表服务商合作设计邮件内容。在 E-mail 营销中，邮件内容的设计范围很广，灵活性更大，对 E-mail 营销的最终结果的影响更直接、更显著。因为没有合适的邮件内容，再好的邮件列表技术平台、再多的邮件列表用户也无法实现营销的目的。同时，由于内部和外部邮件列表本身的不同，企业有必要针对这两种邮件列表在不同的阶段或者依据环境的变化设计不同的内容。

4. 按时发送邮件

根据营销计划向潜在用户发送电子邮件。在向潜在用户发送邮件之前应该依据营销计划确定邮件发送周期，并且履行自己的诺言。

5. 及时跟踪反馈

及时跟踪许可 E-mail 营销活动的效果，并且适时调整自己的营销策略，营销活动结束后对营销效果进行分析总结。营销计划制定后不是一成不变的，应及时跟踪，并且依据跟踪结果或者服务商提供的专业分析报告及时调整行动策略，这样才能够了解顾客、服务顾客，并且达到企业的营销目的。

这是进行 E-mail 营销一般要经历的过程，但并非每次活动都要经过这些步骤，并且不同的企业在不同的阶段 E-mail 营销的内容和方法有所区别。一般来说，内部列表 E-mail 营销是一项长期性工作，通常在企业网站的策划建设阶段就已经纳入了计划，内部列表的建立需要相当长时间的资源积累，而外部列表 E-mail 营销可以灵活地采用，因此这两种 E-mail 营销的过程有很大差别。

由于外部列表 E-mail 营销相当于向媒体投放广告，其过程相对简单一些，并且是与专业服务商合作，可以得到一些专业人士的建议，在营销活动中并不会觉得十分困难；而内部列表 E-mail 营销的每一个步骤都比较复杂，并且是依靠企业内部的营销人员自己来进行，由于企业资源状况、企业各部门之间的配合、营销人员知识和经验等因素的影响，在执行过程中会遇到大量新问题，其实施过程也比外部列表 E-mail 营销复杂得多，但由于内部列表拥有巨大的长期价值，因此建立和维护内部列表成为 E-mail 营销中最重要的内容。

3.5.4 E-mail 营销的三大基础

1. E-mail 营销的技术基础

从技术上保证用户加入、退出邮件列表，并实现对用户资料的管理，以及邮件发送和效果跟踪等功能。

2. 用户的 E-mail 地址资源

在用户自愿加入邮件列表的前提下获得足够多的用户 E-mail 地址资源，是 E-mail 营销发挥作用的必要条件。

3. E-mail 营销的内容

营销信息是通过电子邮件向用户发送的，邮件的内容对用户有价值才能引起用户的关注，有效的内容设计是 E-mail 营销发挥作用的基本前提。

3.5.5 获取邮件列表用户资源的基本方法

在邮件列表发行的技术基础解决之后，内部列表 E-mail 营销的重要环节之一是尽可能引导用户加入，获得尽可能多的 E-mail 地址。E-mail 地址的积累贯穿于整个 E-mail 营销活动之中，是 E-mail 营销最重要的内容之一。在获取用户 E-mail 地址的过程中，如果对邮件列表进行相应的推广、完善订阅流程，并注意个人信息保护等方面的专业性，将增加用户加入的成功率，并且增强邮件列表的总体有效性。

对于大多数营销人员来说，争取用户加入邮件列表的工作比邮件列表的技术本身更重要，因为邮件列表的用户数量直接关系到网络营销的效果，同时也是经营中最大的难题。因为没有非常成熟的方法来对自己的邮件列表进行推广，即使用户来到了网站也不一定加入列表，所以比一般的网络营销更加困难。一份邮件列表真正能够取得读者的认可靠的是拥有自己独特的价值，为用户提供有价值的内容是最根本的要素，是邮件列表取得成功的基本条件，仅仅做到这一点就不是很简单的事情。

网站的访问者是邮件列表用户的主要来源，因此网站的推广效果与邮件列表的订户数量有密切关系，通常情况下，用户加入邮件列表的主要渠道是通过网站上的订阅框自愿加入，只有用户首先来到网站，才有可能成为邮件列表用户，如果一个网站的访问量比较小，每天可能只有几十人，那么经营一个邮件列表将是比较困难的事情，需要长时间积累用户资源。尽管如此，也并不是说只能被动地等待用户的加入，完全可以采取一些推广措施来吸引用户的注意和加入。

1. 充分利用网站的推广功能

网站本身就是很好的宣传阵地，利用自己的网站为邮件列表进行推广，在很多情况下仅仅靠在网站首页放置一个订阅框还远远不够，并且订阅框的位置对于用户的影响也很大，如果出现在不显眼的位置，被读者看到的可能性会很小，更不要说加入列表了。因此，除了在首页设置订阅框之外，还有必要在网站的主要页面设置订阅框，同时给出必要的订阅说明，这样可以增加用户对邮件列表的印象。如果可能，最好再设置一个专门的邮件列表页面，其中包含样刊或者已发送的内容链接、法律条款、服务承诺等，让用户不仅对邮件感兴趣，而且有信心加入。

2. 合理挖掘现有用户的资源

这是可充分利用的最好的资源，对于所有生意来说最困难的事情就是寻找新顾客，不仅代价昂贵、花费时间,而且要争取信任,但向对你感到满意的顾客再次销售就会容易得多,因为他们已经认识你而且"喜欢"你。

只要你的产品或服务价格公道、质量又好,你的客户就会继续信任你,并且向你购买,事实上他们宁可向你购买。忠诚的顾客是你生意上最好的朋友。

如果还没有建立客户 E-mail 地址数据库,可用下列方法建立:

(1)在下次与客户通过邮寄或 E-mail 联系时可以为 E-mail 回复者提供特别的服务,例如一份免费报告或者特别折扣优惠,你必须得到顾客的 E-mail 地址。

记住,上网的顾客比你想象的要多,没有上网的也将在不久上网。

(2)在向用户提供其他信息服务时不要忘记介绍最近推出的邮件列表服务。

(3)通过合作人担保的邮件。通过其他相关的、非竞争性的业务发送个人化的 E-mail 也是一种很好的办法,通过互惠的交换,在其他公司向其顾客发送的邮件中加入介绍你的产品或服务的信息。

3. 提供部分奖励措施

比如可以发布信息,某些在线优惠券只通过邮件列表发送,某些研究报告或者重要资料也需要加入邮件列表才能获得。

4. 可以向朋友、同行推荐

如果对邮件列表内容有足够的信心,可以邀请朋友和同行订阅,获得业内人士的认可也是一份邮件列表发挥其价值的表现之一。

5. 其他网站或邮件列表的推荐

正如一本新书需要有人写一个书评一样,一份新的电子杂志如果能够得到相关内容的网站或者其他电子杂志的推荐,对增加新用户会有一定的帮助。

6. 为邮件列表提供多订阅渠道

如果采用第三方提供的电子发行平台,且该平台有各种电子刊物的分类目录,不要忘记将自己的邮件列表加入到合适的分类中,这样除了可以在自己的网站为用户提供订阅机会之外,用户还可以在电子发行服务商网站上发现你的邮件列表,增加了潜在用户了解的机会。

7. 请求邮件列表服务商的推荐

如果采用第三方的专业发行平台,可以取得发行商的支持,在主要页面进行重点推广,因为在一个邮件列表发行平台上通常有数以千计的各种邮件列表,网站的访问者不仅是各个邮件列表经营者,也有大量读者,这些资源都可以充分利用。比如,可以利用发行商的邮件列表资源和其他具有互补内容的邮件列表互为推广等。

获取用户资源是 E-mail 营销中最为基础的工作内容,也是一项长期的工作,但在实际工作中往往被忽视,以至于一些邮件列表建立很久,加入的用户数量仍然很少,E-mail 营销的优势也难以发挥出来,一些网站的 E-mail 营销甚至会因此半途而废。可见,在获取邮件列表用户资源的过程中应利用各种有效的方法和技巧,这样才能真正做到专业的 E-mail 营销。

8. 吸引用户加入邮件列表

邮件列表的用户数量是衡量其价值的重要指标之一,在作为企业的营销工具之前,首先要为邮件列表做营销,让尽可能多的人了解并加入你的邮件列表。前面讲到,建立邮件列表的主要方法是让用户(网站访问者)通过网页上的订阅框自愿加入,但是这并不意味着只能被动地等待用户的加入,你可以采取一些推广措施来吸引用户的注意和加入,正如网络营销一样,下列方法不妨一试。

(1) 将邮件列表订阅页面注册到搜索引擎:如果你有一个专用的邮件列表订阅页面,请将该页面的标签进行优化,并将该网页提交给主要的搜索引擎。

(2) 为邮件列表提供多订阅渠道:如果你采用第三方提供的电子发行平台,且该平台有各种电子刊物的分类目录,不要忘记将自己的邮件列表加入到合适的分类中,这样除了可以在自己的网站为用户提供订阅机会之外,用户还可以在电子发行服务商网站上发现你的邮件列表,增加了订阅机会。例如,在网络营销领域有重要影响的《阿奇营销周刊》除了在每篇文章的后面写明加入该列表的 E-mail 地址外,《阿奇营销周刊》还出现在提供发行的通易网站(www.exp.com.cn)的相关栏目中,其目的就是为了提供尽可能多的订阅信息。

(3) 其他网站或邮件列表的推荐:正如一本新书需要有人写一个书评一样,一份新的电子杂志如果能够得到相关内容的网站或者电子杂志的推荐,对增加新用户必定有效。

(4) 提供真正有价值的内容:一份邮件列表真正能够取得读者的认可,靠的是拥有自己独特的价值,为用户提供有价值的内容是最根本的要素,是邮件列表取得成功的基础。

(5) 利用广告:无论是利用在线广告或者非在线广告,都要留下你的 E-mail 地址,以鼓励人们通过 E-mail 与你联系,因为你的目标是把顾客和潜在顾客的 E-mail 地址收集到自己的邮箱中来,这样你便可以建立一个可通过 E-mail 联系的可靠的潜在顾客列表。

把 E-mail 地址印在名片、文具、发票、传真、印刷品上,即使在广播、电视广告上也留下 E-mail 地址,这样便于顾客通过 E-mail 和你联系,这种 E-mail"关系"使得你能够通过电子邮件向顾客介绍最新的产品或服务。

报刊杂志提供的内容具有较高的有效性,可以利用下面的方法建立自己的 E-mail 列表:可以在报刊上发表人们必须通过 E-mail 才可以接收的免费报告,或者通过 E-mail 发送的产品,可以发表一些引起读者共鸣的话题,在读者回应的过程中收集其姓名和 E-mail 地址。

(6) 会员组织:为了共同目的在一起工作的人们是最好的潜在顾客的 E-mail 列表,如果潜在顾客属于一个协会、网络、男校友会、一个俱乐部、一个学校或者其他组织,总之是因为具有某种共同兴趣或原因而形成的一个群体,向他们提供产品或服务的折扣优惠——只允许通过 E-mail 与你联系。

通过会员组织的新闻或公告宣传对会员的特别优惠,为会员提供服务,这种措施肯定是有价值的。开发上述几种资源可以建立自己的邮件列表,建议你尽快开始,好的邮件列表是在线生意成功的基础!

3.5.6 邮件列表内容的一般要素

尽管每封邮件的内容结构各不相同,但邮件列表的内容有一定的规律可循,设计完善的邮件内容一般应具有下列基本要素。

- 邮件主题:本期邮件最重要内容的主题,或者是通用的邮件列表名称加上发行的期号。
- 邮件列表名称:一个网站可能有若干个邮件列表,一个用户也可能订阅多个邮件列表,仅从邮件主题中不一定能完全反映出所有信息,需要在邮件内容中表现出列表的名称。
- 目录或内容提要:如果邮件信息较多,给出当期目录或者内容提要是很有必要的。
- 邮件内容 Web 阅读方式说明(URL):如果提供网站阅读方式,应在邮件内容中给予说明。
- 邮件正文:本期邮件的核心内容,一般安排在邮件的中心位置。
- 退出列表的方式:这是正规邮件列表中必不可少的内容,退出列表的方式应该出现在每一封邮件内容中。纯文本的个人邮件通常用文字说明退订方式,HTML 格式的邮件除了说明之外,还可以直接设计退订框,用户直接输入邮件地址进行退订。
- 其他信息和声明:如果有必要对邮件列表做进一步说明,可将有关信息安排在邮件结尾处,例如版权声明和页脚广告中等。

当 E-mail 营销的技术基础得以保证,并且拥有一定数量用户资源的时候,就需要向用户发送邮件内容了(如果采用外部列表 E-mail 营销方式,邮件内容的设计任务更直接),对于已经加入列表的用户来说,E-mail 营销是否对他产生影响是从接收邮件开始的,用户并不需要了解邮件列表采用什么技术平台,也不用关心列表中有多少数量的用户,这些是营销人员自己的事情,用户最应关注的是邮件内容是否有价值。如果内容和自己无关,即使加入了邮件列表,迟早也会退出,或者根本不会阅读邮件的内容,这种状况显然不是营销人员所希望看到的结果。

除了不需要印刷、运输之外,一份邮件列表的内容编辑与纸质杂志没有实质性的差别,都需要经过选题、内容编辑、版式设计、配图(如果需要)、样刊校对等环节,然后才能向订户发行。电子刊物(特别是免费电子刊物)与纸质刊物还有一个大的区别,那就是电子刊物不仅是为了向读者传达刊物本身的内容,同时还是一项营销工具,肩负着网络营销的使命,这些都需要通过内容策划体现出来。在 E-mail 营销的三大基础中,邮件内容与 E-mail 营销最终效果的关系更为直接,影响也更明显,邮件的内容策略所涉及的范围最广,灵活性最大,邮件内容的设计是营销人员要经常面对的问题,相对于用户 E-mail 资源的获取而言,E-mail 内容设计制作的任务显得压力更大,因为没有合适的内容,即使再好的邮件列表技术平台,邮件列表中有再多的用户,仍然无法向用户传递有效的信息。

在关于邮件列表的一些文章中,我们时常会看到"内容为王",或者"为用户提供价值"之类的空泛的描述,没有人会反对这样的观点,但问题是怎么才能为用户提供价值,从而让邮件内容为王呢?这在实际操作中仍然是让人觉得困惑的地方。由于 E-mail 营销的具体形式有多种,例如电子刊物 E-mail 营销、会员通信、第三方 E-mail 广告等,即使同样的 E-mail 营销形式,在不同的阶段或者根据不同的环境变化,邮件的内容模式也并非固定不变,所以很难简单地概括所有 E-mail 营销内容的一般规律,不过我们仍然可以从复杂的现象中发现一些具有一般意义的问题,并将其归纳为邮件列表内容策略的一般原则,供读者在开展内部列表 E-mail 营销实践中参考。

1. 目标一致性

邮件列表内容的目标一致性是指邮件列表的目标应与企业总体营销战略相一致,营销目的和营销目标是邮件列表邮件内容的第一决定因素。因此,在以用户服务为主的会员通信邮件列表内容中插入大量的广告会偏离预订的顾客服务目标,同时会降低用户的信任。

2. 内容系统性

如果对订阅的电子刊物和会员通信内容进行仔细分析,不难发现,有的邮件广告内容过多,有些网站的邮件内容匮乏,有些则过于随意,没有一个特定的主题,或者方向性很不明确,让读者感觉和自己的期望有很大的差距,如果将一段时期的邮件内容放在一起,则很难看出这些邮件之间有什么系统性,这样用户对邮件列表很难产生整体印象,这样的邮件列表内容策略将很难培养起用户的忠诚度,因而会削弱 E-mail 营销对于品牌形象提升的功能,并且影响 E-mail 营销的整体效果。

3. 内容来源稳定性

我们可能会遇到订阅了邮件列表却很久收不到邮件的情形,也可能在读者早已忘记的时候忽然接收到一封邮件,如果不是用户邮箱被屏蔽而无法接收邮件,则很可能是因为邮件列表内容不稳定所造成。在邮件列表经营的过程中,由于内容来源不稳定使得邮件发行时断时续,有时中断几个星期到几个月,甚至因此半途而废的情况也不少见,不少知名企业也会出现这种状况。内部列表营销是一项长期任务,必须有稳定的内容来源才能确保按照一定的周期发送邮件,邮件内容可以是自行撰写、编辑或者转载,无论是哪种来源,都需要保持相对稳定性。不过应注意的是,邮件列表是一个营销工具,并不仅仅是一些文章/新闻的简单汇集,应将营销信息合理地安排在邮件内容中。

4. 内容精简性

尽管增加邮件内容不需要增加信息传输的直接成本,但应从用户的角度考虑,邮件列表的内容不应过分庞大,过大的邮件不会受到欢迎:首先,由于用户邮箱的空间有限,字节数太多的邮件会成为用户删除的首选对象;其次,由于网络速度的原因,接收/打开较大的邮件耗费的时间也较多;第三,太多的信息量让读者很难一下子接受,反而降低了 E-mail 营销的有效性。因此应该注意控制邮件内容的数量,不要过多的栏目和话题,如果确实有大量的信息,可以充分利用链接的功能,在内容摘要后面给出一个 URL,如果用户有兴趣,可以通过点击链接到网页浏览。

5. 内容灵活性

前面已经介绍,建立邮件列表的目的主要体现在顾客关系和顾客服务、产品促销、市场调研等方面,但具体到某一个企业、某一个网站,可能希望的侧重点有所不同,在不同的经营阶段，邮件列表的作用也会有差别，邮件列表的内容也会随着时间的推移而发生变化，因此邮件列表的内容策略也不算是一成不变的，在保证整体系统性的情况下应根据阶段营销目标而进行相应的调整，这也是邮件列表内容目标一致性的要求。邮件列表的内容毕竟要比印刷杂志灵活得多，栏目结构的调整也比较简单。

6. 最佳邮件格式

邮件内容需要设计成一定的格式发行，常用的邮件格式包括纯文本格式、HTML 格式和 Rich Media 格式，或者是这些格式的组合，例如纯文本/HTML 混合格式。一般来说，HTML 格式和 Rich Media 格式的电子邮件比纯文本格式具有更好的视觉效果，从广告的角度来看，效果会更好，但同时也存在一定的问题，例如文件字节数多，以及用户在客户端无法正常显示邮件内容等。哪种邮件格式更好，目前并没有绝对的结论，与邮件的内容和用户的阅读特点等因素有关，如果可能，最好给用户提供不同内容格式的选择。关于邮件格式对 E-mail 营销效果的影响将在后面内容中继续探讨。

3.5.7 邮件的发送方法

在决定采用邮件列表营销时首先要考虑是建立自己的邮件列表，还是利用第三方提供的邮件列表服务。应该说这两种方式都能实现电子邮件营销的目的，但是这两种方式各有优缺点，需要根据自己的实际情况做出选择。

如果利用第三方提供的邮件列表服务，一般要为此支付费用，有时代价还不小，而且不可能了解潜在客户的资料，邮件接收者是否为公司期望的目标用户，也就是说定位的程度有多高，事先很难判断，邮件列表服务商拥有的用户数量越多，或者定位程度越高，通常收费也越贵。另外，还可能受到发送时间、发送频率等因素的制约。

由于用户资料是重要资产和营销资源，因此许多公司都希望拥有自己的用户资料，并将建立自己的邮件列表作为一项重要的网络营销策略。在创建和使用邮件列表时应该重点考虑 5 个方面的问题：①建立邮件列表的目的和表现形式；②采用什么手段发行邮件；③如何吸引用户加入；④如何利用邮件列表用户资源；⑤邮件列表相关的法律和其他问题。下面分别给予分析。

一些大型网站或者专业的邮件列表服务商都拥有自己的邮件服务器和相应的计算机程序，有专门的技术人员负责系统的运行和维护，对于企业网站或者小型网站来说，通常不具备这样的条件，也不必为此投入巨资，通常的做法是利用群发邮件程序的邮件列表或者第三方邮件列表发行平台。

1. 利用群发邮件程序的邮件列表

严格来说，这并不是真正意义上的邮件列表，不过由于这种方式被许多小型网站采用，也可以理解为一种简单的邮件列表形式，通常适合于用户数量比较小的情况，网上经常有此类共享或免费程序可以下载，当然，如果通过正式渠道购买原版软件更好。方法很简单，可以在自己的网页上设置一个供用户提交电子邮件地址的订阅框，通过表单或 E-mail 的形式将用户输入的电子邮件信息传送给服务器后台管理区或者网站管理员的邮箱中，然后在需要发送邮件内容（比如新闻邮件或电子杂志）时利用群发邮件程序将要发送的内容同时发送给所有订户的邮件地址。

当然,有些程序可能对每次最大发行数量有一定的限制,如果邮件列表订户数超出了最大数量,分若干次发送就可以了。

这种发行方式最大的缺点是需要人工干预,因此错误在所难免,例如漏发、重发、误发、没有按照用户要求及时办理退订手续等。所以,在一个网站的邮件列表拥有一定数量的用户之后,最好不要利用这种方式。

2. 利用第三方邮件列表发行平台

这是大多数网站邮件列表采取的形式。通常的方法是在邮件列表发行商的发行平台注册,之后可以得到一段代码,按照发行商的说明将这些代码嵌入自己网站需要放置的地方,于是在网页上就出现了一个订阅框(有的同时还有一个退订框),用户可以通过在网页上输入自己的电子邮件地址来完成订阅或者退订手续,整个过程一般是由发行系统自动完成的。

不同发行商提供的服务方式有所不同,有些发行系统除了在网页上完成订阅之外,同时还可以提供利用电子邮件直接订阅或退订的功能,有的则可以提供自动跟踪和抓取等先进技术,有些则允许为用户提供个性化服务,例如用户不仅可以自己设定邮件的格式(纯文本格式、HTML 格式、Rich Media 格式等),还可以设定接收邮件的日期,并决定是否允许通过手机或传呼机通知邮件到达信息等。

利用第三方邮件列表发行平台的最大优点是减少了烦琐的人工操作,提高了邮件发行效率,但同时也附带了一些明显的影响,尤其当选择的是免费发行平台时。

首先,大部分发行商会在提供的代码中插入类似"由×××(发行商)提供"等字样的标志,并在网页上有指向该发行商网址的链接,这种情况对于非商业性网站或者个人主页来说也许没有什么影响,但是对于商业网站有时会严重影响企业形象,正如使用免费邮箱和免费网页空间对企业造成的影响一样。因此,商业性网站应慎重,不能因为贪图便宜而影响到自己企业的形象。通常,通过与发行商的联系和协商,在达成一定协议的条件下,这种情况是可以解决的。

第二,也许是最麻烦的一点,当用户输入邮件地址,并单击"订阅"或"提交"按钮后,反馈的是发行商服务器上的确认内容,确认订阅的邮件通常也是直接来自发行商的邮件服务器,这样不仅会给用户造成一种错觉,似乎是单击错误而进入了一个不相干的网页,而且确认页面通常没有可以返回到刚刚浏览网站的链接。如果要解决这个问题,只有和发行商协商为你订制一个专用的反馈页面,或者选择一个可以提供自己订制反馈页面的发行平台。不过,据了解,目前国内还没有具备这种功能的邮件列表发行平台。

第三,无法预计的插入广告。第三方邮件列表发行商吸引其他网站利用其发行系统的主要目的是向邮件列表中的用户投放广告,作为交换条件,你利用我的发行系统,我在你的邮件中放一些广告,这本来是互惠互利的合作,但是在某些情况下,由于无法知道发行商将要在邮件中投放的广告数量和字节大小,可能会造成邮件字节数过多而收到用户投诉,或者,如果邮件内本来已经包含广告,再加上发行商投放的广告显得广告数量过多,并有可能影响整个邮件的美观。

第四,管理和编辑订户资料不方便。各发行平台大多不同程度地存在着这样或那样的问题,与利用群发邮件方式相比通常要麻烦一些。例如,无法查看每天加入和退出用户的详细资料、不能批量导入或导出用户资料、不能获取发送不到的用户地址的详细信息等。

除了上述几种主要不方便或不利之处以外,有的发行平台会设立用户人数限制、遭受某些邮件服务器的屏蔽、发行平台功能有缺陷等,需要在实际运用中认真测试和跟踪,并及时排除因邮件列表发行平台可能带来的影响。

实践证明,利用第三方邮件列表发行平台的确存在各种各样的问题,因此在选择服务商时需要慎重,同时考虑到将来可能会转换发行商,要了解是否可以无缝移植用户资料,同时还要考察服务商的信用和实力,以确保不会泄露自己邮件列表中的用户资料,并能保证相对稳定的服务。

目前提供这种专业服务的中文网站有不少,而且还有一些使用更为方便、功能更加强大和完善的专业电子发行平台正在或者即将正式发布,各网站采用的发行方式和收费(合作)方式也不同,在此就不详细介绍了。如果需要采用某发行商的服务,请直接与该网站取得联系,并认真研究发行方式以及合作条款是否适合自己的需要和要求。

3.5.8 邮件列表中的法律和其他相关问题

1. 邮件列表中的法律问题

邮件列表的发行人(或网站所有者)在网站上承诺向用户发送某方面内容的邮件,实际上是一种要约的形式,只要用户同意并自愿将自己的电子邮件地址提交给邮件列表发行人,按照合同法,就视为合同成立,邮件列表发行人就有责任按照自己承诺的内容履行合同(包括免费邮件列表服务)。不过,这方面目前还没有现成的法律条款,也没有可参照的判例,而且造成合同无法履行或者没有完全履行的原因可能很多,比如,由于邮件服务器故障造成发行延误甚至不能发行、用户邮件(多数为免费邮件)服务器拒收来自某邮件列表服务器或者某地址的群发邮件等。

一般来说,订户也不会因为没有收到所订阅的邮件列表而诉诸法律,不过并不表示不存在这种可能。因此要尊重用户的信任,按时将高质量的邮件发送到用户的电子邮箱中。

另外,一定要允许用户随时自由地退订,有意阻止或者不明确告诉用户正确的退订方法,或者邮件列表系统不能自动完成退订而没有人工帮助的情形,是很容易让用户无法忍受的,这种情况实际上属于中国电信最近制定的"垃圾邮件处理暂行办法"中所定义的垃圾邮件。

中国电信对垃圾邮件是这样定义的:"垃圾邮件是指向未主动请求的用户发送的电子邮件广告、刊物或其他资料;没有明确的退信方法、发信人、回信地址等的邮件;利用网络从事违反其他网络服务供应商 ISP 的安全策略或服务条款的行为和其他预计会导致投诉的邮件"。

2. 关于部分邮件被屏蔽的问题

某些邮件被屏蔽的现象对邮件列表效果的影响事关重大,对许多用户来说,这也是一个比较隐蔽性的问题。在网易电子杂志订阅区有这样醒目的提示:"注意请勿使用 ＊＊@PUBLIC.＊＊.＊＊ 信箱以及 ＊＊@mail.＊.＊＊ 等信箱来接收杂志。@SINA.COM、＊@sohu.com、@262.net 等多家信箱屏蔽了我们的杂志,我们强烈建议您使用网易公司的

免费信箱 ** @yeah.net 来接收网易杂志"。看来，主要的免费邮件提供商之间互相屏蔽的现象非常普遍，也就是说，我们无法用新浪的免费邮箱订阅网易的电子杂志，同样也不能用网易的邮箱订阅搜狐的电子杂志。

其实，不仅仅是主要免费邮箱之间有互相屏蔽的问题，许多邮件列表发行系统也会被一些邮件服务器屏蔽。无论这些知名网站之间出于何种目的，这种屏蔽现象无论是对用户还是对邮件列表的发行者都造成了极大的不方便，如果用户需要订阅多个网站的电子刊物，每订一个网站的刊物就要申请该站的专用信箱，由于需要到各个网站去登录自己的邮箱，实际上也就失去了订阅的意义。解决这个问题可能比较复杂，而且很多用户不愿意使用 ISP 提供的电子邮箱或者工作单位的邮箱，因此，如果用户事先并不知道哪些邮件会被屏蔽，那么只好凭运气了。

对屏蔽问题目前没有很好的解决方法，只能在选择发行平台时多做一些测试，尽量选择被屏蔽最少的发行系统，将不利影响减到最小限度。

3．无法投递用户的信息反馈与跟踪

在邮件列表的发行过程中，无论邮件地址是否经过用户的确认，每次发行仍然会有部分地址无法接收，有时比例可以高达 10%，这是一个值得邮件列表发行者关注的问题。

出现这种现象的原因可能是多方面的，除了前面所讲的屏蔽现象以外，有时可能是因为网络故障、接收邮件的服务器出现临时"休克"，或者其他不可预测的、偶然发生的问题。由于邮件列表的用户并不了解自己不能正常接收的原因，事实上也不可能知道，于是只能将所有原因归结为邮件发行者的责任。这种现象不仅给用户造成了不好的印象，同时也是邮件列表经营者的损失。

对无法投递用户的信息跟踪通常需要投入比较多的人力，将这些地址清单整理好之后可以采取一定的补救措施，尽量减少死地址的数量。有一些发行系统本身会有关于死地址的报告系统，但不同的系统对于这些用户的处理方法有所不同，有的直接将死地址清除，有的只是提供一份死地址清单。经过一段时间对死地址清单的分析和研究，也许就能找到产生无法投递的原因，比如每次发送产生的死地址中含有大量某一域名下的电子邮件，很可能说明所采用的发行系统被该邮箱所屏蔽，如果仅仅是偶尔出现这种情况，则有可能是当时该邮件服务器出现故障，并不一定是永久性的死地址。

除了上面介绍的 3 种常见情况以外，在采用邮件列表进行营销工作时可能还会遇到许多意想不到的问题，应该引起营销人员或者邮件列表的发行者的密切关注，尽量将负面影响降到最低，最大可能地发挥邮件列表的作用。

3.6 付费广告

网站推广的方法有很多种，但是总体来说有付费和免费推广两种。付费推广包括广告、百度竞价排名等，免费推广包括论坛社区、QQ 空间、博客、问答、SEO 优化等。下面我们介绍付费推广里的广告推广窍门。

广告推广有线上网络广告推广和线下广告推广之分。线下广告推广就是我们在生活中常见的广告，这种广告的优点是受众范围广，当然综合成本也是相当高的。线上网络广告推广的最大优点是成本低,用户不必投入大量的资金,收费模式也是多样化。线上网络广告推广的收费模式主要分为4种:一种是按点击次数付费的广告;一种是按照广告被展示的次数来计算广告费;还有一种是按产品被注册(或下载)次数付费的广告;最后一种就是包月广告了。

这4种线上网络广告推广的收费模式各有所长,我们认为按点击次数付费最科学也最合理。因为按点击次数付费,如果没有点击就不会产生费用,对广告投放者来说投入的资金就不会很多(不过前提是没有人作弊)。其他方式相对于点击次数付费成本过高。

第一种广告,按点击次数付费的广告,因为是按点击次数付费,所以点击量越大,产生的广告费用就越多。为了提高点击广告产生的效果,最终希望所有点击我们广告的用户都能成为我们产品或网站的最终用户,在广告语上不要出现比较热门的、敏感的词语或者字眼,要让用户看了我们的广告就知道我们要宣传的产品和服务是什么,尽量降低点击率。因此,投放按点击次数付费的广告,广告语要低调,不要出现热门词眼,这样才能提高广告的实际效果,降低不必要的广告成本。

第二种广告,按展示次数付费的广告,因为广告每向用户展示都要支付相应的费用,怎么提高按展示次数付费的效果呢?可以像按点击次数付费一样,让每一次展示都变成一次点击,这种方式也就变得很划算了。

所以,对于按展示次数付费的广告,广告语越吸引人越好,可以出现比较热门的、敏感的词语或者字眼。

第三种广告,按注册(下载)次数付费的广告,这种收费方式的性价比比较高。因为客户点击注册或者下载,可以提高用户对产品的忠实度。但是,按注册(下载)次数付费的线上广告推广的费用会比其他几种的费用高,所以广告里的关键词就显得相当重要,一般不推荐使用夸大或诱惑性词语,应尽量低调、平实、真实地介绍产品或服务,以减少损失的广告费用。

【案例分析】 北大青鸟搜索引擎广告策略

北大青鸟在IT培训领域具有较大的影响力,北大青鸟的搜索引擎广告策略也具有典型意义,在新竞争力的专题研究《教育行业搜索引擎营销策略研究报告》中,对北大青鸟的搜索引擎广告策略作为典型案例进行了分析,得出的研究结论是,北大青鸟关键词推广策略的成功因素可以归纳为3个方面:在多个搜索引擎同时投放广告;覆盖尽可能多的关键词;集群优势对竞争对手造成巨大威胁。

为进行教育行业搜索引擎营销策略研究,选择样本时发现,各地北大青鸟分支机构在IT培训类关键词检索结果中占很大比例,北大青鸟的搜索引擎关键词推广在教育行业具有一定的典型性,因此在《教育行业搜索引擎营销策略研究报告》中将北大青鸟作为案例进行分析。

在对用户检索行为的相关调查中分析过,用培训机构名称检索的关键词的比例不到5%,在计算机和软件培训领域,北大青鸟有较高的知名度,但由于各地加盟企业很多而且互相之间竞争激烈,因此即使北大青鸟这样的知名品牌,用户在通过搜索引擎获取IT培训相关信息时仍然很少采用精确搜索方式。

为了分析北大青鸟关键词推广的投放情况,搜脉网络营销专家专门选择一组计算机和软件培训相关关键词(其中既有广告主数量较多的热门关键词,也有不很热门的词汇),通过收集这些关键词推广中北大青鸟所占的比例、广告显示位置等相关信息,分析北大青鸟的关键词推广策略的特点及其成功的原因。

经调查发现,在全部120个关键词推广中,有60%的广告主为北大青鸟系企业,而且在搜索结果页面广告第一位的9/10都是北大青鸟系。

北大青鸟体系网站(http://www.accp-teem.com.cn/)的搜索引擎广告已经成为值得关注的案例。据了解,北大青鸟在搜狗等搜索引擎进行大规模关键词推广取得了显著效果,在IT培训方面确立了核心地位,以搜索引擎营销为主的网络营销策略超越了竞争者。

综合分析北大青鸟关键词推广策略,其成功因素可以归纳为下列几个方面:

1. 在多个搜索引擎同时投放广告

除了搜狗搜索引擎之外,对比检索百度等其他搜索引擎,同样可以看到部分北大青鸟企业的推广信息(由于价格等因素,在其他搜索引擎的广告信息不像在搜狗中那样密集),即北大青鸟将搜狗作为重点推广平台,在每次点击广告价格相对较低的搜索引擎密集投放广告,同时也兼顾其他搜索引擎推广。

2. 覆盖尽可能的关键词

搜脉的相关调查数据显示,在每个关键词推广结果中,北大青鸟的广告都占了大多数。覆盖尽可能多的关键词是北大青鸟搜索引擎广告策略的特点之一,进一步检索发现,几乎每个和IT类培训相关的关键词检索结果中都可以发现北大青鸟的广告,除了各种专业培训通用词汇之外,还包括地区域搜索关键词和一些专用关键词。在搜索引擎投放广告与其他网络广告或者传统媒体广告不同的是,为了满足用户获取信息的分散性特征,并不需要额外增加成本,只需要在对用户行为分析的基础上设计合理的关键词组合即可。显然,北大青鸟在关键词选择方面是比较成功的。

3. 集群优势对竞争对手造成巨大威胁

搜索引擎广告的集群优势是北大青鸟系企业的独特之处。由于北大青鸟体系各地分支机构很多,众多青鸟系企业同时投放广告,并且几乎控制了竞价最高(广告显示排名第一)的所有相关关键词搜索结果,其他靠前的广告位置也大多被青鸟系网站所占据,大大挤占了竞争对手的推广空间,这种集中广告投放形成了庞大的集群优势,当用户检索IT培训相关信息时看到大多是北大青鸟的推广信息,对于整个青鸟系的品牌提升发挥了巨大作用,同时也为各地分支机构带来了源源不断的用户。

尽管北大青鸟体系有其特殊之处,不过北大青鸟的成功经验对于其他分散性行业仍然有借鉴意义,尤其是拥有全国性分支机构,或者产品线比较长的企业,都可以在制定搜索引擎广告策略时参考。

3.7 网络营销应注意的问题

网络营销和网站建设都必须定位目标受众。

网络营销就是一个传播概念、引导记忆、强化品牌推广和服务推广的过程。网络具有世界性,是跨国界的文化传播,是世界性的网络营销与推广。网站策划建设和推广都必须在定位目标受众的基础上了解民族之间的差异和各种不同生活习惯。从而避免发生与受众的文化冲突和服务的忌讳回避等问题。

西方文化赋予欧美资本主义的文化内涵是自由、民主、个人主义;东方文化赋予"四小龙"为代表的东方资本主义的文化内涵是集权、集体主义,然而在不同文化环境下产生的两种经济发展模式都是成功的。

网络营销从高层次上来说应该属于文化营销的范畴。而文化营销作为一种新的营销观念是以满足消费者需求的产品同质化为前提，以文化分析为基础，以满足消费者的文化需求为目的，为实现组织的目标而营造、实施、保持的文化渗透过程。因此，网络营销过程中要了解不同国家的文化禁忌、民族习惯、法律规定、民族历史、沟通风格、语言特色等等。

例如，在语言沟通中，中国、日本人一般比较含蓄，善于推理；美国人习惯从字面上表达和理解传递的信息，不太拘泥方式；芬兰人内向自率、说话守信用，口头上达成的协议如同正式合同一样有效；拉丁美洲人爱玩文字游戏；阿拉伯人和南美人则爱用富有诗意的比喻。沟通风格的差异不只限于语言，还包括非语言沟通、信仰、风俗等。

不同国家对营销手段和宣传有不同的法律约束，以营销广告为例，在英国，刊登广告的报纸可发行全国各地，在西班牙，厂商只能在当地报纸上刊登广告，在阿拉伯国家，女性不能作广告，在法国、挪威和保加利亚不得对香烟和烈性酒作广告，在澳大利亚和意大利对儿童的电视广告有限制。对比广告在美国司空见惯，在德国、意大利、比利时则是违法的。由于每个国家的法律是这些国家文化价值观的最高体现，是需要强制执行的，在进行国际营销中，一定要事先了解当地关于营销的法律规定，使自己的营销策略和手段符合这些规定，并在营销过程中严格遵守当地关于营销的法律规定。

很多美国网络巨头公司来到中国都比较二流，原因很多最主要的是没有深入研究中国的文化和网民的习惯。当然了最终都落实到用人问题上，如果国外巨头不能在这点上深刻理解中国就很难取得辉煌的成国。研究中国文化比较成功的李约瑟值得国外网络巨头们仔细学习，但是更要学会继承发展，为己所用。

3.8 作品分析

在电子商务竞赛中，我们主要选取了3种营销方式：软文营销、事件营销和邮件营销。三种营销方式的具体要求如表3-4所示。

表3-4 在线营销的具体要求

序号	项目	权重/%	评分标准（要点）
1	软文营销	40	① 标题有吸引力 ② 文字有感染力和吸引力 ③ 内容与产品相符，有产品链接 ④ 文章排版规范，无错别字
2	邮件营销	30	① 邮件地址选择符合产品定位 ② 邮件标题含义明确，有吸引力 ③ 邮件有回复处理 ④ 邮件中有商品链接
3	事件营销	30	① 营销的产品与事件关联密切 ② 通过事件采用的产品营销策略恰当 ③ 文字精练、重点突出 ④ 事件能够传递企业文化、企业社会责任
合计		100分%	

下面我们以两个产品为例,分享优秀作品。

【**产品 1**】 水溶 **C100**。

(1) 软文营销如图 3-8 所示。

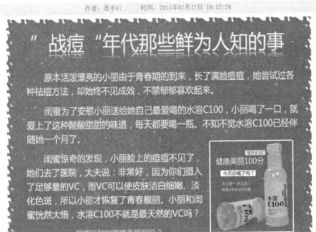

图 3-8　软件营销的软文

(2) 事件营销如图 3-9 所示。

图 3-9　事件营销

(3)邮件营销如图 3-10 所示。

图 3-10　邮件营销

【产品 2】　电子产品——MYKIND 熊猫迷你音响、耳机。

(1)软文营销如图 3-11 所示。

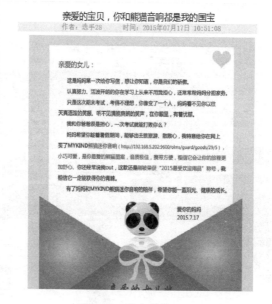

图 3-11　软文营销

(2)事件营销如图 3-12 所示。

(3)邮件营销如图 3-13 所示。

图 3-12　事件营销

图 3-13　邮件营销

第 4 章 客户服务与在线客户服务

【本章知识点】

本章要解决的业务问题有：企业通过网络实时回答客户的咨询，帮助客户解决在购买、使用产品/服务的过程中遇到的各种问题，给客户提供专业化的服务，向客户宣传企业的新产品，提高客户的满意度。

本章从在线客户服务的业务特点出发介绍客户服务的含义、内容、礼仪等，主要内容如下：

(1) 在线客户服务的特点；
(2) 客户服务的礼仪；
(3) 在线客户服务的原则；
(4) 在线客户服务的沟通技巧和语言；
(5) 优秀作品展示。

【任务 1】 娃哈哈官网上的客户服务。

用户咨询问题 1：能否直接下单订购？

用户咨询问题 2：我的孩子喝了娃哈哈的乳酸菌饮料后出现拉肚子的症状，是什么原因？

用户咨询问题 3：喝完激活运动饮料后失眠了，是怎么回事？

4.1 客户服务概述

如果有人告诉你，他/她是做客户服务工作的，你的第一反应是什么？你脑子里呈现的工作场景是什么样子？是不是头戴耳机和话筒，穿着整齐的工服，手指不断地在键盘上飞跃，记录消费者的问题？

进入互联网时代，用户的需求更加个性化，与企业的沟通渠道也变得多元化。企业要解决"用户如何交互""用户要去哪里交互""用户和谁交互""交互后企业能做什么"等一系列的问题。企业呼叫中心就是要打破用户与企业的隔离墙，要让用户与企业能够进行随时随地无障碍的紧密沟通。

企业呼叫中心将这些平台（包括微博、微信、易信和人与机器的交互，甚至是传统的电话等）数据进行了后台整合，这就是企业呼叫中心一直推崇的"微社区"概念。举个简单的例子,用户无论从哪个渠道进入企业呼叫中心的"微社区",这些数据都会被企业的后台人员所看到。这些后台人员不再是传统的接线员,而是企业各个部门的负责人,包括负责研发的工程师、服务的工程师、技术支持人员等企业的相关人员,用户反馈的问题都将在第一时间得到专业的回答,如果考虑到企业已经在全国建立了庞大的服务网点体系,企业的服务工作人员将以最快的速度到达现场,进行更深入的服务,这也就实现了"O2O"服务,彻底打通了线上线下服务的障碍。

这为企业了解用户需求、增强用户黏性提供了可能,用户可以在微社区上分享自己的感悟、产品使用等各方面的情况,也可以对产品提出自己的想法与思路。这就为企业的精准服务、精准营销以及精准推送等深入服务提供了数据支持;同时,这些数据也会成为倒推企业研发和生产的流程,改变以往的"生产什么卖什么,完全不知道用户的需求在哪里"情况的基准。有了这些数据,企业就可以精准地判断用户的需求和痛点,从而寻找出研发的方向。

4.1.1 客户服务的定义与内容

"客户"是企业提供产品和服务的对象,是企业赖以生存和发展的基础,是企业工作的中心。客户对企业而言,是考评企业售前、售中、售后服务人员(现场工作人员)绩效的主考官(权重系数最大);是企业产品和服务质量的总评官;是企业后续产品最有力的推销员;是影响企业形象最具说服力的宣传员。

服务是为客户创造价值的,提供服务者能否将价值贯穿于每日与客户的接触中将成为服务成败的关键。

服务是指某一组织或者个人根据其他组织或者个人的意志和要求进行的活动,是一种带有明显的以满足他人的需要为特征的活动。

服务是有形商品和无形商品的结合,是结合有形的设施和产品与无形的内涵文化所形成的复合体,服务是不可触摸的、不可分离的、可变的和易消失的。

服务的重要性如下:

在留住客户的过程中,客户服务人员必须发挥反应性和前摄性的双重作用,在发挥反应性作用时,他们务必解决问题以使客户满意,在发挥前摄性作用时,他们要能预测客户未来的需求,以决定企业如何满足客户的潜在需求。研究表明,与产品质量和价格相比,客户对服务更加看重,现在,最成功的企业正是依靠向客户提供最好的服务来使自己胜出一筹。

服务也是一个过程,它早已突破了"服务"就是售中和售后服务的狭隘定义,而贯穿了与客户交流的全过程,在售前、售中、售后全过程体现服务带给客户的利益。服务也是需要不断开发和创新的,随着经济的发展和科学技术的进步,人们的物质和精神生活内容日益丰富,要求提供的服务内容越来越多,服务的范围越来越广,对服务质量的要求也越来越高,因此,不断提高整体服务水平已成为企业生存和发展的重要且迫切的任务。

制造型企业的客户服务是指企业面向用户的一切活动的改进,以使客户的需求得到满足、价值得到提高的活动。

4.1.2 客户服务的分类

国内外学者对服务分类进行了长期的理论研究,依据不同的划分标准对服务提出了不同的分类。

1. 依据客户参与程度的分类

依据客户在服务中的参与程度可以将服务分为 3 类。

（1）高接触性服务：高接触性服务是指客户在服务过程中参与其中全部或者大部分的活动，例如电影院、公共交通、学校等。

（2）中接触性服务：中接触性服务是指客户只是部分或者在局部时间内参与其中的活动，例如银行、律师等。

（3）低接触性服务：低接触性服务是指在服务过程中客户很少与服务的提供者接触，其间的交往主要通过仪器设备进行，例如信息、邮电等。

这种划分的优点是能够直接指导服务营销的策略选择和实施时间，例如高接触性服务应该强调供求策略和地理位置策略，并在服务过程中加强广告宣传；而低接触性服务对服务质量应给予充分重视，并在大众媒体广告上下功夫。其缺点是过于粗略。

2. 依据提供服务工具的分类

依据服务工具的不同可以将服务分为两类。

（1）自动化服务：自动化服务是以机器设备为基础的服务，例如自动售货机、自动取款机等。

（2）非自动化服务：非自动化服务是以人为基础的服务，包括技术性、非技术性以及专业性服务，例如会计审计服务、旅行服务等。

3. 依据服务活动本质的分类

依据服务活动本质的不同，服务活动可以分为以下几类。

（1）作用于人的有形服务：例如民航、理发服务等。

（2）作用于物的有形服务：例如货物运输、草坪修整等。

（3）作用于人的无形服务：例如教育、电视等。

（4）作用于物的无形服务：例如咨询、保险等。

4. 依据服务维度的分类

依据劳动密集程度结合交互性及个性化程度的二维标准，Roger Schmenner 将服务分为 4 类，如图 4-1 所示。

除此之外还有其他的分类，例如基于服务接受者和效用创造类型的不同将服务企业分为 4 种类型，即依据客户个人需求与企业需求的不同分类、依据服务组织的目的与所有制分类、依据服务方式及满足程度分类。

4.1.3 客户按服务需求分层

按照一定的标准划分客户群，对不同对象进行不同服务，有助于提高服务质量，降低经营成本，提供更好的服务。

企业在提供服务时必须对客户做出区分，以便根据不同的对象提供不同的服务，从而达

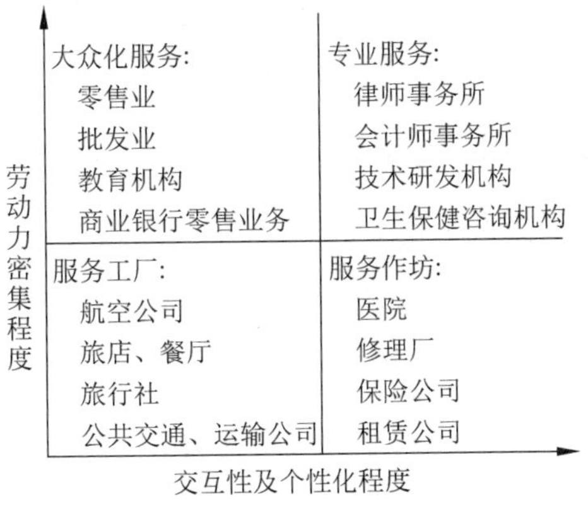

```
                大众化服务:            专业服务:
                  零售业               律师事务所
          劳        批发业               会计师事务所
          动        教育机构             技术研发机构
          力        商业银行零售业务      卫生保健咨询机构
          密
          集      服务工厂:             服务作坊:
          程        航空公司             医院
          度        旅店、餐厅           修理厂
                  旅行社               保险公司
                  公共交通、运输公司    租赁公司

                      交互性及个性化程度
```

图 4-1 服务的 Roger Schmenner 分类

到提升服务层次和经营水平的目的。

对客户群的区分方法有多种,按照客户与企业往来的关系可将客户区分为主要客户、基本客户和一般客户。对基本客户和主要客户除提供一般的服务以外,还要提供充分的咨询和深层次服务,对一般客户则提供常规服务。

按企业影响力来分,可将企业客户群分为有影响力客户和无影响力客户。一般性的大客户都是具有影响力的客户,一旦失去这块市场会在社会上造成不良影响。企业领导层要拿出80%的力量向有影响力客户提供服务,而对无影响力客户只要20%的力量就够了。

按企业发展潜力来分,可将企业客户群分为潜力大、有潜力和无潜力客户。企业发展变化很快,有的企业现在是小客户,要不了一两年就会发展成大客户,而有的企业原来是大客户,但没有发展前景,因此要密切关注企业的发展趋势,善于把握企业的发展前景。

按客户对企业营利的影响来分,可将客户群分为黄金客户、较大客户和零散客户。对那些交易量大的大中型客户要重点研究他们的服务需求,这是公司的效益所在,要予以确保。

(1) 黄金客户:这部分客户是企业的业务基础,他们业务量大、服务质量要求高。对于这样的客户,应由公司高级客户经理把握与联系,从方方面面做好服务工作。

(2) 较大客户:这部分是指业务量较大的客户,对于这批客户也要注意稳定,这是确保公司业务规模、保证市场占有份额的力量,需要派遣敬业精神强的同志做好服务工作。

(3) 零散客户:主要由小型国有、集体或私营企业、个体工商户、个人家庭等组成。这部分客户具有分布广、业务量小、社会影响面广等特点,对待这些客户主要是提供常规服务。

4.2 客户服务质量

【任务2】 如何评价客户服务的质量?

4.2.1 客户服务质量的概念

一般认为的质量定义是一个产品或服务的特色和品质的总和。

按照ISO9000定义,服务质量是指服务满足规定或潜在需要的特征和特性的总和。

服务质量是一种衡量企业服务水平能否满足客户期望程度的工具,而且服务质量是一个主观范畴,它取决于客户对服务质量的期望与实际感知的服务水平的对比。

4.2.2 一般服务质量差距模型

一般情况下,客户服务的质量主要决定于 4 个要素。
(1) 服务人员对客户的友好关心态度;
(2) 服务人员解决问题的能力;
(3) 服务人员的自主性和灵活性;
(4) 出现错误或不期望事情发生时服务人员圆满解决问题的能力。

如果总结服务要素的共性,服务质量主要由以下 5 个要素组成。
(1) 有形因素:指服务系统中的"有形部分",例如服务设施、设备及服务人员的外表。
(2) 可靠因素:指企业向客户提供所承诺服务的准确性。
(3) 响应因素:指企业为客户提供便捷、有效服务的及时性。
(4) 保证因素:指服务人员友好的态度与工作能力,它能增加客户对企业服务的信任感与安全感。
(5) 移情因素:指企业提供的服务要富有"人情味",例如要真诚地关心客户、了解客户的实际需要等。

Parasuraman 等人提出了服务质量差异模型(见图 4-2),该模型界定了服务质量的 5 种差距。顾客的期望服务是过去经验、个人需求和口头宣传的函数,同时也是顾客所得到市场信息的函数。经验服务是经一系列企业内部决策而提出的,这些企业内部决策是根据管理者对顾客期望和需求的判断、服务质量标准的确定,以及如何提供服务、如何开展外部市场营销等而做出的。

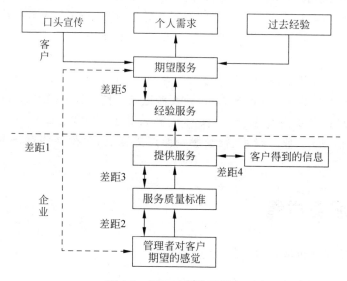

图 4-2 服务质量差距模型

差距 1:客户对服务质量的期望与企业管理者对客户期望理解之间存在的差距;
差距 2:企业管理者对顾客期望的理解与企业服务质量标准之间存在的差距;

差距3：企业提供给客户的服务与企业服务质量标准之间存在的差距；
差距4：企业承诺给客户的服务与实际提供给客户的服务之间存在的差距；
差距5：客户感知的服务质量与客户所期望的服务质量之间存在的差距。

实际上，企业服务质量管理的关键就是对这5种差距进行管理。

根据美国营销协会（AMA）调查的数据显示：由于产品质量原因而导致的客户流失一般占整个客户流失量的14%，而因为服务质量原因导致的客户流失一般占整个客户流失量的68%。从表面看，客户流失是由于客户对产品质量和服务质量不满意造成的。但如果进一步分析，可以发现客户流失主要是由于存在着服务质量差距。因此，从企业的角度出发对服务质量差距进行分析将对企业有如下帮助：

（1）有助于企业发现客户服务过程中的主要漏洞和不足，为其改进服务流程、提高服务质量及提升服务水平提供依据。

（2）有助于企业不断调整服务规范和服务质量标准，提供更接近于客户期望的服务。

（3）有助于提高客户在接受服务过程中的体验。

4.2.3 制造型企业的服务质量差距模型及提高服务质量的途径

1. 制造型企业的服务质量差距模型

根据制造型企业的产品及服务特点，企业服务体系中的实体可分成3类，即客户、服务中介（经销商、维修商等）及企业。此类型的企业存在以下服务质量差距，如图4-3所示。

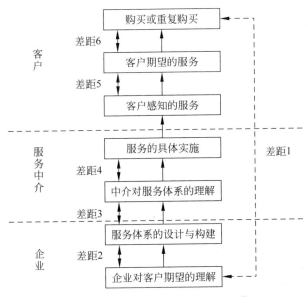

图4-3 制造型企业的服务质量差距模型

差距1：企业对客户期望的理解与企业能通过服务获得收益之间的差距。
差距2：企业对客户期望的理解与服务体系经设计与构建能达到水平之间的设计差距。
差距3：服务中介对服务体系的认识与企业服务体系质量规范之间的理解与沟通差距。
差距4：服务中介对服务体系的理解与具体服务实施能达到水平之间的行为差距。
差距5：客户体验的服务与客户期望的服务之间的感知期望差距。

差距 6：企业提供客户期望的服务与客户购买或重复购买行为之间的满意忠诚差距。

与一般服务质量差距模型相比，制造型企业的服务质量差距模型有以下不同之处：

（1）在客户层与企业层之间增加了中介层，这是由于制造型企业具有独特的客户服务体系所决定的。此类企业的客户服务是通过服务中介（例如特约维修商等）来具体实施的，客户更多的是与服务中介进行交互。

（2）此类企业是产品制造业，因此在客户层中增加了"购买或重复购买"因素。企业为客户提供服务的出发点与归宿是期望客户购买或者重复购买企业的产品，这样企业才能获取更多的利润。

差距 2 体现出企业对客户期望的理解与服务体系经设计与构建能达到水平之间的设计差距，产生设计差距的主要原因有企业没有准确地获取客户需求，没有建立清晰、正确的服务质量目标；企业内部的信息传递失真；缺乏对有效的服务实施系统的支持。差距 2 表明服务质量具有设计性的特性。

差距 3 反映了服务中介（维修商、经销商等）对企业制定的服务体系质量规范的认识上的偏差，以及服务中介与企业间的沟通差距。产生理解与沟通差距的主要原因有企业对服务中介的培训不足，服务中介对企业服务体系没有清晰的认识；企业与服务中介之间缺乏对企业服务体系的沟通与交流机制；企业对服务中介的监管不力；服务实施系统缺乏对服务标准的有力支持。差距 3 表明服务质量具有理解性的特性。

差距 4 反映了服务中介对服务体系的理解与具体服务实施能达到水平之间的行为差距。产生行为差距的主要原因有服务中介没有按照服务体系中规定的服务规范和服务标准为客户提供服务。差距 4 表明服务质量具有执行性的特性。

差距 5 体现出客户体验的服务与客户期望的服务之间的感知期望差距。客户体验是对实际服务经历的主观感受，客户期望是与服务经历相比较的服务标准参考。在理想情况下，企业总是希望客户期望与客户体验是一致的，即客户将感觉到他们所接受的服务正是他们想得到和应该得到的服务，但是在实际中两者总是有一定的差距。差距 5 表明服务质量具有体验性的特性。

差距 6 反映出企业提供客户期望的服务与客户购买或重复购买行为之间的满意忠诚差距。企业之所以向客户提供满足客户期望，使客户达到满意的服务，其最终目的是希望客户形成购买或重复购买企业产品的行为。客户满意并不意味着会出现客户忠诚，二者之间是不同层次的概念。差距 6 表明服务质量具有一定的层次性。

差距 1 反映出企业对客户期望的理解与企业通过服务客户购买行为获得收益之间的差距。差距 1 体现的是其他 5 种差异的联合效应。

对于企业来说，必须认识这些差距，这样才能在实际中采用正确的服务机理、恰当的服务策略与完善的服务实施来弥合这些差距。

2．制造型企业提高服务质量的途径

1）对客户的准确识别与分类

从个人客户的角度看，每个个人客户都希望企业为自己提供独特的、专为自己定制的服务。如果企业通过与个人客户的交流与沟通，掌握客户的个人信息，例如服务偏好、消费习惯及消费历史记录的信息，并据此有选择地为客户提供其喜欢的服务，将大大提升服务层次,提高客户对企业的忠诚度,缩小满意忠诚差距(差距6)。

从企业客户的角度看,不同的企业客户为企业带来的利润也不同。

无论是个人客户还是企业客户,优质的客户不仅能给企业带来高额的利润,而且能给企业推荐新的客户;无价值或低价值的客户给企业带来的利润或许还不足以抵偿企业的营销与服务成本。

因此,对客户进行准确的识别与分类,向客户提供有差别的服务,将企业有限的资源投入到优质的客户身上,实现客户与企业的双重价值最大化是企业必须认识的服务原则。

2) 对服务请求的正确理解与快速响应

从广义上说,客户的服务请求可以分为被动服务请求与主动服务请求两种。被动服务请求是企业从服务渠道中获得的客户提出的服务请求;主动服务请求是企业根据事先设定的条件主动地收集客户信息、营销状态而发现的潜在客户服务需求。企业正确地理解服务请求,减少信息在传递过程中的失真,并及时开展客户需要的服务,这将会缩小体验期望差距(差距5)。

3) 设计完善的服务机理

服务机理作为企业开展客户服务的基础,应包括以下方面。

(1) 贴近客户服务期望的服务标准:服务标准是企业为客户服务制定的规范性的基础文件。在服务标准中将企业客户服务分解为不能再分解的基本服务事件,企业通过对基本服务事件的调度与监控推动服务流程的完成。

服务标准所规范的基本服务事件是否能够贴近客户的实际需要与服务期望,是否能够与企业的服务能力相匹配,直接影响企业是否具有缩小服务质量差距的能力。

服务标准也是设计与构建企业服务体系的基础。在准确把握客户服务需求的基础上,建立优质的服务标准有助于充分弥补企业服务质量差距模型中的设计差距(差距2)。

将客户服务通过服务标准细化为不能分解的基本服务事件,也有助于帮助服务中介加强对服务体系的认识与把握,缩小沟通差距(差距3)。

(2) 灵活的服务流程:灵活的服务流程是为不同的客户提供有差别的服务活动的基础。服务机理中通过对服务事件的不同组合构成了灵活的服务流程,以保证企业可以根据客户分类、服务请求的不同选择合适的服务流程对客户进行服务。

4) 高水平的服务资源

企业服务体系中的服务资源包括服务人员、服务设备和配件以及遍布各地的服务中介。

(1) 高素质的服务人员:大部分的服务最终都是由服务人员直接或间接提供的,服务人员的服务水平对客户的服务体验有重大影响。企业应通过培训、激励与考核提高服务人员的服务主动性、积极性和创造性,提升服务质量。

(2) 系列化、标准化的服务设备:系列化、标准化的服务设备可以减少服务差错出现的概率,提高服务水平,可以使客户感受到服务的技术水平,加强客户对服务的认同。

(3) 具备合格资质的服务中介:企业的服务中介指的是维修商与经销商。企业要提供服务水平,必须加强对服务中介的管理,使之具备合格资质,能够有效地组织服务人员、利用服务设备为客户提供优质的服务。

企业只有对服务人员、服务中介及服务设备加强管理,使服务资源按照服务标准的要求为客户提供服务,才能缩小行为差距(差距4)。

5）服务监控技术

为了防止服务过程中出现偏差,企业在对客户进行服务的过程中需要对服务事件、服务进度等服务实施情况进行全方位、不间断的服务监控。借助服务监控技术,企业可以在服务发生背离服务标准的早期及时与服务中介(经销商、维修商等)进行沟通,对服务事件进行干预,纠正偏差,保证服务的准确,弥补沟通差距(差距 3)与行为差距(差距 4)。

6）服务支持系统

服务支持系统指的是服务资源、服务机理与服务监控技术的集成。通过服务支持系统,企业及时获取系统外部的服务反馈,才能有力推动客户服务的顺利进行,进一步缩小沟通差距(差距 3)与行为差距(差距 4)。

通过缩小差距 2～6,企业希望最终达到缩小差距 1 的目的,实现企业对客户期望的理解与企业通过服务客户购买行为获得收益的统一。

4.3 客户服务的工作机理

根据客户服务侧重于处理事件、活动和过程的不同,可以将客户服务工作机理分为 3 类,即事件驱动型的、活动扫描型的以及过程交互型的工作机理。

4.3.1 客户服务的事件驱动型工作机理

事件驱动法把系统的运行看成是由一系列按照时间顺序排列的事件的发生组成的,将系统内部发生的过程看作一个事件的序列,根据各个事件发生的时间,采用未来事件表(Future Event List,FEL)来确定调度事件执行的顺序。

1. 事件型驱动工作机理

系统模型规定服务事件的描述、服务事件之间的逻辑关系以及服务事件的持续时间。模型采用未来服务事件表(Future Service Event List,FSEL)及服务队列来确定服务事件执行的顺序及开始时间,服务事件的持续时间由 FSEL 预先设定,当有多次服务请求被提交至服务系统时按照优先级进行排队,然后依次调用多个 FSEL,如图 4-4 所示。

FSEL 是事件驱动型工作机理的核心,FSEL 中的元素由服务事件及服务事件的持续时间两部分组成,服务事件是服务的最基本单元,服务事件的持续时间是服务事件在执行过程中对系统服务工作台资源的占用时间。FSEL 将服务流程分解为许多单个的服务事件,各个服务事件之间有一定的先后顺序,将服务事件进行不同方式的组合可以得到不同的服务流程。每个服务事件都可以通过相应的服务质量标准进行服务监控,当时间达到时系统结束当前服务事件,开始对下一个服务事件的执行。服务系统从接收到服务请求开始工作,通过 FSEL、服务队列对服务事件进行调度安排,直到服务完成。

图 4-4 FSEL 结构

如果将企业的客户服务流程分解为独立的服务事件,每个服务事件的持续时间可以事先确定,则此客户服务流程可以依据事件驱动型工作机理按照 FSEL 结构进行组织与实施。如果客户服务流程中某阶段的服务事件执行时间达到 FSEL 规定的持续时间,则该阶段的服务事件执行完毕,其后续阶段的服务事件开始执行。当 FSEL 中所有阶段的服务事件均执行完毕时,该 FSEL 也执行完毕。

这里以"广告发布"服务为例,该服务的事件驱动型工作机理服务流程如表 4-1 所示。

表 4-1 广告发布的事件型工作机理服务流程

服务流程	阶段编号	服务事件	持续时间/小时
广告发布	1	确定需要发布广告的产品	168
	2	广告策划	240
	3	前期准备	360
	4	广告发布	720

客户服务的事件驱动型工作机理如图 4-5 所示,服务系统从接收到客户的服务请求开始工作,通过 FSEL、服务队列对服务事件进行调度安排。当系统资源充足时,FSEL 列出的是服务事件及服务事件的持续时间;当系统资源不充足时,将 FSEL 写入排队队列。当服务事件结束时,释放该服务事件占用的系统资源。当服务队列中所有的 FSEL 都执行完毕时,以事件驱动型工作机理支持的服务也就全部完成。

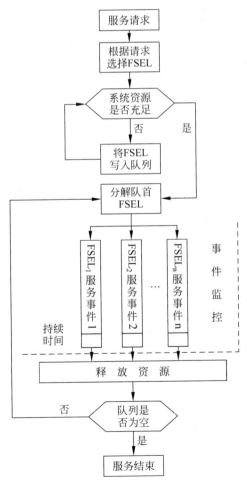

图 4-5 客户服务事件驱动型工作机理

2. 事件驱动型工作机理的特点

客户服务的事件驱动型工作机理具有如下特点：

（1）通过使用 FSEL 实现对服务过程的组织。FSEL 不仅规定了各个服务事件之间的逻辑关系，而且规定了各服务事件的开始时间与持续时间，一个 FSEL 规定了一个完整的服务流程，系统通过一个或多个服务流程组成服务过程。

企业在使用 FSEL 对各个服务事件进行规范设计时可以有意识地帮助企业准确、无误地设计提供给客户承诺的服务，从而缩小服务质量差距模型中的设计差距（差距 2），并且通过 FSEL 帮助服务中介加强对服务体系的认识与把握，缩小沟通差距（差距 3）。

（2）使用 FSEL 实现对服务过程的组织，也便于企业对服务过程的监控。FSEL 已经规定了服务事件的开始或结束。服务监控只需检测在 FSEL 规定的时间服务事件是否得到了正确的执行。

企业正是通过对服务过程的监控，及时与服务中介进行沟通，对服务事件进行干预，才能得以保证服务的准确，弥补沟通差距（差距 3）与行为差距（差距 4）。

4.3.2 客户服务的活动扫描型工作机理

活动扫描型离散系统模拟包括两个部分，其中，条件指执行活动所必须满足的条件；动作指活动所执行的操作集合。这些操作只有当条件满足时才能执行。动作应描述该活动的执行对所有与它有关的状态的影响。

1. 活动扫描型工作机理

借用以活动为基础的离散系统模拟的相关概念，客户服务扫描型工作机理可以这样描述：服务模型描述服务流程中的服务事件及其开始或终止的条件，当系统状态满足有关条件时执行服务事件。服务活动是条件与服务事件的集合，一系列的服务活动（即服务事件开始条件、服务事件、服务事件终止条件）构成条件事件链（Condition Event Chain，CEC）。图 4-6 中虚线框内的部分即为 CEC 结构。

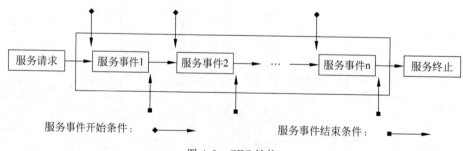

图 4-6　CEC 结构

当服务事件开始条件得到满足时，服务系统触发服务事件开始事件；当服务事件终止条件得到满足时，服务系统触发服务事件终止事件。系统根据服务请求选择合适的 CEC 组成服务流程，完成对客户的服务工作。当系统资源充足时，将 CEC 分解为服务事件及服务事件开始条件、服务事件终止条件；当系统资源不充足时，将 CEC 写入排队队列。服务系统以一定的时间间隔对当前状态进行扫描,当条件变量满足服务事件的开始或终止条件时开始或终止相关服务事件,当服务事件终止时释放该事件占用的系统资源,当服务队列中的所有 CEC 都执行完毕时服务终止。

以"三到位服务"为例绘制的活动扫描型工作机理服务流程如表 4-2 所示。

表 4-2 "三到位服务"的活动扫描型工作机理服务流程

服务流程	阶段编号	服务事件	开始条件	结束条件
三到位服务	1	培训用户操作机器	新机器交付用户	"交接单"存档
	2	对机器进行调整	机器售后两个月	换油操作完成
	3	检查机器紧固、焊缝	机器售后 6 个月	检查完成

客户服务的活动扫描型工作机理描述如图 4-7 所示。系统根据服务请求选择由合适的 CEC 组成的服务流程来完成客户服务。

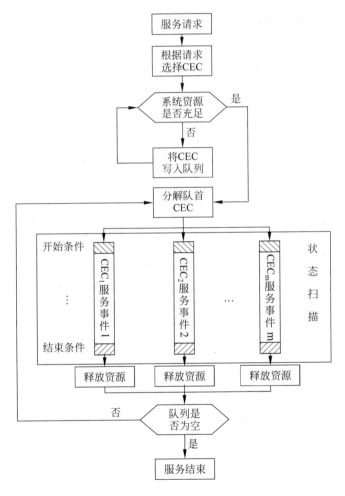

图 4-7 客户服务活动扫描型工作机理

2. 活动扫描型工作机理的特点

活动扫描型工作机理有以下特点：

1) 借助 CEC 实现对服务流程的设计

CEC 中既体现了各服务事件之间的顺序关系，也规定了各服务事件的开始及结束条件，一个 CEC 就是一个完整的服务流程。企业通过对 CEC 中的服务事件、开始及终止条件进行不同的设计，可以针对不同种类的客户构造个性化的服务。通过为客户提供独特的服务体验提高客户对企业的忠诚度，缩小满意忠诚差距（差距 6）。

2) 需要不断地对系统状态进行扫描

服务采用 CEC 为基础的活动扫描型工作机理，需要以一定的时间间隔对系统当前状态进行扫描，以确定服务事件的开始或终止条件是否被满足。扫描范围包括将 CEC 分解形成的所有服务事件及其条件。

4.3.3 客户服务的过程交互型工作机理

过程交互法认为系统的行为可由一组过程来描述，其中一个过程是对一系列事件和活动的描述，每个流动的主体都有自己的一个过程，随着模拟的进行，系统会相继通过这个过程的各个阶段。

1. 过程交互型工作机理

服务模型采用未来服务事件表与条件行为链组成的过程组件（Process Component，PC）共同控制服务过程，服务流程中的服务事件的持续时间既可能由系统安排也可能由系统的状态决定。过程交互型工作机理是一种基于事件型与活动型机理上的复合型的工作机理，一系列的 PC 构成了过程型工作机理支持下的服务流程，当所有的 PC 都执行完毕时服务流程结束。

以"产品支持协议"服务为例的过程交互型工作机理服务流程如表 4-3 所示。

表 4-3 "产品支持协议"服务的过程交互型工作机理服务流程

服务流程		阶段编号	服务事件	持续时间/小时	开始条件	结束条件
产品支持协议	产品检测	1	确定检测项目	24	—	—
		2	提供检测设备	24	—	—
		3	实施检测	48	—	—
		4	检测报告	24	—	—
	产品升级	5	确定升级方案	—	检测报告表明需要进行升级	升级方案通过
		6	实施升级	—	升级方案通过	升级完成
	电话回访	7	给客户打电话	12	—	—
		8	回访记录	12	—	—

如该表所述，"产品支持协议"服务流程由事件驱动型的"产品检测"服务流程和活动扫描型的"产品升级"服务流程及事件驱动型的"电话回访"服务流程组成。

2. 过程交互型工作机理的特点

客户服务过程交互型工作机理如图 4-8 所示,具有如下特点:

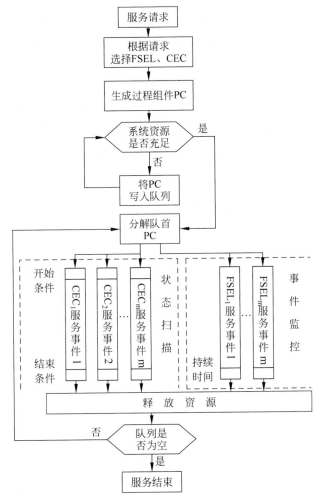

图 4-8　客户服务过程交互型工作机理

(1) 过程交互型工作机理是一种复合型工作机理,它是事件驱动型工作机理与活动扫描型工作机理的组合,用事件驱动型与活动扫描型对服务事件的调度方法对服务流程进行控制。

(2) 可以通过 PC 中的服务事件、开始条件及终止条件进行针对性地设计,利用它可以将事件驱动型工作机理与活动扫描型工作机理组合起来的特点构造有差异的个性化的客户服务,分别利用 FSEL、CEC 在服务流程组织与实施方面的优点,为进一步缩小服务质量差距模型中的设计差距(差距 2)以及沟通差距(差距 3)提供可能,通过为客户创造独特的服务体验提高客户对企业的忠诚度,为缩小满意忠诚差距(差距 6)提供可能。

(3) 由于过程交互型工作机理是一种复合型工作机理,所以需要同时对服务事件的执行时间以及系统状态进行扫描,扫描范围包括 FSEL 中的所有服务事件与持续时间,CEC 中的所有服务事件及其条件。

4.3.4　3种工作机理的适用条件与服务实例

1. 事件驱动型工作机理的适用条件与服务实例

根据事件驱动型工作机理的特点,它适用于具有以下特点的客户服务。

(1) 服务时间固定的服务:要构造 FSEL,必须了解服务事件的持续时间,因此事件驱动型服务机理只能支持服务时间固定的服务流程。

(2) 服务过程简单,无须条件控制的服务:FSEL 通过服务开始时间和持续时间来控制服务事件的开始或结束事件,不需要经过系统实时扫描系统状态是否满足特定状态来进行控制。

(3) 接触性低,与客户交互少的服务:事件驱动型机理中服务的开展是通过系统预先设定的,服务流程按照对 FSEL 的设置"按部就班"地进行,因此接触性低,与客户交互少的服务适合采用这种机理进行控制。

适合采用事件驱动型工作机理的客户服务实例有广告发布、电话回访、产品检测及客户培训等。服务流程如表 4-4 所示。

表 4-4　事件驱动型工作机理服务流程

服务流程	阶段编号	服务事件	持续时间/小时
广告发布	1	确定需要发布广告的产品	168
	2	广告策划	240
	3	前期准备	360
	4	广告发布	720
电话回访	1	给客户打电话	12
	2	回访记录	12
产品检测	1	确定检测项目	24
	2	提供检测设备	24
	3	实施检测	48
	4	形成检测报告	24
客户培训	1	确定培训内容	24
	2	通知培训人员	24
	3	前期准备	72
	4	实施培训	168
	5	考核	24

2. 活动扫描型工作机理的适用条件与服务实例

根据活动扫描型工作机理的特点,它适用于具有以下特点的客户服务。

(1) 服务事件持续时间不固定,并且要由一些条件决定服务事件的开始时间与结束时间,决定了服务事件的持续时间。

(2) 服务过程容易受外界干扰,服务流程需要根据实际情况进行调整的服务。

(3) 与客户交互多的需要为客户定制的服务。

适合采用活动扫描型工作机理的客户服务实例有三到位服务、五到位服务、技术咨询、整机维修、产品升级等服务。服务流程如表 4-5 所示。

表 4-5 活动扫描型工作机理服务流程

服务流程	阶段编号	服务事件	开始条件	结束条件
三到位服务	1	培训用户操作机器	新机器交付用户	"交接单"存档
三到位服务	2	对机器进行调整	机器售后两个月	换油操作完成
三到位服务	3	检查机器紧固、焊缝	机器售后 6 个月	检查完成
五到位服务	1	培训用户操作机器	新机器交付用户	"交接单"存档
五到位服务	2	对机器进行调整	机器售后两个月	换油操作完成
五到位服务	3	对机器进行调整	机器售后 4 个月	换油操作完成
五到位服务	4	对机器进行调整	机器售后 6 个月	换油操作完成
五到位服务	5	检查机器紧固、焊缝	机器售后 10 个月	检查完成
技术咨询	1	记录客户询问	客户提出咨询	记录完成
技术咨询	2	形成咨询建议报告	记录完成	报告完成
技术咨询	3	告知客户建议	报告完成	客户收到建议
整机维修	1	记录维修请求	(1) "三包"期外;(2) 客户提出请求维修准备完成	记录完成
整机维修	2	实施整机维修	维修准备完成	故障及隐患排除
流动维修	1	记录维修请求	(1) 客户地域偏远;(2) 客户提出请求	记录完成
流动维修	2	实施维修	维修准备完成	故障及隐患排除
产品升级	1	确定升级方案	检测报告表明需要进行升级	升级方案通过
产品升级	2	实施升级	升级方案通过	升级完成

3. 过程交互型工作机理的适用条件与服务实例

根据过程交互型工作机理的特点,它适用于具有以下特点的客户服务。
(1) 过程复杂的服务。
(2) 开展条件复杂的服务。
(3) 接触性高,与客户交互多的服务。
(4) 附加值高的服务。

适合采用过程交互型工作机理的客户服务实例有产品支持协议、定期定检等。服务流程如表 4-6 所示。

表 4-6 过程交互型工作机理服务流程

服务流程		阶段编号	服务事件	持续时间/小时	开始条件	结束条件
产品支持协议	产品检测	1	确定检测项目	24	—	—
产品支持协议	产品检测	2	提供检测设备	24	—	—
产品支持协议	产品检测	3	实施检测	48	—	—
产品支持协议	产品检测	4	检测报告	24	—	—
产品支持协议	产品升级	5	确定升级方案	—	检测报告表明需要进行升级	升级方案通过
产品支持协议	产品升级	6	实施升级	—	升级方案通过	升级完成
产品支持协议	电话回访	7	给客户打电话	12	—	—
产品支持协议	电话回访	8	回访记录	12	—	—

续表

服务流程		阶段编号	服务事件	持续时间/小时	开始条件	结束条件
定期定检	产品检测	1	确定检测项目	24	—	—
		2	提供检测设备	24	—	—
		3	实施检测	48	—	—
		4	检测报告	24	—	—
	产品维修	5	确定维修方案	—	检测报告表明需要进行维修	维修方案通过
		6	实施维修	—	维修方案通过	维修完成
	电话回访	7	给客户打电话	12		
		8	回访记录	12		

4.3.5 客户服务工作机理的选择策略

根据对客户及产品的不同划分,可以依据图 4-9 所示的工作机理选择策略优先考虑采用对应的工作机理来实现对服务的支持。

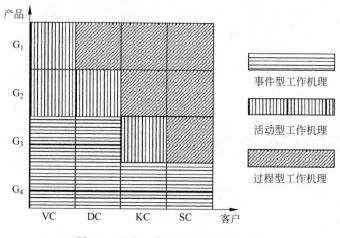

图 4-9 服务工作机理选择策略矩阵

为企业带来高额销售收入的战略客户与对企业的销售有较大影响且地理位置集中的重点客户,企业应给予最大的重视,一般多采用过程交互型、活动扫描型的工作机理来支持客户服务,利用过程交互型、活动扫描型服务的特点与客户进行交互,为客户提供个性化的服务体验。同样,对于销售价格高的产品,企业围绕它们的服务应更加全面,采用过程交互型的服务机理支持的客户服务,重视客户对这类产品的使用及服务情况的反馈,加强产品与服务的改进,以期获得更大的市场份额,为企业创造更多的利润。

企业在客户服务中还需要考虑自己的实际情况,考虑服务请求的内容及现有的服务资源等因素,从而选择工作机理并创造新的可能的服务流程,形成服务实施计划,向客户提供。

4.4 客户服务系统

下面介绍的客户服务系统是用管理信息系统为平台实现的,以事件驱动型、活动扫描型与过程交互型3种服务机理为依托,对企业客户服务的支持系统。

4.4.1 客户服务支持系统的结构

客户服务支持系统由客户服务实施支持子系统、客户服务工作机理管理子系统及客户服务资源管理子系统几部分组成。

客户服务实施支持子系统的任务包括企业服务活动的具体开展以及与客户、服务中介(维修商、经销商等)的信息沟通、服务流程的监控;客户通过客户服务实施支持子系统向企业提出服务请求,该子系统将客户的服务请求进行处理,分解为客户分类信息、服务内容信息及相关产品信息,并将这3类信息传递至客户服务工作机理管理子系统。客户服务实施支持子系统根据客户工作机理管理子系统返回的服务流程以及客户服务资源管理子系统中的服务资源信息形成服务实施计划,并将该计划提交至服务中介。客户在接受服务中介提供的服务中也可以通过客户服务实施支持子系统向企业反馈服务的执行情况,以供企业对服务中介进行考核并对服务流程进行调整。

服务资源管理子系统的任务包括企业客户服务人员、服务中介、服务设施等服务资源的管理;服务中介依据服务实施计划,具体地为客户提供服务。

客户服务工作机理管理子系统的任务包括 FSEL、CEC 及 PC 的生成与维护、服务流程的设计以及为客户服务实施支持子系统提供合适的服务流程信息等。客户服务工作机理管理子系统将依据工作机理选择策略采用合适的工作机理选择服务流程来实现对客户服务的支持。

客户服务支持系统结构如图 4-10 所示。

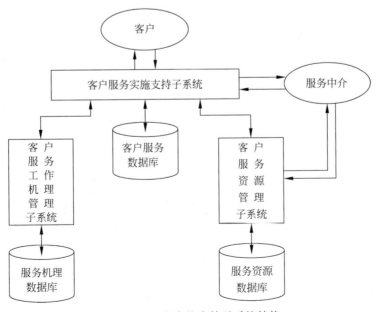

图 4-10 服务实施支持子系统结构

4.4.2 客户服务系统的功能模块

1. 客户服务实施支持子系统的功能模块

客户服务实施支持子系统的主要功能有客户识别模块、客户服务请求处理模块及对客户服务实施管理模块。

客户识别模块的功能包括读取客户基本信息、客户类别、客户的购买记录等，使系统自动获取客户的基本信息，并将获取的客户类别信息传递给客户服务机理管理子系统。

客户请求处理模块的功能包括服务请求分析、服务排队处理及服务实施计划的制定等。

客户服务实施管理模块的功能包括服务协议管理、服务进度管理、服务异常处理及服务意见反馈等，负责处理服务实施过程中企业、服务中介与客户之间的交互及服务业务流程的监控。

2. 客户服务工作机理管理子系统的功能模块

客户服务工作机理管理子系统负责客户服务工作机理的生成、设置与维护，为客户服务实施支持系统提供可供选择的服务流程。客户服务工作机理管理子系统由服务工作机理管理模块及服务流程管理模块组成。

服务工作机理管理模块的功能包括服务事件定义、事件条件定义、FSEL 的生成与维护、CEC 的生成与维护、PC 的生成与维护及参数设置等。

服务流程管理模块的功能包括服务流程的生成与维护及服务流程的查询等。

服务流程生成过程模块（图 4-11）的功能包括客户服务工作机理管理子系统根据客户服务实施支持子系统传递过来的客户类别信息、服务内容信息及相关产品信息，结合服务工作机理的选择策略在服务机理数据库中选择合适的工作机理，建立满足要求的服务流程，并将结果返回给客户服务实施支持子系统。

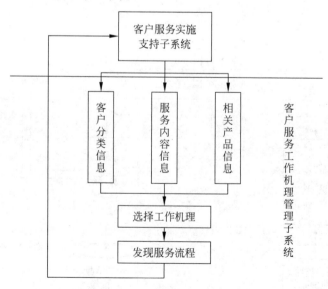

图 4-11 服务流程生成的过程

3．客户服务资源管理子系统的功能模块

客户服务资源子系统由服务人员管理模块、服务设备及配件管理模块、维修商管理模块、经销商管理模块及服务资质管理模块组成。

服务人员管理模块的功能包括服务人员基本信息管理、服务人员技术等级管理、服务人员考评管理及服务人员认证管理。

服务设备及配件管理模块的功能包括服务用车管理、特种工具管理、计量器具管理及服务配件管理。

维修商管理模块的功能包括维修商基本信息管理、服务业务管理、服务等级管理、维修商考评管理及维修商认证管理。

经销商管理模块的功能包括经销商基本信息管理、服务业务管理、经销业务管理、服务等级管理、经销商考评管理及经销商认证管理。

服务资质管理模块的功能包括技术等级设置、服务等级设置、服务业务设置、经销业务设置、认证流程设置及考评标准设置。

4.4.3　客户服务系统的数据模型

1．客户服务实施支持子系统的主要数据模型

(1) 客户信息：记录了与客户的分类相关的信息，包含的字段有客户编号、客户名称及客户类型等。

(2) 请求信息：记录了服务请求的基本信息，包含的字段有请求编号、请求描述及请求类型等。请求类型字段描述的是该请求的紧急程度。

(3) 产品信息：记录的是与产品分类相关的信息，包含的字段有产品编号、产品名称及产品类型等。

(4) 服务信息：记录了服务的基本信息，包含的字段有服务编号、服务描述及服务类型等。

(5) 权重：记录了不同类型的客户、产品、请求及服务在优先级计算中的权重信息，包含的字段有分类名称、分类类型值及权重值等。

(6) 指标平衡信息：记录了每项指标在总的优先级中的权重，包含的字段有编号、指标平衡值，其中编号字段描述了不同的指标。

(7) 购买信息：记录了客户的历史购买信息，包含的字段有客户编号、产品编号及购买时间等。

(8) 客户请求：记录了客户向企业提出服务请求的请求时间、服务产品等信息，包含的字段有请求编号、客户编号、产品编号、请求时间、处理时间及服务状态等。

(9) 服务事件列表：记录了服务队列中的服务事件信息，包含的字段有客户编号、产品编号、请求编号、服务流程编号、实施人员编号、服务阶段编号、状态及处理时间等。

(10) 客户等待时间：记录了客户每次接受客户服务花费的等待时间，包含的字段有客户编号、产品编号、服务编号、阶段编号、实际服务时间及等待时间等。

(11) 服务反馈：记录了客户对企业服务的反馈意见，包含的字段有客户编号、服务编号、产品编号、服务人员编号、反馈时间及反馈意见等。

2. 客户服务工作机理管理子系统的主要数据模型

（1）服务事件基本信息：记录了客户服务最基本单元的服务事件，包含的字段有事件编号、事件描述、事件持续时间、事件开始条件、事件结束条件、事件类型及服务资源等。

（2）服务流程：记录了由服务事件组成的服务流程信息，包含的字段有流程编号、事件编号、阶段编号及工作机理类型等。

（3）服务实施计划：记录了提交给服务实施子系统付诸实施的服务计划，服务计划则是由一个或多个服务流程组成的，包含的字段有服务进程编号、流程编号及服务状态等。

（4）服务策略：记录了针对不同类型的客户、产品所采取的有差异的服务策略信息，包含的字段有客户类型、产品类型、工作机理类型及服务类型等。

3. 客户服务资源管理子系统的主要数据模型

（1）服务人员信息：记录了服务人员的基本信息，包含的字段有服务人员编号、服务人员姓名、服务人员技术等级编号、服务人员所在区域、服务人员资质等字段。其中，服务人员资质字段记录的应是服务人员的服务认证信息，分为培训、试岗、正式及解聘4类。

（2）服务车辆信息：记录了与客户服务相关的服务用车信息，包含的字段有服务车辆编号、车牌号码、规格型号、检定日期、检定周期、车辆检定级别、车辆状态等字段。其中，车辆检定级别字段应记录车辆的年检信息，反映车况信息及车辆的活动范围；车辆状态字段的取值有出勤、库中、检修、维修中、报废5类。

（3）服务设备信息：记录了与客户服务相关的特种工具、计量器具信息，包含的字段有服务设备编号、设备名称、规格型号、检定日期、检定周期及设备状态等字段。其中，设备状态字段的取值为使用中、空闲、检定中、维修中、报废。

（4）维修商信息：记录了企业特约维修商的相关信息，包含的字段有维修商编号、维修商名称、维修商所在区域、维修商联系方式、维修商等级、维修商资质等字段。其中，维修商资质字段的取值有试用、合格及终止3类。

（5）经销商信息：记录了企业特约经销商的相关信息，包含的字段有经销商编号、经销商名称、经销商所在区域、经销商联系方式、经销商等级、经销商资质等字段。其中，经销商资质字段的取值有试用、合格及终止3类。

（6）维修商服务业务信息：记录了某一维修商当前可以提供给客户的所有服务业务，包含的字段有序号、服务编号、维修商编号、服务开始时间及服务终止时间等字段。

（7）经销商服务业务信息：记录了某一经销商当前可以提供给客户的所有服务业务，包含的字段有序号、服务编号、经销商编号、服务开始时间及服务终止时间等字段。

（8）经销商经销业务信息：记录了某一经销商当前经销产品的信息，包含的字段有序号、经销商编号、产品编号、经销开始时间及经销终止时间等字段。

（9）技术等级信息：记录了技术等级的基本信息，包含的字段有技术等级编号、技术等级级别、技术等级描述等字段。

（10）服务资源总体信息：记录了企业服务资源的总体情况，包含的字段有资源类别、资源编号、数量、状态等字段。其中，资源编号字段对应人员编号、车辆编号等具体资源编号。

(11) 服务事件资源信息：记录了实施某特定的服务事件需要消耗的服务资源信息，包含的字段有服务事件编号、服务资源编号、消耗数量等字段。

4.5 在线客户服务

随着互联网和电子商务的快速发展，企业越来越多地通过互联网平台与客户进行实时交流，提供客户所需的各种服务。互联网本身的特点决定了利用网站进行客户服务有许多自己的特点和规律。

4.5.1 在线客户服务的概念

客户服务(Customer Service)是指一种以客户为导向的价值观，它整合及管理在预先设定的最优成本——服务组合中的客户界面的所有要素。广义而言，任何能提高客户满意度的内容都属于客户服务的范围。

客户服务是指所有与客户接触或相互作用的活动，其接触方式可能是面对面，也可能是通过电话、信函或网络沟通，其活动包括向客户介绍及说明商品或服务，提供企业相关的信息，接受客户的询问，接受订单或预定，运送商品给客户，商品的安装及使用说明，接受并处理客户投诉，商品的退货或修理、服务的补救，客户资料的建档及追踪服务，客户的满意度调查及分析等。

网站客服是集即时通信、访客监控、流量统计等于一体的先进互联网在线客户服务软件，广泛应用于网络销售、网站在线客户服务、网上呼叫中心等领域。访客端基于 Web 开发，采用 B/S 架构，访客无须安装任何插件即可与在线客户服务人员进行文字对话或电话沟通。

网站客户服务系统可根据企业需要设置接待、销售、商务、技术支持以及售后服务等部门，各部门人员进行在线音/视频服务，满足客户全方位的要求和服务。相对于传统的电话客户服务系统，网站客户服务系统具有易部署、低成本、易管理的特点，与网站相结合，可以说符合未来新兴的商业模式，和网络贸易相得益彰，如虎添翼。即时通信是随着互联网迅速兴起的新的通信手段，网页即时通信相对于流行的即时通信工具，如 QQ、MSN 等，有无须客户端，与网站紧密集成，保密性好，并能进行各种分析等优点。网站客户服务能够和网站配合，让用户通过网站与世界联通。在网站使用网站客户服务以后，网站就不再仅仅是网络上的一个站点，而变成一个与客户沟通、交流的平台。用户将拥有一个属于自己或者属于企业的即时通信的平台，与用户通信的可以是企业的员工或企业的客户。如果将传统的网站比作企业的广告牌，那么网站客户服务除了是企业的广告牌以外，同时还是企业的展览馆。当用户看到广告牌以后，最多是对企业有个大概的印象，但是用户进入企业的展览馆之后，由于有服务人员的引导和沟通，用户将会对企业有深入的了解，成为客户的概率将会大大提高，既节约了企业的资源，也节约了客户的资源。

4.5.2 客户服务的职责

客户服务的职责如下：

(1) 接听各品牌技能话务,能够按照知识库及时、准确地回答客户,为客户提供标准服务。

(2) 快速掌握公司的新政策、新业务,在服务的过程中积极、主动地推介公司的新产品,促使客户产生使用公司产品的意愿。

(3) 受理客户申请的业务、客户投诉并准确记录投诉内容,以及将需要其他岗位协助受理的业务生成电子工单并转送到后台组。

(4) 协助整理组内培训等资料和辅导初级客户代表,参加各种培训,提高综合素质;参加各种团队活动,支持班组建设。

(5) 对于资料库内没有的问题或资料,记录问题内容,上交值班经理助理转送业务组,及时、准确地收集业务信息,努力学习业务知识,协助收集客户需求信息,对服务工作提出改进意见。

(6) 使用多渠道方式(例如电话、短信、邮件等)与客户进行沟通,达到服务或销售目的。

(7) 做好用户的咨询与投诉处理,做好用户的障碍申告与派单,总结反馈用户的建议与意见。

(8) 认真填写交班日记,向下一班交清未完成和待解决的问题。

(9) 与各部门保持良好的联系沟通。

(10) 经常检查计算机的运行情况,及时报修排除故障。

4.5.3 客户服务的基本分类

客户服务基本分为人工客户服务和电子客户服务,其中又可细分为文字客户服务、视频客户服务和语音客户服务3类。文字客户服务是指主要以打字聊天的形式进行的客户服务,视频客户服务是指主要以语音、视频的形式进行的客户服务,语音客户服务是指主要以移动电话的形式进行的客户服务。

客户服务在商业实践中一般分为3类,即售前服务、售中服务、售后服务。售前服务一般是指企业在销售产品之前为顾客提供的一系列活动,例如市场调查、产品设计、提供使用说明书、提供咨询服务等;售中服务则是指在产品交易过程中销售者向购买者提供的服务,例如接待服务、商品包装服务等;售后服务是指与所销售产品有连带关系的服务。

4.5.4 在线客户服务的职责

1. 客户服务部门

客户服务部门的职责如下:

(1) 提供有关产品、服务信息;

(2) 接受客户咨询;

(3) 提供有关产品或服务的各项售前与售后服务;

(4) 接受有关商品的修改、修理、更换、退货;

(5) 处理有关商品或服务的赔偿等纠纷;

(6) 接受客户意见、投诉(抱怨)并做相关的处理;

(7) 了解客户的需求及变动趋势;

(8) 建立客户档案并追踪服务;

(9) 主动与客户联系,关心客户;
(10) 对客户进行满意度调查;
(11) 对客户所提出的建议、抱怨及问卷调查做统计分析,将所得结果送有关部门;
(12) 接受订单并充分了解客户需求。

2. 营销部门

营销部门的职责如下:
(1) 接受客户订单或从客户服务部转来的订单;
(2) 对订单进行管理;
(3) 了解生产部门产能状况并下订单给生产部门,跟踪了解订单的生产速度;
(4) 处理客户需求的改变;
(5) 给客户提供生产(作业)状况和服务状况信息;
(6) 控制产品或服务的交货日期及品质;
(7) 提供有关产品或服务的咨询给客户服务部;
(8) 解决有关营销的一切问题。

4.5.5 客户服务的质量管理

质量管理是客户服务中的一个很重要的话题。客服管理者必须强化质量管理,发现服务漏洞,改进服务质量,才能达到预期的目的。

1. 服务质量的内涵

不同于有形产品,服务产品的质量水平并不完全由企业决定,而是与客户的主观感受有很大关系,它取决于客户对服务的预期质量和其实际感受到的服务水平,即体验质量的对比,因此可以认为服务质量是一个主观范畴。客户通常从技术和功能两个层面来感受服务质量,因此服务质量包含技术质量和功能质量两项内容。

1) 技术质量

技术质量是服务结果的质量,是客户从服务过程中所得到的东西,以满足客户的主要需要。它是指服务本身的质量标准、环境条件、网点设置、服务设备以及服务项目、服务时间等是否适应和方便客户的需要。技术质量通常能得到许多客户比较客观的评价,企业比较容易掌握这一质量标准。

2) 功能质量

功能质量是服务过程中的质量,它满足客户的非主要需要。它是指服务推广过程,即客户与服务人员打交道的过程,服务人员的行为、态度、穿着等都直接影响顾客的感知。显然,功能质量难以被客户客观评价,它更多地取决于客户的主观感受,与客户的个性、态度、知识、行为等因素有关。客户对功能质量的看法还会受到其他客户的消费行为的影响,所以客户对功能质量的评价是一种比较主观的判断,企业比较难掌握。

客户对服务的预期质量通常受 4 个方面因素的影响,即市场营销沟通、客户口碑、客户需求和企业形象。由于接受服务的客户通常能直接接触到企业的资源、组织结构和运作方式等,企业形象无可避免地影响客户对服务质量的认知和体验。客户心目中的企业形象较好,会谅解服务过程的个别失误;如果原形象不佳,则任何细微差错都会造成很坏的影响。因此,企业形象被称为客户感知服务质量的过滤器。

2. 服务质量的评价指标

1) 有形性

有形性是指服务被感知的部分,例如提供服务用的各种设施等。由于服务的本质是一种行为过程,而不是某种实物形态,因而具有不可感知的特征。因此,客户正是借助这些有形的、可见的部分来把握服务的实质。有形部分提供了有关服务质量本身的线索,同时也直接影响到客户对服务质量的感知。

2) 可靠性

可靠性是指服务供应者准确无误地完成所承诺的服务。客户认可的可靠性是最重要的质量指标,它与核心服务密切相关。许多以优质服务著称的服务企业正是通过强化可靠性来建立自己的声誉的。

可靠性要求避免服务过程中的失误,如果企业在向客户提供服务的过程中因某种原因出现差错,不仅会给企业造成直接的经济损失,更重要的是会损害企业的形象,使企业失去潜在的客户,而这种损失是无法估计的。

3) 响应性

响应性是指反应能力,即随时准备为顾客提供快捷、有效的服务。对客户的各项要求能否予以及时满足,表明企业的导向,即是否把客户放在第一位。服务传递效率是企业服务质量的一个重要反映,客户往往非常重视等候服务时间的长短,并将其作为衡量服务质量好坏的一个重要标准。因此,企业应尽可能缩短让客户等待的时间,提高服务传递的效率。

4) 安全性

安全性是指服务人员良好的服务态度和胜任服务工作的能力,增强客户对企业服务质量的信心和安全感。服务人员良好的服务态度会使客户感到心情愉快,自然会影响到客户的主观感受,从而影响客户对服务质量的评价。服务人员具备渊博的专业知识,能够胜任服务工作,会使客户对企业及提供的产品产生信心,并对获得满意的服务感到愉悦。

5) 移情性

移情性是指企业和客服人员能设身处地地为客户着想,努力满足客户的需求。这便要求客服人员有一种投入精神,想客户之所想,急客户之所需,了解客户的实际需要,甚至是特殊需要,千方百计予以满足,给予客户充分的关心和体贴,使服务过程充满人情味,这便是移情性。

在这 5 个属性中,可靠性往往被客户认为最重要,是核心内容。

3. 提高服务质量的途径

服务质量是维护客户忠诚最好的保证,服务质量的提高和服务特色的创新对于发展与客户的长期关系具有重要意义。在为客户提供服务的过程中,服务质量、客户满意度和公司的盈利之间有着密切的联系,较高的服务质量可以获得客户较大的满意。因此,服务质量的管理将成为提高企业的核心竞争力的关键,服务质量管理体系的建立和完善将会直接影响客户对企业客户服务软/硬系统的最终需求和结构。

提高服务质量要比提高有形产品质量复杂得多,需要进行系统的规划,多个层面同时启动,主要包括以下方面:

(1) 树立正确的服务观念;
(2) 保持良好的服务态度;
(3) 提供独特的服务;
(4) 有效评估与推进服务质量管理部门的工作;
(5) 培养客户服务执行者;
(6) 客户满意度调查;
(7) 客户反馈的跟踪处理;
(8) 服务规范核查;
(9) 现场突击审核;
(10) 服务机构和服务人员商业道德的控制;
(11) 异常维修的管理;
(12) 建立信息系统的支持。

4.5.6 客户服务人员的管理

为了加强对客户服务人员的管理,提高服务质量,增强客户服务人员的主动营销意识,进一步规范业务受理流程。

1. 服务标准

(1) 客户服务人员在受理业务咨询(投诉)时,要求用语文明规范,语气积极顺畅。与客户交流时必须专注,不能冷漠、机械、应付地回答,言语要让客户感受到亲切。

(2) 客户服务人员在受理业务咨询时,要有主动营销意识,积极向咨询客户介绍业务特征,确保客户长期稳定地使用公司业务;对于有业务办理倾向的客户,要求灵活应对,做好业务告知工作,以期通过客户的主动来访增加相应的业务注册量。

(3) 客户服务人员在受理业务投诉时,面对态度激烈的客户,要注意灵活应变,语言表达能力强,有一定的服务技巧,善于了解、分析、客户心理,能用最有效的手段说服客户,避免投诉升级。

(4) 客户服务人员在受理业务咨询时,对于咨询客户提出的暂时无法解决的问题,经请示上级主管人员后应及时给予客户合理的解释。当遇到自己不明白或不清楚的业务问题时,不能敷衍客户或不懂装懂,应请客户稍等或先挂机,待了解清楚后再行回复客户。

(5) 对于受理的每一次业务咨询、投诉及回访,必须按要求记录在相对应的 Excel 表格中,并标注最终处理结果及客户满意度,以便及时掌握业务运转情况,填写的处理结果及咨询内容必须完整清楚。

(6) 客户服务人员对于已受理的客户投诉或无法即时解决的咨询,必须严格按照业务受理流程执行,做好跟踪投诉处理进度及结果,确保客户投诉在承诺时间内反馈,并按要求及时做好各项记录。

(7) 对于重大紧急类的投诉或疑难问题,客户服务人员应做好解释安抚工作,同时在取得客户认可后于 5 分钟内向上级主管报备,寻求解决方案,并于受理当日给予客户回复。对于自行无法解决的,应及时请示上级主管,原则上要求此类投诉处理时限不超过 24 小时,如遇特殊情况,必须做好详细记录。

(8) 对于无法一次解决的需其他部门协调的问题,客户服务人员在受理并记录后于 5 分钟内将客户相关要求提交至相关部门,同时做好转接后的跟进工作,原则上要求投诉当日必须得到其他部门的最终处理结果或大致处理意向,以便回复客户。

(9) 客户服务人员应保证客服热线 24 小时畅通,电话响后应立即接听,最多不可持续 3 声。如遇特殊情况,对于未及时接听的电话,客服人员应及时进行回拨,回拨时间原则上不超过 5 分钟。

(10) 在节假日或法定休息日,如遇需其他部门协调解决的问题,客户服务人员应于电话受理完毕后即时联系相关人员,并了解处理进展,同时给予客户回访,避免因等待时间过长导致客户投诉升级。如遇特殊情况,可致电上级主管请示。

(11) 客户服务人员在工作过程中必须对公司资料予以保密,不得在电话中随意向客户透露。

2. 业务受理流程

(1) 客户服务人员将受理的业务咨询或投诉按情况分为可一次完成、需跟进处理及重大紧急 3 类。

(2) 对于可一次解决的咨询及投诉,客户服务人员在电话受理完毕后直接将受理内容及处理结果录入相应的"电话记录登记表"中即可。

(3) 对于需协调其他部门或人员处理的咨询及投诉,客户服务人员在电话受理完毕后 5 分钟内转交至其他相关部门或人员,并于受理当日给予实时跟进,得到相关结果后在承诺客户的时间内给予电话回复告知,同时将处理过程及结果录入相应的"电话记录登记表"中(此类投诉处理时限原则上不超过 24 小时)。

(4) 对于重大紧急类问题或投诉,客户服务代表电话受理完后应即时以口头的形式反馈至上级主管或领导处,并于 30 分钟内给予客户跟进回复,做好客户安抚工作,直至投诉处理完毕。此类投诉处理时限原则上不超过受理当日。

(5) 在业务受理完毕后即时将受理时间、受理内容、处理情况、最终结果及客户满意度等按要求填写至相关电话登记表中归档。

4.5.7　客户沟通的技巧

沟通是很复杂的问题,没有固定的方式。要想得到好的沟通效果,总体来说要看具体的环境使用具体的沟通方式。技巧的提高要靠业务员自己在实践中不断体会总结学习再运用。以下经验值得大家借鉴:

(1) 语气要平缓,语调要低沉、明朗、富有磁性;

(2) 保持热情;

(3) 保持微笑;

(4) 了解对方兴趣,谈论对方感兴趣的话题,投其所好;

(5) 积极的倾听很重要,要谦虚和尊重;

(6) 要察言观色,洞悉客户心理;

(7) 准备充分,专业知识精湛,充分展示产品卖点;

(8) 交谈时要注视对方,目光要真诚、专注、柔和,眼光停留在客户的眉眼部位,千万不要让视线左右飘忽不定;

(9) 合理使用肢体语言和表情;

(10) 适当的幽默;

(11) 适当的真诚的赞美;

(12) 适当的提问和请教,表示他在你心目中是个重要人物,给予被尊重的感觉;

(13) 真心地关心对方和家人,有爱心;

(14) 站在对方的立场讨论问题;

(15) 偶尔赠送小礼物,节日前的电话或短信祝福;

(16) 适当的私人活动,例如聚会、聚餐、郊游等;

(17) 临别时的感谢,一定要说出口;

(18) 留下"尾巴",以便下次有借口再来。

4.6 在线客户服务的商务礼仪

礼仪是礼和仪的结合。礼即为礼貌、礼节,是对人们进行社会交际的最起码的要求;仪指仪表、仪态,是一个人内在修养和素质的外在表现。合二为一,礼仪是在人际交往中以一定的、约定俗成的程序方式来表现的律己、敬人的过程。

我国素有"礼仪之邦"的美称,崇尚礼仪是我国人民的传统美德。从古至今,我国的礼仪规范就是中华特有文明的象征,是中华民族美德的体现。礼仪作为一种传统美德,具有历史的传承性和不衰的生命力。

商务礼仪产生在商务往来活动的基础之上,是从商务往来前的准备工作开始,一直到商务往来结束之后的后期关系维护,整个过程中所涉及的各环节应遵循的礼仪。

在市场经济大潮中,商务往来是一种重要的交往形式,商务活动从本质上说也是一种交际活动,因此人们在商业场合的交际有必要遵循一定的规则和规范,从而形成商务礼仪。

商务礼仪的定义是人们在商务活动中用于维护企业形象或个人形象,对交往对象表示尊重和友好的行为规范。简单地说,就是人们在商务场合中应使用的礼仪规范。

4.6.1 商务礼仪的特点

1. 普遍性

经济活动在当今时代已经渗透到社会的每个角落,商务在各地区间的往来与日俱增。甚至可以说,凡是有人类生活的地方都存在着或多或少、各种各样的商务活动,同样,在这些商务工作和人际交往中始终离不开礼仪规范的制约。

2. 差异性

俗话说:"百里不同风,千里不同俗"。不同的文化背景产生不同的礼仪文化,不同地域文化决定着礼仪的内容和形式。商务礼仪的主要内容源于传统礼仪,因此也具有差异性的基本特征。

3．发展性

时代在发展，礼仪文化也在随着社会的进步不断发展。比如，20世纪70～80年代，人们一般通过电报、信件等传递各种商务信息，而在今天，人们常用的是电子邮件、微信、QQ等即时通信工具。随着我国对外开放和与国际社会的接轨，世界各国的先进礼仪元素不断与我国传统文化相互渗透，我国的传统商务礼仪自然也会被赋予许多新鲜的内容，形成一套既富有我国自己的传统特色，同时又符合国际惯例的商务礼仪规范。

4.6.2 商务礼仪的基本特征

在各种商业活动中，商务礼仪具有规定性、信用性、时机性和文化性等基本特征。

1．规定性

从礼仪的范围看，商务礼仪具有规定性。

通过礼仪可以协调组织和人们之间的行为，因而它的适用范围是组织活动和人际交往活动。商务礼仪不同于一般的人际交往礼仪。商务礼仪的适用范围是指从事商品流通的各种商务活动，凡是不参与商品流通的商务活动都不适用商务礼仪。

2．信用性

从礼仪的内涵看，商务礼仪具有信用性。

要从事商务活动，应有双方利益上的需要，而不是单方面的利益需求，因此在商务活动中诚实、守信非常重要。所谓诚实，即诚心诚意参加商务活动，力求达成协议，而不是夸夸其谈、不着边际、毫无诚意。所谓守信，就是言必信，行必果，签约之后一定履行。如果实在出了意外，而不能如期履约，那么应给对方一个满意的结果来弥补，而不应该言而无信，决而不行。

3．时机性

从礼仪的行为看，商务礼仪具有时机性。商务活动的时机性很强，有时事过境迁，失去良机；有时在商务活动中说话、做事恰到好处，问题就会迎刃而解；有时商务从业人员固执不让步，对方也可能被拖垮，从而失去了一次成功的机会。

4．文化性

从礼仪的性质看，商务礼仪具有文化性。商务活动虽然是一种经济活动，但是商务礼仪体现的却是文化含量。企业组织展示自身形象，商务人员体现文明礼貌、谈吐优雅、举止大方的风貌，必须建立良好的企业文化及不断提高个人文化素质，树立文明的企业组织形象，在商务活动中表现出文明典雅、有礼有节的素养。

4.6.3 商务礼仪的作用

礼仪在商务领域中发挥着越来越大的作用，有助于规范行为、传递信息、增进感情、树立企业良好的形象。

1．树立形象

个人形象对商务人员十分重要，它体现着每个人的精神风貌与工作态度。

企业的商务人员，在与他人接触时，其得体的言行举止都在产生着塑造企业形象的作用。商务人员是企业的代表，其良好的个人形象也代表着企业的形象，会给企业带来有形和无形的财富。

一个人讲究礼仪，就会在众人面前树立良好的个人形象；一个组织的成员讲究礼仪，就会为自己的组织树立良好的形象，赢得公众的赞誉。现代市场竞争除了产品竞争以外，更体现在形象竞争。一个具有良好信誉和形象的公司或企业容易获得社会各方的信任和支持，这样就可在激烈的竞争中处于不败之地。所以，商务人员要时刻注重礼仪，这既是个人和组织良好素质的体现，也是树立和巩固良好形象的需要。

2．加强沟通

在商务交往中，交往对象的文化背景、思想、情感、观点和态度都不同，这就会使交往双方的沟通有时变得困难，若双方不能沟通，不仅交往的目的不能实现，有时还会产生误会，而且会给交往双方的企业造成负面影响。

3．规范行为

礼仪最基本的功能就是规范各种行为。在商务交往中，人们相互影响、相互作用、相互合作，如果不遵循一定的规范，双方就缺乏协作的基础。在众多的商务规范中，礼仪规范可以让人明白应该怎样做，不应该怎样做，哪些可以做，哪些不可以做，有利于确定自我形象，尊重他人，赢得友谊。

4．传递信息

礼仪是一种信息，通过这种信息可以表达出尊敬、友善、真诚等感情，使别人感到温暖。在商务活动中，恰当的礼仪可以获得对方的好感、信任，进而有助于事业的发展。

5．增进感情

在商务活动中，随着交往的深入，双方都可能会产生一定的情绪。它表现为两种情感状态，一是感情共鸣，另一种是感情排斥。礼仪容易使双方互相吸引，增进感情，促进良好的人际关系的建立和发展。反之，如果不讲礼仪，粗俗不堪，那么就容易产生感情排斥，造成人际关系紧张，给对方造成不好的印象。

4.6.4　商务礼仪的原则

1．真诚原则

商务人员的礼仪主要是为了树立良好的个人和组织形象，所以礼仪对于商务活动的目的来说不仅仅在于其形式和手段上的意义。同时商务活动的从事并非短期行为，从事商务讲究礼仪,越来越注重其长远利益,只有恪守真诚原则,着眼将来,通过长期潜移默化的影响才能获得最终的利益。也就是说,商务人员和企业要爱惜其形象与声誉,不应仅追求礼仪外在形式的完美,更应将其视为商务人员情感的真诚流露与表现。

在为客户服务的过程中,真诚是通过语言表达的。

2. 尊敬原则

有人曾把商务礼仪的基本原则概括为"充分的考虑别人的兴趣和感情"。尊敬是礼仪的情感基础。在我们的社会中,人与人是平等的,尊重长辈,关心客户,这不仅不是自我卑下的行为,反而是一种至高无上的礼仪,说明一个人具有良好的个人内在素质。"敬人者恒敬之,爱人者恒爱之""人敬我一尺,我敬人一丈"。"礼"的良性循环就是借助这样的机制得以生生不已。当然,礼貌待人也是一种自重,不应以伪善取悦于人,更不可以富贵骄人。尊敬人还要做到入乡随俗,尊重他人的喜好与禁忌。总之,对人尊敬和友善,这是处理人际关系的一项重要原则。

3. 宽容原则

宽即宽待,容即相容、宽容,就是心胸坦荡、豁达大度,能设身处地为他人着想,谅解他人的过失,不计较个人的得失,有很强的容纳意识和自控能力。中国传统文化历来重视并提倡宽容的道德原则,并把宽以待人视为一种为人处世的基本美德。从事商务活动也要求宽以待人,在人际纷争问题上保持豁达大度的品格或态度。在商务活动中,出于各自的立场和利益,难免会出现冲突和误解。遵循宽容的原则,凡事想开一点,眼光看远一点,善解人意、体谅别人,才能正确对待和处理好各种关系与纷争,争取到更长远的利益。

4. 适度原则

在人际交往中要注意各种情况下的社交距离,也就是要善于把握沟通时的感情尺度。古话说:"君子之交淡如水,小人之交甘如醴。"此话不无道理。在人际交往中,沟通和理解是建立良好人际关系的重要条件,但如果不善于把握沟通时的感情尺度,即人际交往缺乏适度的距离,结果会适得其反。例如在一般交往中,既要彬彬有礼,又不能低三下四;既要热情大方,又不能轻浮谄谀。所谓适度,就是要注意感情适度、谈吐适度、举止适度,只有这样才能真正赢得对方的尊重,达到沟通的目的。

5. 谦和原则

"谦"就是谦虚,"和"就是和善、随和。谦和是一种美德,更是社交成功的重要条件。《荀子·劝学》中曾说:"礼恭而后可与言道之方,辞顺而后可与言道之理,色从而后可言道之致",就是说只有举止、言谈、态度都是谦恭有礼时才能从别人那里得到教诲。谦和,在社交场上即表现为平易近人、热情大方、善于与人相处、乐于听取他人的意见,显示出虚怀若谷的胸襟,因为对周围的人具有很强的吸引力,有着较强的调整人际关系的能力。

4.6.5 问候礼仪

所谓问候就是问好、问安,是人们以语言或动作向对方示意的一种方式。根据达尔文的理论,我们每天重复多次的某些问候语和一些非语言表达方式都是出自本能的表现。心理学家彼得·科利特对此也做过论述:"在长期的社会文化发展过程中,人类的问候方式逐渐演变成两大类,一种是表达敬意;另一种是在同等地位的人之间传达友情。"

问候虽然只是打招呼、寒暄或是简单的三言两语,却代表着对他人的尊重。在问候时需要注意问候礼仪规范,主要包括问候的次序、态度、方式等方面。

1. 问候的态度

问候表达着对对方的敬意,在态度上一定要注意以下几个方面。

(1) 要主动:问候他人时要积极、主动,当别人首先问候自己时要立即予以回应,不要不理不睬,摆架子。

(2) 要热情:问候他人时要热情、友好、真诚,不要面无表情或表情冷漠。

(3) 要自然:问候他人时要自然、大方,矫揉造作、神态夸张,或者扭扭捏捏,都会给人留下虚情假意的印象。

(4) 要专注:问候他人时要面带微笑,与他人有正面的视觉交流,做到"四到",即"眼到、口到、心到、意到";要专心致志,不要在问候对方时目光游离、东张西望或眼睛看别处,这样会使对方感到不舒服。

2. 问候的方式

不同的场合有不同的问候方式,可以口头问候,也可以书信问候或者以电话、电子邮件问候。问候方式主要包括以下两种。

(1) 语言问候:语言问候是表达感情的一种方式。

(2) 动作问候。

3. 问候的内容

(1) 直接式问候:直接式问候是直接以问好作为问候的主要内容。它适用于正式的交往场合,特别是在初次接触的商务及社交场合,例如"您好""大家好"等,也适用于宾主双方初次见面时的问候。

(2) 间接式问候:间接式问候是以某些约定俗成的问候语或者是在当时条件下可以引起的话题来问候,主要适用于非正式、熟人之间的交往,比如以"最近过得怎样""忙什么""您去哪里"等来替代直接式问候。

4.6.6 商务通信礼仪

正确地称呼人是商务人员应具备的基本素养之一。它表明你懂得在交往中尊重别人,使交往对象感到被承认、尊重和信任。

得体、恰当的称呼不仅反映自身的教养、对商务伙伴的尊重程度,甚至还会影响双方关系的发展程度。

调查资料显示:接到电话时您的第一句话是"你好吗?"只有60%的人回答"是";如果对方连续两次打错电话怎么办?礼貌回答,尽可能帮助对方查找正确号码的占40%,说打错电话,然后挂断的占40%,斥责对方的占20%。

电话礼仪就是指通话者在通话过程中为给通话对象及其他在场者以良好印象所应注意的礼仪。

1. 要选择对方方便的时间

（1）不要在他人的休息时间内打电话，每天上午 7 点之前、晚上 10 点之后、午休和用餐时间都不宜打电话。

（2）在打电话前要搞清地区时差以及各国工作时间的差异，不要在休息日打电话谈生意，以免影响他人休息。即使客户已将家中的电话号码告诉你，也尽量不要往家中打电话。

（3）打公务电话不要占用他人的私人时间，尤其是节假日时间。

（4）非公务电话应避免在对方的通话高峰和业务繁忙的时间段内拨打。

2. 声音和语言礼仪——先说"你好"

打电话时需要先说"你好"，声音要清晰、明快。商务电话只有在确认信号好坏的情况下才能开口喊"喂"，其他场合均为禁例。要讲的事需从结论说起，这样才能将要点清楚明白地告诉对方。如果遇到数字和专有词汇，应进行复述，注意别出差错。

3. 在拨打电话前应做好准备

在打电话之前要将所讲事情的要点写在纸上，准备好相关资料，避免在打电话时有所遗忘。为了告知自己忘记说的事情，又重新打电话给对方，会多次打断对方的工作，给对方带来麻烦。

4. 拨打电话时的礼仪

1）长话短说——"3 分钟原则"

在打电话时，拨打者应自觉地、有意识地将每次通话时间控制在 3 分钟内，尽量不要超过这个限定。对通话时间的基本要求是以短为佳，宁短勿长，不是十分重要、紧急、烦琐的事务一般不宜通话时间过长。

内容要简明扼要。在电话接通后，除了首先问候对方外，别忘记自报单位、职务和姓名。请人转接电话，要向对方致谢。在电话中讲话一定要务实，最忌讳吞吞吐吐、含糊不清。寒暄后应直奔主题。

2）清晰、愉快的语调

用清晰、愉快的语调接电话能显示出说话人的职业风度及可亲的性格。

若要保持平和的语调，在答话前可以先做一次深呼吸，这样就能使自己冷静且反应正常。此外，说话应清晰，要注意措辞。说话时要面带微笑，使声音听起来更有热情，不妨在电话机旁放面镜子，以随时提醒自己。

语调要平稳安详，不可以时而细雨似水，时而悲泣难抑，时而狂笑不止，这都是一个人不懂得自我控制的表现。

如果在打电话时想打喷嚏或咳嗽，应该偏过头，掩住话筒，并说声"对不起"，千万不要边打电话边嚼口香糖或喝茶水之类。

另外要注意，不要让房间里的背景音乐干扰电话交谈。比如隔壁的办公室正在装修，电钻发出刺耳的噪声,应先向对方解释原因,以求理解,并对由此带来的不便表示歉意。

说话是人际交往的一个主要内容,在电话中说话有更多的挑战和礼数,若做不好,就会影响接听电话的质量。因此,从你的语调入手,改善自己的应答习惯,相信对你的电话礼节乃至整个人际关系都会有大的帮助。

5．业务受理规范用语

开头语:您好,请问有什么需要我帮助的吗?

结束语:感谢您的来电!

不清楚的问题:很抱歉,您所说的这个问题我需要(向相关技术部门)确认一下,请您留下您的联系方式,稍后与您联系,好吗?

投诉(需协调处理)的问题:您好,已将您的问题记录下来,我们会尽快为您处理,并于24小时内给您回复,给您带来不便,请您谅解!

4.6.7　客户服务语言规范准则

1．客户服务角色

(1) 代表店铺和公司形象;
(2) 产品专家和形象专家;
(3) 了解顾客需求,引导话题,诱导成交;
(4) 让顾客记住店铺特色;
(5) 责任心和态度最重要。

2．客户服务应该具备的知识

(1) 产品属性和应用知识:货号、规格、材质、功能;
(2) 品牌基本信息;
(3) 顾客消费心理常识:大多消费者关心的价格和质量。

3．客户服务基本技能

(1) 熟悉买家购物流程的全程操作;
(2) 掌握售后服务的知识;
(3) 应急和重要事情及时上报:例如客户纠纷、投诉等。

4．客户服务语言规范

最高标准:微笑服务、有效解决。

最高原则:让顾客舒心、满意。

服务的基本要求如下。

(1) 反应及时(关键字:反应快、训练有素):顾客首次到访打招呼的时间不能超过15秒。打字速度要快,至少要达到50字/分钟,且不能有错别字。

每次回答顾客问题,顾客的等待时间不能超过20秒。如果回答太长,宜分次回答。

（2）热情亲切（赞美、热情、亲昵称呼、自然、真诚）：用语规范，礼貌问候，让顾客感觉热情，不是很生硬的话语，做到亲昵称呼，自然亲切。

（3）了解需求（细心、耐心、有问必答、准确、找话题）：对顾客的咨询、顾客需求给予准确的回应，并快速提供顾客满意的答复，当需求不明确时做到引导顾客产生需求。

（4）专业销售（自信、随需应变、舒服）：以专业的言语、专业的知识、专业的技能回答顾客异议，让顾客感觉我们是专家并感受到上帝般的舒服。

（5）主动推荐和关联销售：善于向顾客推荐公司主推款，并给予关联推荐，乃至达成更高的客单价。

（6）建立信任（建立好感、交朋友）：通过经验找到和顾客共鸣的话题，想顾客所想，给顾客恰当建议，建立销售的信任。

（7）转移话题，促成交易：碰到顾客刁难、啰唆或公司弱点问题，迅速转移话题，引导销售，并以促成交易为目的。

（8）体验愉悦（解决问题、强化优势、欢送）：在服务过程中给顾客找准记忆点，强化顾客记忆，给顾客良好的体验并留下愉悦的回忆。

客户服务应该避免以下几种情况。

（1）责任心：态度冷漠，话语生硬，动作消极；

（2）立场：言语措辞恶劣或欠妥，攻击或损伤顾客；

（3）专业：知识不够，技能浅，服务不到位，给公司造成损失；

（4）细心度：对促销活动理解不深，细节不清楚，顾客晕，效率低。

5．拒绝处理

（1）被拒绝时应保持良好的心态，不因拒绝而灰心丧气，成功就隐藏在拒绝的背后。

（2）被客户拒绝后要保持同样的风范，要微笑着与客户致谢和道别，并跟客户约定下一次见面的时间。如果不能确定具体日期，就跟客户说："下一次等您有空，我再来拜访您。"

（3）离开时要和来时一样恭敬有礼，关门时动作要文雅，声音要轻，并注意在退出门外前要将正面留给客户，以便于向客户再次表示谢意，行礼告辞。另外，分析客户拒绝的真正原因，必要时向公司请求支援。

6．对客户投诉的处理

（1）要尊重客户意见，不可与之争吵；

（2）要充分了解客户的需求和现状；

（3）要及时处理，或者给个处理时间；

（4）要即时地给予安慰，使之心理平衡；

（5）加强平时的感情沟通，建立良好的客户关系。

4.7 案例分析

为了树立"中铁物流集团"更加专业的客服形象，秉承"服务客户第一"的宗旨，特制定《客户服务人员服务规范用语》，客服人员需严格按照规范用语标准进行工作。

4.7.1 开头语以及问候语

(1) 问候语:"您好,中铁物流集团××号为您服务!"

不可以说:"您好,什么事情?"

(2) 客户问候客户服务人员"小姐(先生),您好。这里是中铁集团……"时,客户服务人员应礼貌回应"是的,您好先生(女士),请问有什么可以帮您?"

不可以说:"是的,什么事?"

(3) 当已经了解了客户姓名的时候,客户服务人员应在以下的通话过程中用客户的姓加上"先生/女士"保持礼貌回应,例如:"×先生/×女士,请问有什么可以帮您?"

不可以无动于衷,无视客户的姓名。

(4) 对于新客户来电,客户服务人员应礼貌性征得客户同意,了解客户信息。例如:"好的,先生/女士,您的问题已记录,在解答您问题前请问怎么称呼您?(姓名、联系方式、固定电话分机号、公司名称)"

不可以直接解答,遗漏客户信息。

(5) 遇到无声电话时,客户服务人员问"您好,请问有什么可以帮您?"若稍停3秒还是无声,说"您好,请问有什么可以帮您?"稍停3秒,若对方仍无反应,则说"很抱歉,您的电话没有声音,请您挂机后重新拨打,此次通话将被挂机,感谢您的来电,再见!"再稍停3秒,挂机。

不可以说"喂,喂,听不见!"或直接挂机。

(6) 遇到客户来电可以听到对方声音,但无人应答时,客户服务人员问"您好!请问有什么可以帮您?"若稍停3秒无人应答,问"您好,请问可以听得见吗?"若稍停3秒仍无反应,则说"很抱歉,无法听到您的声音(也可以说抱歉,您的电话无应答),如需服务,欢迎再次致电!此次通话将被挂机,再见!(或感谢您的来电,再见!)"挂机。

不可以说"请说话,不说话就挂了。"或直接挂机。

4.7.2 无法听清

(1) 因用户使用免提而无法听清楚时:

客户服务人员:"很抱歉,您的声音太小,请您使用话筒方便我们沟通,好吗?谢谢!"

不可以说"喂,大点声!"

(2) 当遇到客户声音小而听不清楚时:

客户服务人员应在保持自己音量不变的情况下说"很抱歉,我这里听不清您的声音,请您大声一点好吗?"若仍听不清楚,客户服务人员说"非常抱歉,您的电话声音太小,我听不清您所讲的内容,请您换一部电话打来好吗?"停留3秒后挂机。若客户仍然说话,客服重复两遍后说"感谢您的来电,再见!"挂机。

不可以直接挂机。

(3) 当遇到电话杂音太大无法听见客户说话时:

客户服务人员:"很抱歉,您的电话杂音太大,无法听清,请您稍后重新拨打,感谢您的来电,再见!"稍停3秒后挂机。

不可以直接挂机。

（4）当遇到客户讲方言，听不懂时：

客户服务人员说"很抱歉，请您讲普通话好吗？谢谢！"若客户继续讲方言，不讲普通话，客户服务人员说"很抱歉，您能再讲慢一些吗？您说的是这个意思吗？"如果客户服务人员仍听不懂，则说"很抱歉，您能找位讲普通话的人来说吗？谢谢！"

不可以直接挂机，不可以直接质问客户"你会不会讲普通话？"

（5）当遇到客户讲方言，彼此都能听懂对方讲话时：

客户服务人员应在听懂客户所讲方言的基础上继续保持普通话的表达。

不可以转换成客户的方言。

（6）当遇到客户抱怨客服声音小或听不清楚时：

客户服务人员："很抱歉（稍微提高音量），现在好些了吗？"

不可以直接说"现在好了吧？能听到了吧？"

4.7.3　沟通内容

（1）遇到客户来电找正在工作的客户服务人员时：

客户服务人员说"很抱歉，×号客服正在通话中，请问有什么可以帮您？"了解情况后，若客户仍坚持要求。客户服务人员说"如果是这样，请您稍后再次拨打。但是无法保证该服务代表座席处于闲置状态。谢谢您的来电，再见！"或说"请留下您的联系方式，稍后让×号客户服务人员回复您电话"要求详细记录客户联系方式并做转告。

不可以直接挂机。

（2）若没有听清楚客户所述内容，要求客户重复时：

客户服务人员："很抱歉，麻烦您将刚才的问题再重复一遍，好吗？"

不可以说"什么？你再说一遍？"

（3）当客户讲述完问题时：

客户服务人员："×先生／女士，我复述一下，您看是这个意思吗？"确认问题，表示尊重。

不可以断章取义。

（4）当客户服务人员提供的信息较长，需要客户记录相关内容时：

客户服务人员："麻烦您记录一下，好吗？"并询问客户是否记录好，"请问您记录好了吗？"或"请问您记清楚了吗？"之后与客户核实"我再与您核实一下，可以吗？"

不可以语速过快且没有提示。

（5）遇到客户打错电话时：

客户服务人员："很抱歉，这里是中铁物流集团客服中心，请您查证后再拨。"

不可以说"打错电话了"，直接挂断。

（6）遇到骚扰电话或索要客服私人联系方式时：

客户服务人员："对不起，您还有其他相关的咨询问题吗？如果您没有此方面的问题，请您挂机，谢谢！"

不可以直接挂机。

（7）遇到客户善意的约会时：

客户服务人员："非常感谢！对不起，我不能接受，再次谢谢您！"

不可以责怪以及不礼貌地直接挂断电话。

(8) 等候语。

征求客户是否愿意等待,例如"麻烦您等待一下,我帮您查看,好吗?请稍等,我立即为您查询。"等候数秒后如未查询到结果需将电话转回,对客户说"很抱歉,您的问题正在查询中,麻烦您再稍等片刻,谢谢!"

转回电话:"谢谢您的等候。很抱歉,让您久等了!"

不可以让客户长时间等待,没有回应。

(9) 转接电话:告知客户转接的原因。

"关于您的问题我立即为您转接相关负责人(专业的工作人员)为您解答,好吗?"待客户同意后说"请稍等,我立即为您转接"。接通转接方电话后说"您好,我是××,我这边有位×先生/女士有关于××问题的咨询,我现将电话转接给您。"

不可以在没有任何提示情况下突然转接电话,不可以在接通转接方电话时不说明情况就将电话给对方。

4.7.4 抱怨与投诉

(1) 遇到客户服务热线难拨通、应答慢时(包括电话铃响 3 声后才接起):

客户服务人员:"很抱歉,刚才因为线路忙,让您久等了!请问有什么可以帮您?"

不可以说"我也没办法,线路忙"或对客户的抱怨置之不理。

(2) 遇到客户情绪激动,破口大骂时:

客户服务人员:"很抱歉,先生/女士,请问有什么可以帮您?"同时客户服务人员应调整好心境,尽量抚平客户的情绪。

不可以说"嘴巴放干净一点,这不是我的错!"

(3) 遇到客户责怪客户服务人员动作慢、不熟练时:

客户服务人员:"很抱歉,让您久等了,我将尽快为您处理。"

不可以抱怨说"再等等!"

(4) 遇到客户投诉客服态度不好时:

客户服务人员:"很抱歉,由于我们的服务不周给您带来不便,请您原谅,您能否将详细情况告诉我呢?"认真记录客户的投诉内容,并请客户留下联系方式,提交处理。

不可以说"刚才电话不是我接的,不要这个态度。"或对客户的投诉置之不理。

(5) 客户投诉客户服务人员工作出差错:

客户服务人员:"很抱歉,给您添麻烦了,我会将您反映的问题如实上报相关人员,并尽快核实处理,给您带来的不便请您原谅!"并记录客户姓氏、复述投诉内容。如客户不接受道歉,客户服务人员可以说"很抱歉,您是否可以留下您的邮箱或其他联系方式,由我们的经理与您直接联系处理?"并迅速将此情况转告经理,经理应及时妥善处理。

不可以说"我不清楚,那您想怎么样?"

4.7.5 软/硬件故障

(1) 遇到操作界面反应较慢、进行相关资料查询或需要客户等待时,应先征求客户的意见。

客户服务人员:"很抱歉,请您稍等片刻,好吗?"在得到客户的同意后按静音键,取消静音后,客户服务人员可以说"很抱歉,让您久等了。"

不可以没有抱歉或感谢。

(2) 遇到设备故障不能操作时:

客户服务人员:"很抱歉,线路正在调整,请稍等,好吗?"

不可以没有抱歉及后续建议。

(3) 遇到客户查询客户服务人员个人信息超出标准时:

客户服务人员:"很抱歉,我的工号是××。"若客户坚持要求,可告诉客户公司规定只能通报工号。

不可以责怪以及不礼貌地直接挂断电话。

(4) 遇到客户提出建议时:

客户服务人员:"感谢您提出的宝贵建议,我们将及时反馈给公司相关负责人,再次感谢您对我们工作的关心和支持。"

不可以没有感谢或赞扬。

(5) 需请求客户谅解时:

客户服务人员:"很抱歉,请您原谅。"

不可以没有抱歉语气。

(6) 遇到客户向客户服务人员致歉时:

客户服务人员:"没关系,请不必介意。"

不可以没有回应或置之不理。

(7) 遇到客户向客户服务人员表示感谢时:

客户服务人员必须回应"请不必客气"或"不客气",若客户进一步表扬,客户服务人员可以说"请不必客气,这是我们应该做的(或这是我们的工作职责),感谢您对我们工作的支持,随时欢迎您再次来电。"

不可以以生活化的词语口气回答,或置之不理。

(8) 遇到无法当场答复的客户咨询时:

客户服务人员:"很抱歉,请您留下您的联系电话,我们查证后将尽快与您联系,好吗?"

不可以随意回答或自以为是地回答,不可以回答得模糊,不可以没有后续工作。

4.7.6 结束语

(1) 向客户解释完毕后,应向客户确认是否明了:

客户服务人员:"请问对于我刚才的解释您还有疑问吗?"若客户不能完全明白,应将客户不明白的地方重新解释,直到客户明白为止。

不可以说"喂,听懂了吧?"

(2) 话终了时,应询问客户是否还有其他方面的咨询:

客户服务人员:"请问还有什么可以帮助您?"在确保客户没有其他方面的咨询后礼貌地说"感谢您的来电,×先生/女士,再见!"

不可以说"如果没有其他的事,请挂机。"或者在没有确认客户是否还有其他问题的情况下挂断电话。

(3) 遇客户通话完毕仍未挂机时：

客户服务人员："请问还有什么可以帮助您?"若客户没有回应，客户服务人员可以说"感谢您的来电，再见!"然后过3秒挂机。

不可以直接挂机。

4.8 常见问题及应答

这里根据淘宝网上客户服务日常服务中的常见问题总结了一个表（表4-7），供大家参考。

一般情况下，针对客户线上的问题，客户服务人员的服务流程如下。

问候语：您好，××号客户服务人员为您服务，请问有什么可以帮您?

回答问题：回答问题要简明扼要，不能使用模棱两可的语言，例如大概、也许、可能等。可参考本章中的相关内容。

结束语：请问您还有什么需要帮助的? 感谢您的咨询，再见。

表4-7 常见问题及答复

问　　题	参 考 回 答
退货后，快递公司丢货/损货，可以退款吗	您好，根据物流规范，发件方发出商品在收件方未签收前所有风险由发件方承担；若货物被快递丢件、损件，我们无法支持退款，建议自行联系快递索赔
货到付款，验货后可以拒签吗	您好，货到付款支持当面验货，验货以后，如果商品出现破损，或存在不符的情况，您有权拒签。对于恶意拒签者，我们将不再提供"货到付款"服务，所以请买家不要随意拒签
运费险为什么没有理赔	您好，若您购买了运费险，实际未理赔，请您确认是否为以下原因导致： (1) 您实际完成了退货的操作，但在退款页面中选择了"未收到货"或"无须退货"的情况，则无法给予理赔； (2) 卖家在发货时选择"无须物流"，则该笔订单没有投保成功，一旦发生退货，保险公司将无法给予理赔； (3) 若您填写的物流信息有误，则保险公司无法给予赔付； (4) 您在交易成功后发起退货退款申请，则保险公司无法给予赔付； (5) 在换货情况下，保险公司无法给予赔付
一张订单多件商品是否可以通过不同的方式配送	您好，一张订单只能选择一种配送方式，订单一旦提交成功，配送方式将无法修改，您可以按不同的配送方式提交多张订单
在什么情况下可以提交申请退款	您好，在您未签收货物之前如需申请退款，可以填写资料申请退款，由客服人员审核
多个优惠一起使用时能退款吗	您好，如发生部分退款，且支付时使用了现金、红包、集分宝，则先退回现金，再退回集分宝，最后退回红包，并且红包可分拆退回，退回后红包在使用期内则有效，不在使用期内，则属于过期无法使用
退换货邮费该由谁承担	您好，商家包邮商品，发货运费需要卖家承担，退货邮费的承担以退货承诺设置为准

续表

问 题	参 考 回 答
如何申请维权	您好,交易进行中的退款维权:收到货物有质量问题,或是与描述不一致,或是付款后没有收到货,如果交易还在进行中,买家可以及时登录找到具体的交易,对于"退款/退货"操作,若无法与对方协商解决,自买家申请退款3天后即可申请客服介入,届时由客服帮助处理
退款需要什么凭证	(1) 聊天记录; (2) 快递运单拍照; (3) 你的运单查询记录
通过维权退回的货款怎么变成不可用余额了	您好,您发起未收到货或者售后保障服务维权,维权成功后,申请退回的钱款会从卖家账户转到您的账户中。若您之前的交易使用信用卡进行付款,钱款会变成不可用余额,后续退回到您的信用卡中
货到付款交易包邮吗	您好,货到付款交易是否包邮,取决于卖家发布的商品是否支持,如果商品页面显示"卖家承担邮费",那么您交给快递人员的代收款只需要货款+服务费(货到付款服务费介绍)
我买的商品发货后多久才能收到	您好!发货后一般情况下江、浙、沪、皖地区1~2天便可收到货,新疆、西藏、内蒙古4~7天到货,其他地区3天左右可收到货。如果亲们急用,建议发顺丰到付,如货发出较长时间没有收到货,可以联系在线客服查询催件!我们将竭诚为您服务
为什么客户服务人员不回复我	您好,由于销售期间咨询量比较大,每个客户服务人员可能同时有超过几十到上百个顾客咨询,因此会出现回复缓慢的现象,敬请谅解!强烈建议买家自助购物
产品为什么这么便宜,有质量保证吗	您好,此次活动完全是亏本赚人气,我们的每一批商品都是同一厂家同一货源,对质量严格把关,正品保证,与正价销售时的商品是一模一样的,所以您不必担心质量问题
商品都是实物拍摄吗?有色差吗	您好,我们保证所有的宝贝都是实物拍摄,我们已经尽量避免色差,颜色已经非常接近实物图,但是拍摄时由于灯光的原因,以及网购每台计算机的显示器不同导致颜色有所不同,可能会存在少许色差。色差不作为之后退换货的依据
我买的商品有发票吗?会怎样发送给我	您好,本店是提供正规发票的,若您有需要请您在拍下后,在备注里面写清楚您需要的抬头,我们会将发票与商品一同发出,如若当月发票用完,我们会在发货后补发发票,补发的发票我们会统一以挂号信的方式寄给您,并且由我们承担邮费
什么是有区间价格的商品	您好,有区间价格的商品是指在购买页面买家选择了不同规格或者尺码、颜色等信息后价格有变化的商品
购物车使用时提示"对不起,系统繁忙,请稍后再试!"怎么办啊	您好,如果购物车结算时页面报错"对不起,系统繁忙,请稍后再试",是因为购物车里的部分商品设置的运费模板有问题,建议您删除购物车中的宝贝,直接在购买页面购买,或者重新挑选加入,再结算
在购物车单击"结算"后收货地址怎么不能显示	您好,如果进入购物车单击"结算"后确认购买收货地址无法正常读取显示,可能是因网络繁忙导致,建议您按Ctrl+F5键强制刷新,稍后再作尝试,若您急于购买,可以选择不通过购物车,直接单击宝贝页面中的"立刻购买"
快递迟迟没有将货送到,怎么办	您好,请单击"我的淘宝"→"已买到的宝贝",查看相关商品的物流情况,到相应的快递公司网站输入快递单号进行查询。如果信息不对,请通过快递网站查找您所在地区的快递公司分部电话号码,告知单号,查询商品下落。如商品确实在运送途中出现了相关问题,请及时上线联系我们,协商解决

续表

问　　题	参　考　回　答
拍下后可以更改订单信息、收货地址等	请您在购买前仔细参考宝贝描述,拍下后一律按照所拍的订单信息、收货地址等发货。我们的库存有限,所有库存都为真实库存,为保证每份拍下的产品都能顺利发货,所以一律不接受拍后更改订单信息和收货地址的请求,请在拍之前填好订单信息以及正确的收货地址、联系方式,以避免不必要的麻烦
快递到底是先签字再检查,还是先检查再签字	您好,本店所使用的快递公司绝大部分属于淘宝推荐物流范围,按照规定,完全允许收件人先检查再签字。但由于快递公司的行业规范不统一,要求先签字再检查的情况也是普遍行为。如果是其他快递公司,可以先签字再检查,但是不能让快递员马上离开,一定要在快递员在场的情况下确认商品完好后再让其离开
订单取消后还能恢复吗	您好,订单一旦取消将无法恢复,请您慎重操作
账号里的优惠券怎么使用	(1) 选购商品后进入订单结算流程,在"订单信息确认"页面的"结算信息"版块单击"使用优惠券抵消部分总额"。 (2) 选择要使用的实体券或电子券,如果是实体券,在输入框内输入实体券上的密码单击"添加"即可。选择优惠券后,单击"提交订单"即可
我看到别家的产品比你家的产品要便宜许多,你能适当降价吗	您好,是这样的,每家店铺都有自己的进货渠道、销售手段、信誉保障、服务质量等,因此每家的产品定价策略也不一样。店主在定价前已经做过综合比较和周到的考虑了,非常抱歉对于降价问题我们无能为力,您可以在多方面比较后确认购买,我们会努力在保证货物质量的情况下尽量以合理的价格给您
在线支付订单需在提交成功后多长时间之内付款	您好,需要在 24 小时之内支付款项,如超时,系统将自动取消订单
如果我对收到的商品不满意,或者尺码不合适,可以退换吗	您好,我们的商品图片和说明都是真实可信的,如果您在收到商品 7 天之内因为个人原因不喜欢,在未洗涤和穿着、标牌齐全的情况下我们可以退货
关于均码商品的问题	您好,均码是指大部分人穿上去都能合适的尺码,不同款式的衣服尺寸不同,在购买时请仔细查看卖家宝贝描述
怎么查询店铺详细地址	尊敬的顾客,您在选购宝贝的时候可以看到对应宝贝的发货地是哪个省市,但我们为了保护卖家隐私,是不能也是无法向您提供卖家店铺的具体地址的,由此给您带来的不便,我们深表歉意,请您理解
如何使用红包	您好,在购物付款时,若符合红包的使用范围,系统会让您选择使用红包进行支付。您可以进入"我的支付宝"→"账户资产"→"红包"查看面额,然后再进行使用
我选择的商品有货吗?什么时候能发货	您好,您选择的商品在正常情况下都是有货的,订单在 16:00 前付款且在不缺货、没有恶劣天气的情况下当天 20:30 前即可全部发出,若不能当天发出,最长时间不会超过 72 小时

表中的答案并不是唯一的,商家不同、产品不同,答案自然不同。我们希望读者能够举一反三,掌握客户服务中与客户沟通的技巧,提升客户的体验。

第 5 章 网站可用性分析

【本章知识点】

什么样的网站是好的？从访问者的角度而言，什么样的网站最能让用户满意和达到网站的商业目的？本章就来探讨这些问题。

本章的主要内容如下：

(1) 网站可用性的内容；
(2) 影响网站可用性的因素；
(3) 提高网站可用性的策略与措施；
(4) 与可用性有关的技术问题；
(5) 与可用性有关的设计问题。

【引导案例】

你和家人打算利用假期去马尔代夫旅游，你需要找到一个行程安排满足需求且价格合理的线路产品。

当你登录到某个旅行社的网站时，是什么吸引你停下来仔细阅读主页上的信息呢？你能够很方便地找到你要的信息吗？

5.1 网站可用性概述

1. 可用性的内涵

可用性是关于某种东西是否容易使用的一种质量属性。更准确地说，它指人们能够多快学会使用一种东西，在使用它的时候效率如何，它的使用方法是否容易掌握，在使用时是否容易出错，以及用户是否喜欢使用它。可用性是所有网站设计过程中最重要的因素，它是吸引访问用户再次访问网站的驱动性因素。

【思考】 你所在的公司已经建立了网站。

(1) 访问者为什么登录你的网站？
(2) 想达到什么目的？
(3) 这些目的方便实现吗？

从企业的角度来说，建立网站往往要达到某些"商业目的"，这些商业目的如下：

(1) 树立品牌,增强品牌知名度;
(2) 增加现有营销方案;
(3) 销售产品和服务;
(4) 销售广告版位;
(5) 改善售后服务和支持;
(6) 购买产品和服务;
(7) 管理供应链;
(8) 进行拍卖,等等。

好的可用性能够在 Web 上支持你的商业目标,从而帮助公司赚到更多的钱。另外,可用性还能够给予人们更大的能力,使得人们能够更加轻松、愉悦地应对现代生活中无处不在的各种技术。

2. 网站可用性的现状和问题

现在,互联网上的网站越来越多,人们的日常工作和生活也越来越依赖网络,例如与合作伙伴沟通交流、采购、谈判、销售、售后服务等。但是,很多网站由于设计不当,会使访问者产生挫败感。下面这些现象是经常会遇到的:

(1) 主页上包含太多的图片、Flash 动画,使访问者不得不等待很长的时间才能看到主页上的全部内容。

(2) 网站上充满了大量密集的文字,使得访问者很难轻松地快速定位和提取有用的信息。

(3) 有些网站的字体模糊,很难辨认和阅读。

(4) 网站提供的媒体内容要求访问者必须安装最新版本的软件才能观看,使得访问者只能望洋兴叹。

(5) B2C、C2C 网站上关于产品的信息不全面、不清晰,有些网站用非常专业的术语来描述产品,让一般访问者无法理解,导致访问者难以下决心购买。

(6) 网站信息组织混乱,访问者无法快速、准确地找到所需信息。

(7) 网站上充斥了与网站主题不相关的内容。

(8) 网站上没有与访问者交流的渠道,访问者的意见和建议无法表达。

(9) 网站上的信息早已过时。

(10) 网站上提供的资讯与其他媒体提供的资讯不一致,让访问者迷惑。

……

3. 本章的内容

本章通过对影响网站可用性主要因素的分析,提出提高可用性的设计/技术策略。

界面的可用性设计是一门实践性很强的学问,其效果最终要经过实际用户的检验。因此,在本章内容中收集了大量用户的体验,特别是在教学过程中积累的学生的问卷调查和实验成果。

特别需要指出的是,随着网站开发技术的发展和网站应用的深入与成熟,一些现在是问题的问题可能在不久的将来不是问题,也会有一些新的问题不断出现。例如网页的下载速度问题,随着宽带网的发展,这个因素对可用性的影响会越来越小。因此,读者在阅读时也要"与时俱进"。

5.2 影响网站可用性的因素

对访问者来说,可用性是一个相对主观的使用体验。对于同一个网站,不同的访问者,由于其经验、知识、审美观、习惯等不同,得出的结论可能完全不同。

但是,总有一些普遍规律是可以测试到并需要注意的。根据对访问者的调查,下列因素会影响网站的可用性。

1. 信息导航的功能

对于任何类型的导航设计,最古老的可用性准则就是帮助用户认识到他们曾经去过哪些地方,他们现在在何处,他们可以去哪里。在导航的过程中,关键的因素是链接。那么怎样让用户清晰地知道自己去过哪里、哪些是有用的,以避免重复去一些没有意义的链接呢?一个策略就是改变访问过的链接的颜色。通过改变颜色,用户可以确切地知道自己已经去过哪里,现在在哪里,下一步要去哪里。

尤其是针对老年人的网站,这个因素就变得更为重要。

2. "后退"按钮的作用

"后退"按钮决定了是否允许访问者自由地在一个网站中搜索。

统计研究表明:"后退"按钮是 Web 浏览器中第二常用的功能。使用"后退"按钮的好处是总是按相同的方式工作——每次后退一步。人们不需要在整个网页中搜索要去的页面的链接,只需在页面被重新载入时扫一眼。

【小知识】 关于单击时间的 Fitts 定律。

单击屏幕上的元素所需的时间是由 Fitts 定律来决定的。该定律认为:使用指点设备到达一个目标的时间是和到达该目标的距离除以该目标的大小的商的对数成正比。

目标离得越远,单击它所花的时间就越多。不过,这条定律指出,时间仅仅按照距离对数的增长而增长,这意味着增长相当缓慢。这是因为当人们移向很远的目标时,他们会加快移动的速度。

Fitts 定律也指出:某个物体越大,单击它所需的时间就越少。这是因为用户不需要很精确地指到某个位置。因为"后退"按钮很大,所以单击它会很快。单击大目标的方便性正是我们推荐使用企业标志图案作为指向主页的链接的一个原因。

3. 弹出式窗口

当用户单击一个链接或按钮时,他们通常会期望一个新页面出现在最后一个页面的位置上。为了撤销所做的动作,他们会单击"后退"按钮。违背这些期望就会破坏他们的体验和在网络空间中的自由导航。

不幸的是,一些网站的设计人员总是在一个新的浏览窗口中显示新的内容,而不是重用当前的窗口。有些时候,这是一些小的弹出式窗口,这种现象非常令人厌烦。

4．像广告的设计元素

Web用户是以目标为导向的，他们只寻找那些自己关心的信息，而忽略别人强加于他的一切。

5．是否遵守规范化的设计惯例

当网站使用与用户期望的方式工作时，用户会感到非常迷惑，而当用户由于网站做了他们期望的事情而能够立刻理解它时，用户会非常愉悦。

【小知识】 关于互联网的Jacob定律。

用户把他们大部分的时间都花在了你的网站之外的网站上，即使你的网站是Web上最大、最引人注目的网站，他们到其他网站的累计访问量也会大大超过对你的网站的访问。

这意味着用户是通过他们在其他网站上的经历来调整对你的网站的期望的。如果用户已经习惯了一些流行的设计标准和惯例，他们也会期望在你的网站上遇到这些。

6．是否有浮夸的内容及空洞的夸大宣传

网站运营者在网页上花费的时间很少，对网站上的产品/服务描述得越华丽，信息的可信度越低，用户就越容易离开而到其他网站。

因此应当用最通俗、简单的语言向用户描述你的产品/服务给用户带来的好处，而不是看似夸张的各种功能。

7．密集的内容和无法扫描的文字

一个充满密密麻麻的文字的网页会让用户感到沮丧：他不得不花费大量的时间从这些文字中找到所需要的信息。有人把这些文字比喻成乌龟坚硬的外壳，很多"掠食者"会放过这个行动迟缓的家伙，因为根本不值得花费时间和力气来"打开"它的"外壳"以便吃到"肉"。Web用户也经常会认为没有必要花费那么多的时间到密集的文字中寻找信息。

政府网站在该方面的表现更为突出。

8．太多的Flash动画

大段的Flash动画会让用户坐在计算机前无所事事，并感到无聊透顶，唯一能做的就是赶快离开。

网站的设计者往往是编程技术的高手，他们喜欢玩一些故弄玄虚的技巧，让网页看起来与众不同。但用户并不买账，他们只关心那些自己最想要的信息。

另外，过多的Flash动画会让网站的访问速度大大降低，使用户失去耐心。

9．搜索结果的相关度太低

搜索是网站上最常用的查找信息的方式。用户给出关键字后会得到相关信息的一个列表，这些信息应该是高度相关的。现在的问题是很多网站返回了非常无关的结果。

10．多媒体和较长的视频

视频是直观、形象地表现信息的一种手段。在"伊利"集团的网站上，用一段内蒙古大草

原"风吹草低见牛羊"的视频来展示奶源的天然、纯净、健康、绿色和环保,是非常不错的选择。但如果视频太长,会让用户失去耐心。一般来说,视频的长度不能多于 1 分钟。

11. 固定的布局

"固定的布局"是指网页上面的信息的宽度是固定的,不能随着显示它的窗口大小的变化而变化。这样的结果可能是一部分信息被截断,只能用水平滚动条才能看得见。

经验表明:用户不习惯使用水平滚动条去查看信息,他们更愿意使用垂直滚动条来查看信息。

12. 平台之间的不兼容性

目前人们使用的主流浏览器是 Microsoft 的 IE,但也有一些其他的浏览器产品,例如 Google、360 公司提供的浏览器产品。人们也可以通过手机上网。

13. 过时的内容

很显然,如果网站缺乏维护,就会在网站上出现过时的信息。

14. 网站内部的不一致性

对于大公司来说,可能会有很多子公司(子部门),他们的网站都是单独设计的,完全没有考虑网页之间信息的关联性,设计风格也完全不同,根本看不出他们属于一个公司。

15. 过早地要求用户提供个人信息

【小常识】聚会上的尴尬。

你去参加一个聚会,一个素不相识的人过来问你的职业、电话号码、私人住址、生日等信息,你的第一感觉是什么?你会痛快地给他吗?

如果网站过早地问一些不礼貌的问题,用户会拒绝回答并离开。

最好的策略是先跟用户建立联系,随着关系的深入,让用户一点一点提供信息。

你去京东(www.JD.com)上购物,只有当你要购买商品并提交订单时,网站才会让你提供联系人的姓名、电话、送货地址。

16. 孤立页面

孤立页面是指那些没有任何指向其他内容的链接页面。如果网站上存在这样的页面,用户就无法达到他要去的任何地方。

5.3 提高网站可用性的策略

针对 5.2 节中分析的影响网站可用性的因素,建议在设计、使用网站时采取下列策略。

1. 尽量避免大量使用 Flash 动画

只在必要时使用简短的 Flash,达到锦上添花的效果。

2．网站设计要美观、大方

专业网站的设计有一些共同点，它们都有一个象征信誉的 logo 和易用的布局。它们的配色方案令人感觉舒服，广告词注重收益、精确无误，而且与目标受众密切相关；能够吸引用户的相关图片；易于更新的特别标记；所有这些内容又都包含在一个直观、用户友好的导航结构中。

3．重点突出

每位访问用户都意味着是一位潜在客户，用户进入你的网站就是为了寻找信息，而只有找到他所需的信息才会停留在你的站点上，所以在站点首页上应该仅安排一些相关的信息才能吸引你的最终用户。网络日志是得知访问用户用哪些关键词找到你的网站，因何目的访问你的网站的最佳途径。

有的网站会毫无章法地安排大量的内容，由于没有明确的线索次序经常导致浏览用户无法确定其中心内容。因此，好的网站在短时间内就应该让用户了解其大致内容。网站设计者可以在首页上给出最相关的资料，通过合理的安排做到这一点；也可以利用一些具有代表意义的链接（如"关于我们""关于该网站"等）对网站内容进一步分类。

4．明确、清晰的导航

这一点对于任何一个网站而言都极其重要。访问用户可以根据每个页面上的导航链接轻松地进入其他所有页面，从而有效地节省了用户的查询时间。此外，它还有助于搜索引擎的遍历程序快速抓取并缓存网页。这些链接可放置在所有网页的底部位置上。

站点地图是网站质量上乘的一个标志。站点地图页上列出了站内所有链接（或主要链接），它就像整个网站的骨架。而且由于网站地图能够简单明了地体现整个网站的整体内容，因此也增加了网站的易浏览性。

5．确保网站保持良好的下载速度

保证站内所有链接可以在短时内完全下载完毕。网站访问用户一般在几秒钟内就会做出决定，他不会花费更多的时间单击"后退"按钮或输入其他网址进入其他相关网页，所以一定要确保网站的下载快捷、迅速。

以下是可能引起下载缓慢的几种因素：

（1）使用了体积较大的图片、Java 插件、Flash 程序或横幅广告；

（2）不恰当地使用表格，比如将整个网页制作在一个表格内；

（3）单个网页上的发布内容过多（超过 50KB）；

（4）使用免费的或劣等服务器导致数据传输缓慢；

（5）使用了错误的或垃圾 HTML 代码。

6．使用基于可信性的设计

你的站点能否被访问者信任只是一瞬间的事。设计专业化的网站会给访问者留下快速、无错误、有吸引力并且可信任的第一印象。那么什么是基于可信性的设计？有下面几个要点：

1）快速

访问者会在瞬间对你的网站做出判断，因此网站的速度必须要快。有些网站使用大量繁复的图形、图片、动画，使网页的显示速度非常慢，结果是许多访问者在加载这些内容之前就离开了。所以应避免使用繁复的图形、图像元素。经验表明：多于 4 秒的页面显示时间将不利于网站的可信性。

2）没有错误

你的站点必须风格没有错误、编码没有错误、设计没有错误、事实性没有错误，且没有冗余和未完成的内容，否则这些错误会明显降低访问者感受到的网站质量。

3）有吸引力

如果一个公司在网站的专业化和 logo 设计上多花心思，顾客会认为这个公司是值得信任的。

7. 在最好的位置放最好的内容

网页的布局对可用性有显著的影响。用户首先看的是网页的左上角，接着向右浏览，然后是左边，最后会停在网页的中间，在这里应该放最重要的内容。

8. 使用交互元素来吸引用户

交互的网站组件能立刻激发访问者的兴趣并吸引消费者。不同形式的交互，例如论坛、反馈表、搜索工具，能够明显改善网站的可用性和用户满意度。你可以使用这些技术实时地鼓励网站的访问者并让他们采取行动。

9. 改善网站导航栏的图标样式

网站导航栏是制约网站可用性的重要因素之一。在导航栏设计合理、简洁的同时，栏目图标使用独特的 XP 风格可有效地增加网站的吸引力。许多商业网站提供了 XP 图标工具，例如 "http://www.icongalore.com" "http://icongparm.com" 等。

10. 加强网站内容的可读性

可读性差的网站很容易让用户失去访问的兴趣，当然就会大大减少用户在网站上浏览的时间。可读性差是由于字号较小、颜色搭配单一、句子冗繁、背景图片重复及不恰当的标题所致。

改善网站内容可读性的建议如下：

（1）使用合适的字号，建议使用 10～12 字号的字体，以保证阅读顺利；

（2）使用恰当的字体并保证整个网页使用一致的字体类型，Verdana 和 Arial 字体比较适合在线阅读；

（3）避免使用长句，尽量将长句缩短或分成几句话表达意思；

（4）避免使用静态的重复的图片作为背景图片；

（5）使用恰当的网页标题，合理安排链接；

（6）保持网页内容融会贯通，并保证要点清晰、突出；

(7) 避免夸大其词,保持网页内容的客观性。

所写的文章必须围绕一个主题,这可以方便访问者快速获取主旨信息和中心思想。这里举个例子,看下面这段文章:

"在今天的市场中,许多人趋向于投放铺天盖地的广告,他们声情并茂地吹嘘道:他们的大多数网站将会给访问者带来商业收益。这导致访问者产生了"网站语言恐惧症",他们将毫不犹豫地单击'返回'按钮甚至立马离开该站点。"

可不可以把上面这段文章的陈述方式改一改呢?

"今天,越来越多的访问者对铺天盖地的市场广告感到恐惧,因此,直接导致的结果是他们将彻底告别这个站点。"

看看上面这段叙述,是不是既表达了与前一段文章相同的意思又提升了浏览速度呢?那么,你是否也可以看看自己首页上的长篇大论呢?好好想想如何把这些文章改得精简、得体,以便于访问者阅读。这里告诉你一个可行的办法,就是尽量把一段文章用3~4行叙述完整,然后另起一行写下面的一段。

11. 在正式发布之前对网站进行全面测试

在上传网站内容之前先对网站做全面测试非常重要。在测试过程中有必要认真收集网站下载时间、导航、网页可用性、网页内容、浏览器兼容性等数据。

(1) 在各种浏览器中测试网站下载性能;
(2) 测试网站的所有链接是否可用;
(3) 测试所有可能的错误;
(4) 测试拼写错误及语法错误;
(5) 测试网站下载时间。

12. 定期检测网站服务器日志数据

服务器日志数据应该是改善网站可用性的最佳信息源。网络日志可提供访问用户进入网站所用的关键词、网站无法访问时间、访问量最多的网页、退出页面等数据信息,通过分析网络日志数据可以找出特定访问用户浏览的页面,以及退出网页浏览的准确时间等。这些分析结果有助于网站优化其中最受欢迎的页面,关注到最常用的退出页面。因此,保证每天检测一遍服务器日志非常重要。

国际杂志表明:人们在线的阅读习惯和平时的阅读习惯是完全不一样的。这句话对你的网站可用性来说意味着什么呢?为什么我们需要注意这个方面?访问者通常是在非常随意的状态下快速浏览你的站点的,他们急于获取真实的、实用并且有价值的信息,那么你能承诺满足他们这一点吗?

如果他们不能及时地获取所需信息,那么他们将离开你的网站。这意味着你的网站已经失去了卖点,访问者将不会再参与你的网站所组织的任何活动。

13. 便于快速浏览的文本

网络用户一般不会在线精读文本内容,他们通常是快速浏览,因此应该尽量使用简短、醒目的文本。举个例子来说,可以通过超链接的形式将重要的信息从页面中分离出来,这样做会使这段重要信息显得非常醒目。

将一个段落以重点列表的形式表示也是一种非常可行的方法,可以在你的重点词组前方加一个起强调作用的圆点。看下面的文章:

"你将学会如何建站,如何设计网页以加快它的下载速度,如何选取恰当的颜色,如何改进网站的导航系统,从而方便用户访问。"

看能不能把上面的文章换个写法,具体如下。

你将学会下面的知识:
- 如何建站;
- 如何设计网页,以加快它的下载速度;
- 如何选取恰当的颜色;
- 如何改进网站的导航系统,从而方便用户访问。

另外还有一点,要学会在页面中使用副标题。

当浏览网页时需要将重点挑选出来,并将它们写在标题标签内。"标题 2"和"标题 3"的效果最好,"标题 1"的效果也相当不错。这样做可以将整个页面的信息分出层次,以帮助阅读者在简单浏览页面之后快速地获取所需信息。

14. 必须要客观公正

大多数网站都是以"自我"为导向的。换句话说,你的网站是为你牟利的;你希望你的访问者能够在你的站点上消费。那么,为了实现上述目的,你应该做些什么呢?

难道是即使用户不再对你的产品或服务感兴趣了,也要强迫他们停留在你的网站上吗?如果按照上述做法,带来的后果仅仅是破坏你自己的声誉;并且当访问者离开你的网站时,他们会感到非常气愤。

这里提到的"客观公正"指的是在你的网站上放与你网站内容相关的链接,让访问者做出自由选择,是继续留在你的网站上,还是去其他站点上寻找信息。这对于网站的所有者来说并不是一件坏事,因为你可以为访问者指明确切的方向。然而,在其他商业网站上放一大堆关于你的网站的推介信息并不是明智之举。最好的结果是你为访问者提供免费的信息,而你自己也可以从网站中获取收益。

上述方式将体现网站的客观公正性,并且可以给访问者提供能够同时使用的具有价值的信息。

5.4 与可用性有关的技术/设计问题

提高网站可用性,在设计网站阶段就要考虑,并贯穿整个网站的运营中。

1. 站内搜索引擎

搜索是 Web 用户体验中很突出的一部分。搜索功能对于那些确切知道他们想要什么并且能够快速地想出一个搜索查询词语的人来说尤其有帮助。但是,提供好的链接分类将会鼓励人们探索你的网站并发现他们可以得到什么,尤其是他们仅仅是在浏览,或不知道在搜索输入框中输入什么的时候。网站同时支持这两种行为对于吸引广泛的用户是很重要的。

那么如何判断你的网站是否需要搜索引擎,需要什么样的搜索引擎呢?

一个粗略的方法是根据网站所包含的页面数来决定。如果网站页面数小于100,就可以不需要搜索引擎;如果网站页面数为100~1000,需要一个简单的搜索引擎;如果在1000个页面以上,则需要好好设计一个搜索引擎。

另一种评估方法是根据产品列表、新闻发布、其他重要内容分类的长短。如果这些列表都很短,用户可以很容易地在一个页面上扫描它们,很可能不需要搜索引擎。但如果你的分类非常多,有太多的列表需要扫描,有可能使用户迷失,最好需要一个搜索引擎。

改进搜索引擎的方法如下:

(1) 购买好的搜索软件;

(2) 设计搜索界面和搜索结果界面。

注意,应当保持网站上搜索界面的简洁,如图5-1所示。

图 5-1　搜索界面的简洁

(3) 改进网站上的页面,以使它们能够更好地和搜索软件一起工作。

在书写页面标题时,要使用户能够在搜索结果页面上对其进行扫描。在书写对页面内容进行简要描述的摘要时,要使这个摘要能够帮助用户决定该单击哪个条目。

2. 导航和信息体系结构

一个结构良好的网站会在用户需要的时候给他们提供想要的东西。通常,导航和菜单、类别名称、链接、信息体系结构(即信息空间是如何组织的)4个方面的因素决定了只通过单击链接而不是直接搜索的方法找到所需信息的难易程度。

(1) 将网站的体系结构与用户的期望相匹配:在结构良好的网站上,用户可以自由地移动并关注他们的任务,他们不必为不了解网站的结构而担忧。在这种设计中,标签文字、页面布局以及各个页面之间的关系都被清晰地展示出来。一个恰当的信息结构能让人们放心地搜索，同时对自己能容易地回到先前看过的页面很有信心。好的导航设计会向人们展示他们现在在哪里，信息在哪里，以及如何以一种有条理的方法得到他们所需要的信息。

那么，如何组织网站的信息结构呢？基本原则就是为客户的便利而设计。因为企业组织信息的方式和用户看待它的方式可能很不相同。例如，你正在准备为旅行买一个手电筒，那么你在寻找信息时要根据你所关心的手电筒的属性（例如尺寸大小），而不是品牌。

用户期望能够用对他们有意义的方式来组织信息。

（2）保持导航的一致性：好的导航可以让人们预见每一步操作的结果，并且会让人们在浏览网站时感到放心。用户不必学习或记忆网站，因为网站的导航结构反映的恰好就是他们头脑中所具有的关于信息应当如何在 Web 空间中表示的现象。好的导航结构使得一切内容井然有序，不会出现信息所在位置不确定的现象。

【不一致的导航】

不同页面的导航位置不同，导航分类不同，"后退"按钮不起作用，没有回到前一页的有效方法。

（3）链接和标签的名字应当明确。

（4）应当确保用户能够很容易地理解你的导航标签。当人们处于导航模式时，通常会忽略大块的内容，而仅仅关注链接，以便对网站的意图有一个了解。所以，应当尽可能将链接的名字做得简短、明确。

（5）从主页直接访问。

当然，最好的方法是从主页上直接链接到你感兴趣的网页，但主页上太多的链接会破坏其原来的目的，应当把直接链接留给最重要的用户任务。

3．字体和颜色设计

在网页上使用何种字体和颜色，这个问题看似简单，但却是影响网站形象的一个非常重要的因素。如果访问者不能很方便地辨认和阅读网页上的文字，注定是要失败的。

字体和颜色设计一般遵循以下原则：

（1）使用至少 10 号的常用字体；

（2）避免杂乱的背景；

（3）要尽量少地使用移动的文字、全部大写的文字以及图形文字；

（4）文字与背景色的对比度要足够大；

（5）避免使用过多的字体和颜色；

（6）不同网页的配色风格要一致；

（7）考虑具有特殊需求的访问者（例如色盲者）。

4．网站上的文字写作

人们访问 Web 是因为它有用，而不仅仅是为了视觉享受。在更多的时候，人们上网是为了得到所需要的信息。Web 用户是以目标为导向的，他们想要达到目的地，找到他们正在找的有趣或有用的信息，然后继续。所以，提供清晰、可靠的内容是吸引和留住访问者的方法。同时，能够高效和直观地访问所需要的信息是实现满意度的一个重要指标。

网站上的文字写作要注意以下几点：

(1) 理解 Web 用户是怎样阅读的；

(2) 为你的读者而写作；

(3) 用简短的语言；

(4) 避免用浮夸的语言；

(5) 总结要点，保留精华；

(6) 对文字进行排版，以提高可读性。

- 突出显示关键字。
- 简练且具有描述性的标题。
- 用圆点加以修饰的列表和标有标号的步骤。
- 短小的段落。
- 确保在开始的两行中提到页面上最重要的问题。

5．提供清晰、丰富的产品信息

很多提供网上销售的网站，往往因为访问者无法得到详细的、能够据以做出购买判断的产品信息而放弃购买。为了在网上销售或营销产品，必须向人们提供他们需要做出自信购买决定的信息。下面是在提供产品信息时要注意的几点：

(1) 提供产品的价格；

(2) 对产品清晰、客观地描述；

(3) 支持比较购物。

图 5-2 所示为京东商城单反相机销售网页。

图 5-2　京东商城(JD.com)单反相机销售网页

注意，每个产品的图片下都清楚地标明了价格、指标参数、对比。选中要参与对比的产品（图 5-3），按下"对比"按钮，就会出现如图 5-4 所示的对比窗口。

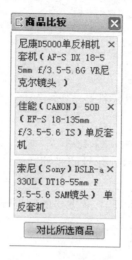

图 5-3 选中对比商品

图 5-4 对比窗口

（4）用高质量的内容来支持销售。

6. 工作流程的规范化

当用户第一次登录到一个提供很多功能的网站时,可能会面临不知如何操作的尴尬。这就需要网站设计者提供一定的引导和提示,让用户一步一步完成他们期望的业务流程,而不是一次提供太多的选择让用户手足无措。

可以提供一个结构化的流程图,让用户了解操作的每一个步骤。

图 5-5 所示为招商银行的网上银行业务,为了指导用户使用网上银行申购开放式基金,提供了"申购办法"的引导。

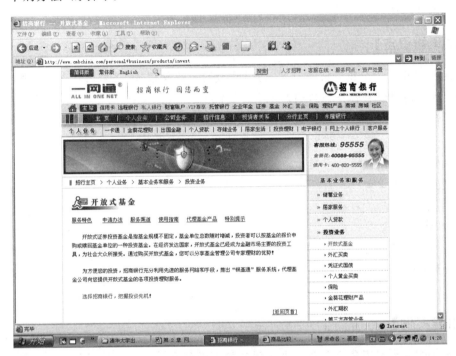

图 5-5　招商银行的网上银行页面

【本章小结】

本章从网站使用者的角度分析了影响网站可用性的一些因素,这些因素在网站设计阶段就要充分考虑,并随着网站的运营不断完善。值得注意的是,不同类型的网站,这些因素的影响是不同的,需要运营者根据网站定位和访问者的特征来决定。

【本章习题】

(1) 解释网站可用性的含义。

(2) 影响网站可用性的主要因素有哪些?

(3) 以政府网站为例,分析影响政府网站可用性的主要因素,并说明在设计、运营时要注意什么。

(4) 以京东商城为例,分析提高购物型网站的可用性的手段。

第6章 网站评价

【本章知识点】

企业网站建成并上线运行一段时间后,作为网站的管理者,必须回答下列问题:
(1) 网站的建设目标是否达到?
(2) 哪些目标还存在问题?这些问题的原因是什么?
(3) 网站的访问者都是谁?他们登录网站的目的是什么?
(4) 网站的访问者是否满意?
(5) 网站的流量如何?
(6) 存在哪些急待解决的问题?
(7) 如何解决这些问题?

对网站进行正确、客观的评价是网站管理者不断改进和完善网站的基础。那么,评价一个网站好/坏的标准是什么?评价的步骤、内容有哪些?这些问题就是本章将要讨论的问题。

【引导案例】

北京某著名大型零售企业是一个月销售额上亿的百货公司。早在2002年,他们就上线了自己的网上商城,从事网上销售。十几年过去了,他们的网站一直惨淡经营,每月仅有七八千元的销售额。公司管理层和网站运营者都非常困惑:我们的网站为什么没有访问量?问题出在哪里?网站还要继续维持下去吗?

6.1 网站评价概述

电子商务网站评价是指根据一定的评价方法和评价内容与指标对电子商务网站的运行状况和工作质量进行评价。作为电子商务市场发展和完善的重要推动力量,电子商务网站评价不仅使自身得到快速发展,并且通过评价活动促进电子商务网站的整体水平和质量的提高,监督和促进电子商务网站经营规范和完善,从而推动电子商务的健康发展。

通过网站评价,网站经营者可以更加客观、全面地了解网站实际运行的效果以及客户的满意程度,认识自己网站的地位、优势和不足,作为网站维护、更新及进一步开发、完善的依据。参加网站评比对扩大网站知名度具有无法替代的特殊价值,主要表现在以下几个方面。

（1）扩大知名度：客观、公正的评价结果往往会得到多种媒体的转载，产生良好的新闻效应，对扩大网站知名度比常规推广手段具有更为明显的效果。

（2）吸引新用户：互联网新用户几乎是每半年增加一倍，对于许多新用户来说，可能并不十分了解现有网站的状况，因此网站的综合评价结果具有重要的指导意义，新上网者可能首先成为知名网站的用户。

（3）增加保持力和忠诚度：优秀的网站大多具有相似的特征，例如良好的顾客服务、有价值的网站内容、生机勃勃的商业模式。在同等条件下，顾客显然对榜上有名的网站拥有更高的忠诚度。优秀的网站同时也意味着更多的承诺和顾客的信任。

（4）了解行业竞争状况：尤其是对于比较购物模式的网站评比，通过网站评比和排名可以很清楚地了解本行业竞争对手的整体状况和各项指标的排名，从而认识自己网站的优势和不足，以便于改进。

（5）促使网站更加重视客户的满意度：由于电子商务重视客户关系，以"顾客为中心"，电子商务网站的评价指标体现出客户服务的重要性。因此评比网站根据多种因素按"服务质量"的差别对网站进行排名，这样有利于促进商家从总体顾客满意入手改进经营模式，而不仅仅是价格竞争。网站评比对扩大网站知名度的效果早已被各大网站所认可，而且逐渐成为一种常用的网站推广手段。

6.1.1 网站评价的主体

根据目前电子商务网站评价的实践看，电子商务网站评价有多种类型，即根据不同的分类标准划分为不同的类型。由于参与电子商务网站评价的主体一般是顾客（消费者）、相关的专家、网站管理和技术人员，因此根据网站评价的主体不同，可划分为消费者评价、专家评价、网站自身评价。根据被评价网站的性质不同，可划分为商业性网站评价和非商业性网站评价。根据网站评价的方法不同，可划分为网站流量指标评价、专家评价、问卷调查评价和综合评价。根据被评价网站的行业范围不同，可划分为综合性网站评价和专业性网站评价。其中，专业性网站评价按行业又可划分为各个不同行业网站的评价。

（1）行业性组织的测评机构：行业性组织的测评机构在我国又称为官方的测评机构，例如中国互联网络信息中心（CNNIC）。该中心是成立于1997年6月3日的非营利管理与服务机构。从1997年开始，CNNIC每年组织两次"中国互联网络发展状况统计调查"，并分别发布了有关的调查报告。CNNIC主要采用网上调查问卷的方式，并在调查报告的末尾有一个基于用户调查推荐形成的分门别类的"十佳优秀站点"。

（2）商业性的专业评比网站：比较著名的商业性评比网站有美国的Gomez和BizRate。BizRate.com公司成立于1996年，号称是第一网上购物门户网站。它采用"在线调查法"收集对电子商务网站进行评比的资料，即BizRate所有的资料全部来自对真实顾客的在线调查。通过向数以百万计的网上购物者收集直接的反馈信息对近4000家网上商店进行评分，由此得出的评比结果可以被认为是顾客满意度的标准。

Gomez是一个为电子商务用户以及电子商务企业提供基于因特网服务质量评测的机构，即Gomez综合业界专家意见，通过全面、广泛客观的因特网评价法，高质量的社区评比，以及在线企业的评论，为网络用户和电子商务企业提供用户经验评测、电子商务基准测试和用户导购等服务，以帮助企业建立成功的电子商务和指导网络用户进行在线交易。Gomez

的企业目标是成为业界第一的提供电子商务决策支持和在线用户经验评测的企业。

（3）各类咨询调查公司以及有关的媒体：著名的研究咨询公司 ForresterResearch（www.forrester.com）在电子商务的大潮中也曾进入电子商务网站评比领域，并通过自己的努力为电子商务网站评价做出了突出的贡献。Forrester 是用在线消费者调查、站点表现的统计数据以及公正的专家分析相结合的"强力评比法"（ForresterPowerRankings）对某个站点进行评价，为消费者提供全面、客观的评价结果，帮助消费者更好地做出在线消费的决策，同时也能给电子商务企业的经营努力做一个公正的评价。

（4）民间品网：所谓"民间品网"是指国内非官方的、非营利性质的评比网站。与CNNIC 互联网调查报告是为国家和有关部门提供政策性咨询的目标不同，品网网站的服务对象是广大的网友，其目的是向网友们推荐可看、耐看、好看的站点。考虑到一些"重量级"的站点在网友当中是人尽皆知的，因此其品评的对象主要是一些个人站点，尤其是一些比较优秀但同时又不太为众人所知的个人站点。国内比较有名的"品网"有梦想热讯品网（http://pick2net.yesite.com）、网星品网（http://www.picknet1.rg）等。国内的"品网"严格来说还只是比较电子商务的雏形。原因有二，一是它们的评比对象主要是一些优秀的个人站点而较少涉及电子商务网站；二是它们的评比标准侧重于网站技术方面的因素，没有充分考虑到顾客。

6.1.2 网站评价的方法

电子商务网站评价所采用的方法很多，从评价所需数据资料的获取方法来看，目前通用的方法有以下几种。

（1）网站流量指标统计：网站流量指标统计是通过特定的软件统计、分析网站的浏览量。国际上著名的咨询调查机构如 MediaMetrix 公司（www.mediametrix.com）、ACNielsen 媒体研究所（www.netratings.com）等采用独立用户访问量指标来确定网站流量，并据此定期发布网站排名。国内有一定影响力的网站访问量统计机构如中国互联网络信息中心（CNNIC）的第三方网站流量认证系统（http://www.cnnic.net.cn）、网易中文网站排行榜（http://best.netease.com）也是用网站流量指标排名方法。网站的排名一般有周排名、每月排名，也有昨天最新排名。国际上对独立用户通用的定义是在一定统计周期内（一个月或一个星期），对于一个用户来说，访问一个网站一次或多次都按一个用户数计算。

（2）专家评价：专家评价法是一种采用规定程序对专家进行调查，依靠专家的知识和经验，由专家通过综合分析研究对问题作出判断、评估的一种方法。专家评价法有集思广益的优点，可以对各被选网站进行综合评价，但其局限性也十分明显，例如，专家团人数有限，代表性不够全面；难以避免部分专家的倾向性；个别权威人物或言辞影响力较大的专家可能左右讨论结果；有些专家出于情面因素，即使不同意他人观点，也不便于当面提出，从而影响整个评价结果的公正性。

（3）问卷调查：问卷调查是一种常用的调查方式，通常有抽样调查和在线调查等形式。中国互联网络信息中心历次中国十大网站的评比结果都是基于在线问卷调查的方式。这种形式的主要弊端在于有人为作弊的可能，为剔除无效问卷要花费较多人力。但是，由于问卷调查结果的可信水平与问卷的设计、抽样方法、样本数量、样本分布、系统误差、调查费用等多种因素有关，问卷调查的结果也只能在一定程度上反映出网站在人们心目中的"形象"。

对于任何一家评比网站来说,建立科学的评价标准并保持自身的公正形象至关重要。但是,无论是在线调查还是专家评价,都摆脱不了主观因素的影响,因为各人的经历、偏好有所不同,对每种标准的判断就会有差异。所以,无论是定量分析还是定性描述,各种评比方法都存在一定的缺陷。

(4)综合评价方法:鉴于以上各种网站评价方法都有一定的局限性,电子商务网站评价需要一种综合性的评价方法,即动态监测、市场调查、专家评估为一体的综合评价模式,这需要有科学的分析评价方法,全面、公平、客观的评价体系,权威、公正的专家团体,也需要有科学、合理并有足够样本量的固定样本作为基础。在这种评价方法中,首先是建立加权的综合评价指标体系;然后通过技术测量、专家调查、用户调查等方法收集数据,并建立监测数据库、调查数据库等;再采用定性与定量方法、比较分析方法、模型分析方法等对数据库存及其相关资源进行挖掘和分析。

6.1.3 国内外网站评价研究概况

1. 国内学者对网站评价指标的研究

国内学者对网站评价指标的研究多集中在网站信息资源、网站设计和网站操作性3个方面。

2. 国外学者对网站评价指标的研究

国外学者对网站评价指标的研究主要集中在信息内容、网站设计和信息的获取方式3个方面,这与国内学者对网站评价指标体系的研究情况相似。

例如 Joan Ormondroyd 等人认为对网站信息资源的评价指标可以借鉴印刷型资料的评价标准,并由此提出两类评价指标——基本评价指标和内容评价指标。

又如,JimKapoun 对网站信息资源提出5项评价指标,即准确性、客观性、权威性、时效性以及覆盖面,这和 Joan Ormondroyd 等人的研究中所提出的内容评价体系相似。

再如,Judith Edwards 按重要程度提出网站评价的3项指标,一是可获取性,主要指为获取信息提供的网站内部环境建设状况,如网站打开时间和下载速度等;二是质量,主要指网站资源来源的性质、准确性和客观性等方面;三是易用性,指在获取信息过程中具体操作的简易程度,如网站的易浏览性与可检索性,以及网页设计的特色等方面。

美国南加州大学教授 Robert Harris 则提出了8项指标来评价信息资源:①有无质量控制的证据(即信息的权威性);②读者对象和目的;③时间性、合理性;④有无令人怀疑的迹象(如不实之词、观点矛盾等);⑤客观性;⑥作者的观点是受到控制还是得到自由表达;⑦世界观;⑧引证或书目等。其中主要涉及对网站信息内容的评价。

David Stoker 和 Alison Cooke 也提出8项网络信息资源评价指标:①权威性;②信息来源;③范围和论述(包括目的、学科范围、读者对象、修订方法、时效性及准确性等);④文本格式;⑤信息组织方式;⑥技术因素;⑦价格和获取性;⑧用户支持系统。这8项评价指标比 Robert Harris 教授提出的评价指标的涉及面更广,不仅包括信息内容的评价、信息获取方式的评价,还包括网站技术性的评价。

综上所述,目前国内外学者提出的网站评价指标主要包括信息内容、网站设计和信息获取方式(可操作性)3个方面。笔者认为,其中的信息获取方式(可操作性)说到底属于网站设计问题。实际上,这里所说的网站评价指标主要包括信息内容、网站设计两大指标。

6.2 企业网站评价准则

那么,用什么样的指标去衡量一个网站的好坏呢?

6.2.1 内容质量第一的原则

网站形式是为网站内容服务的,建立网站的目的是为使网站用户获得优质信息资源,有利于社会、个人的健康发展和文明进步。因此,在设定网站评价指标体系时,指标权重应该向内容质量倾斜,体现内容质量第一的原则。如果一个社会科学类网站,它的网站形式设计都很好,但内容却是非常不健康,例如垃圾信息成堆、"黄、赌、毒"泛滥,结果将不堪设想。

6.2.2 指标全面合理的原则

首先,网站评价指标构建的内容要全面,既包括网站设计、信息资源,又要体现网站管理是否到位,因为只有全面的指标才能构成有机的整体。其次,设定的指标体系要体现网站本身的特点,评价指标既能简化那些反映复杂现象的信息,又能反映系统的个别特征。再者,指标体系应有层次结构,指标选择与层次划分要符合逻辑,每个指标应有明确的含义和目标导向,各指标之间应互相联系、互为补充。

(1) 企业网站评价的动态性:由于企业网站本身是一个动态交互的信息平台,因此其评价体系应当从动态角度出发。

(2) 企业网站评价的差异性:由于不同行业、不同企业、不同发展阶段,其评价标准是不同的,因此在具体的评价过程中应当视具体情况具体分析。

(3) 企业网站评价的整体性:由于企业网站本身的原因,决定了在评价标准中既有可以量化的标准,又有不可量化的标准,因此在评价中应当遵从整体性的原则。

6.3 企业网站评价的指标体系

6.3.1 整体评价

1. 域名和URL

域名是Internet上的一个服务器或一个网络系统的名字,在Internet上没有同样的域名,因此域名具有唯一性。域名是由26个英文字母和10个阿拉伯数字以及横杠"—"(减号)组成的。URL(Universal Resource Locator)是通用资源定位器。一个恰当、精炼的域名对于网站的发展是十分重要的。同时,独立域名是一项十分重要的指标。

2. 链接有效性

在企业网站中,链接有效性占有极其重要的地位。无效链接会直接影响用户对网站本身的信任度。在指标评价过程中,链接的完备性也是一项十分重要的指标。

3. 下载时间

调查显示,一个网页的打开时间若超过 20 秒会引起浏览者的厌恶感。在实际的评价中,网页的加载速度应当以拨号方式进行测评;同时,为了简化评价复杂程度,在实测过程中仅考虑首页的下载时间。

4. 网站认证

作为一个合法的企业网站,不仅应当提供工商认证,还要提供 CA 认证。对于某些特定行业,还应该提供各种相应认证。

5. 符合网络伦理

所谓网络伦理,是 Internet 上一种特有的商业道德,即充分尊重用户的个人意愿和个人隐私,对用户不能有任何的强迫行为。例如不首先发送商业信息,不进行不经过授权的修改,不公布访问者的个人资料和信息,或对用户访问提出要求和条件。

6. 联系方式

在首页和网站的各个链接上需要十分详尽的联系方式,不仅要提供电子邮件、电话、传真,还要提供公司地址、邮编以及联系人姓名。

7. 更新

网站提供内容和页面设计不断更新,以提高网站的信任度。更为重要的是,最好注明网站最后一次更新的时间。

6.3.2 网站设计

1. 风格与布局

网站内的所有页面应当遵从统一的风格,包括统一色彩、统一主题、统一语气和人称、统一图片效果,同时在页面布局方面应当加强视觉效果,加强文案的可视性和可读性。

2. 美工与字体

网页色彩应当均衡,要突现可读性,同时切忌将所有颜色都用到,一般要求色彩控制在 3 种以内。中国大陆汉字系统采用 GB 编码方式,中国台湾地区汉字采用 BIG5 编码,而欧美用户没有安装任何支持汉字的系统。鉴于此,定位于国际性质的网站应当针对不同的目标访问者设计不同的字体或语言。

3. 动画与声音

在页面上应该慎用动画和声音,更不能滥用,因为一方面会影响下载速度,另一方面可能会引起用户的厌恶和抵触情绪。

6.3.3 系统设计

系统设计是指网站的分类系统(框架结构)、导航系统、搜索系统、标识系统的设计。这里利用 IA(信息构建)理论的研究成果构建系统。

1. 分类系统

分类系统就是将所有无序的信息块组织起来,并建立彼此之间的联系。信息建筑师致力于用最具逻辑性的方式组织信息,从而创建一种等级结构,使用户可以快速地找到自己所需要的内容。

考察分类系统应主要考虑合理性和层次的丰富性。所谓合理性是指分类结构是否科学和清晰,是否符合主办单位的实际,是否能让用户理解;所谓层次的丰富性是指分类体系的层次是否能有助于用户的多层选择。

2. 导航系统

导航系统就是为用户在新环境下快速定位提供帮助的系统。用户可从导航系统中获取视觉线索和用于网站内定位的图形标识。导航系统具体分为全局导航、局部导航、语境导航和补充导航 4 个方面。

(1) 全局导航:主要是对全网站内容进行导航。它可以让用户按层次浏览各个内容领域,并进入搜索工具以及补充浏览工具。考察全局导航应主要考虑全面性(导航网站内容的覆盖程度)、位置的一致性(全局导航在各个网页中是否处于同一位置)、位置指示符的完整性(每个网页都有全局导航位置指示符)。

(2) 局部导航:主要是让用户在本网站的某单个内容领域里按层次浏览。考察局部导航应主要考虑全面性(导航该栏目内容的覆盖程度)、位置的一致性(某个栏目中,局部导航的位置是否在其子页面处于同一位置)、位置指示符的完整性(某个栏目的子页面中是否都有位置指示符)。

(3) 语境导航:主要是让用户浏览上下文之间相关的内容。考察语境导航应主要考虑内容的丰富性(是否能够给用户提供较多的参考链接和参考内容)。

(4) 补充导航:主要是让用户以网站地图的方式纵览整个网站。考察补充导航应主要考虑内容的全面性(导航的内容是否覆盖整个网站的内容)、与其他导航的一致性(补充导航中的各项内容是否与全局导航、局部导航等所有级别的栏目内容相一致)。

3. 搜索系统

搜索系统与导航系统互为补充,以便更好地满足不同用户的需求。搜索系统通过为用户提供搜索入口,使用户可以快速地找到网站中是否包含了自己要寻找的信息。考察搜索系统应主要考虑以下 5 个指标。

(1) 检索方式的多样性:能否提供多种检索方式以供不同的用户使用,例如简单检索、高级检索、分类检索等。

(2) 限定条件的丰富性:能否提供多种检索条件方便用户选择。

(3) 搜索结果页的元素的丰富性:返回的检索结果页面能否为用户进一步的选择提供

参考。

(4) 帮助的实用性：检索帮助的内容是否能够让用户掌握该网站的检索方法。

(5) 搜索建议可用性：能否对用户改善检索行为提供帮助。

4．标识系统

标识系统是向用户展示组织和导航系统的手段。网站中的标识主要包括导航系统、索引项、链接、标题的标识和图标标识。

考察标识系统应主要考虑可理解性（标识所表达的内容能否让用户理解）、准确性（标识能否准确地反映其所指的内容）、一致性（整个网站中表达同一内容所使用的标识是否保持一致）。

6.3.4 内容提供

1．有用信息

(1) 网站的长期发展取决于能否长期为访问者提供有价值的信息，这也是网站自身发展的需要。

(2) 准确性：信息资源与数据是否切实可信。如果涉及一些关于信息来源与知识产权的信息，要注明来源。

2．交互性内容

(1) 提供双向交流：网站双向交流的栏目不需要很多，但是作为一个企业网站来说，应当设立论坛、留言板、邮件列表之类的栏目，以供浏览者留下他们的信息。有调查表明，提供双向交流的站点比简单地留下一个 E-mail 地址更有亲和力。

(2) FAQ's：其全称为 Frequently Asked Questions，即常见问题解答。因为企业网站经常会收到用户关于某一方面问题的来信，应当设立一个常见问题解答，这样既方便访问者，也可以节约网站时间和成本。

3．内容页面长度

网页内容页面的长度以不超过 3 个屏幕高度为佳，因此将篇幅过长的文档分成数篇较小的页面，这样可以增加网站的亲和力。如果基于特殊理由，应在长页面上加一些书签，以使用户快速查询。

4．内容质量指标

1) 科学性

一般认为，科学是反映客观世界（自然界、社会和思维）的本质联系及其运动规律的知识体系，它具有客观性、真理性和系统性，是真的知识体系。基于这种认识，考察内容的科学性应主要考虑以下 5 个指标：一是思想性（主题明确，内容积极、健康向上等）；二是宣教性（普及社科知识、宣传党和国家的方针和政策等）；三是学术性（交流学术观点、报道科研动态等）；四是客观性（信息内容符合正确的道理和标准）；五是准确性（语义表述清晰、语法或拼写无误、标点符号使用正确、无广告色彩等)。

2)全面性

网站内容能全面系统地反映主办单位的历史和现状,并突出科学研究方向和重点。信息资源能够全面表达一个主题观点的特性,信息资源收录范围能涵盖整个网络信息资源的相关思想和事实,除中文信息资源外,还有外文信息资源,能标明信息资源来源和引用文献的出处。考察内容的全面性应主要考虑以下两个指标:一是广度(覆盖的主题领域广,信息资源类型丰富),主要是指整个网站所涵盖的信息资源类型、学科覆盖范围、重要数据库资源收录年限、适用用户范围以及互联网上相关资源的导航链接情况等;二是深度(提供的信息资源垂直有多深,原始信息资源有多少),主要从一般性栏目所含信息的具体与详细的程度、数据库等电子资源能否满足用户需求,以及全文、图片、声像等一次文献信息含量等方面进行评价。

3)权威性

具有威望和知名度的人提供的信息越多,或网站具有深度或前瞻性的文章越多,网站就越有权威性。因此,内容是否可靠、可信,反映信息资源的影响程度,著者可否清晰识别,作者或信息提供者在本专业领域是否有权威等是考虑网站权威性的重要方面,具体应考虑以下3个指标:一是信息源声望(信息资源是否有较强的背景,学术信息资源是否有知名的专家、学者支持等);二是可靠与可信度(信息资源可否验证出处、可否与作者联系、版权问题是否清楚等);三是影响度(被其他网站或媒体摘引与推荐)。

4)独特性

网站信息资源具有独有的特征,它反映本网站信息资源与其他网站信息资源的区别。考察内容的独特性应主要考虑以下两个指标:一是个性化(信息内容是否具有自己的个性特色);二是内容独有性(有在其他网站中无法获得的信息资源,例如网站主办单位自我开发研制的具有地方特色的数据库等)。

5)新颖性

信息资源的时效性越强,对信息用户的吸引力越大。新颖性是指信息资源的更新速度快、周期短,充分体现互联网的开放、动态特性,保持网站旺盛的生命力。考察内容的新颖性应主要考虑信息更新的周期长短(信息资源是否定期更新、是否标明更新日期等)。

6.3.5 网站推广与其他

1. 搜索引擎中的排名

Meta 标签是记录当前页面信息的元素,例如字符译码、作者、版权、关键字等。Meta 标签也提供该服务器信息,例如有效日期和刷新频率。正是基于 Meta 的功能,搜索引擎才可以自动找到 Web 上的信息。

2. 适当的关键词

用户在很大程度上搜索目标信息和企业网站习惯于通过搜索引擎,所以一些具有战略性的关键词是十分重要的。

3. 其他网站提供的交换链接的数量

要考虑交换链接的网站的互补性、权威性。

4. 兼容性问题

(1) 显示兼容：在 800×600、1024×768 等分辨率条件下能够显示正常。

(2) 操作系统兼容：在 Windows 9.X/ME/NT/2000/XP/2003 以及 Linux、Mac 等操作系统中运行正常。

(3) 浏览器兼容：在目前主流的浏览器(IE、谷歌、360、火狐等)中运行正常。

5. 网站服务

(1) E-mail 的自动回复(即时)、E-mail 的人工回复(24 小时)，包括节假日。

(2) 电话和传真回复。

(3) 800 免费电话的提供。

(4) 客户资料的保留和挖掘。

6. 网站管理指标

网站建设是整个数字化建设的一部分，要坚持"管理、技术、数据(信息资源)"一起抓，树立"管理是基础，技术是保障、数据是关键"的观念。建设一个网站，设备和技术是容易做到的，难的是管理和数据，大家必须要明白这个道理。笔者认为，要办好一个网站，要像办好一份报纸、一份杂志那样认真对待。

考察网站管理水平应主要考虑以下 3 个指标。

(1) 管理规范性：考虑是否有严格管理制度，是否有适量的计算机技术人员、信息管理和编辑工作人员。

(2) 安全稳定性：考虑是否对信息资源和系统安全进行有效管理，防止黑客、病毒入侵，保证信息资源稳定，例如数据库系统服务稳定等。

(3) 更新经常性：主要考虑是否对信息资源添加更新、网页设计版面的修改与添加和 Web 技术的更新等。

6.3.6 企业网站的综合评价指标体系

企业网站的多指标综合评价应当包括 3 个方面的内容：一是综合评价指标体系及其评价标准的建立，这是整个评价工作的前提；二是用定性或定量的方法确定各指标的具体数值，即指标评价值；三是各评价值的综合，包括综合算法和权重的确定、总评价值的计算等。

上述指标体系中每一要素的影响程度不一样，根据给出的评价指标，用层次分析法确定其权重，假定各要素的权重为 $W_i(i=1,2,\cdots,n)$，它们构成权重矩阵 $\boldsymbol{W}, \boldsymbol{W}=(W_1,W_2,\cdots,W_n)$。

再对每一个要素综合定一个评判等级，采用专家意见进行统计，计算评判值 $r_{ij}(i=1, 2,\cdots,n; j=1,2,\cdots,m)$。$r_{ij}$ 表示对第 i 个要素关于第 j 个评判等级的评判结果，它等于对第 i 个要素评判为第 j 个等级的人数占全部评判人数的比重，这样构成一个评判矩阵：

$$R = \begin{bmatrix} r_{11} & r_{12} & \cdots & r_{1m} \\ r_{21} & r_{22} & \cdots & r_{2m} \\ \vdots & \vdots & \vdots & \vdots \\ r_{n1} & r_{n2} & \cdots & r_{nm} \end{bmatrix}$$

有了权重矩阵 W 和评判要素矩阵 R，就可以用模糊矩阵合成法计算模糊综合评判矩阵 B，

$$B = W \cdot R = (b_1, b_2, \cdots, b_m)$$

对其进行唯一化处理有：

$$\sum_{i=1}^{m} b'_i = 1 \quad B' = (b'_1, b'_2, \cdots, b'_m)$$

在综合评价矩阵中，b'_i 的评判等级反映了用户对企业网站的整体水平、优劣的一般看法。

6.3.7 网站评价分值的计算方法

网站评价的分值(总得分)可根据数学公式 $S = \sum_{i=1}^{n} R_i \times W_i$ 来计算，其中 S 为网站总得分，$\sum$ 为求和，n 为第三级指标的个数(本指标体系设有 39 个)，R_i 为第三级指标单项评分，W_i 为第三级指标单项占总权重比。网站评价的总分值的计算和测定可按以下 3 个步骤操作。

第一步：求第三级指标单项占总权重比。

第二步：求第三级指标单项评分。

可利用专家评价法、问卷评价法或其他方法进行打分：

专家评价法就是邀请有关方面的专家若干人(一般不少于 7~11 人，具体由评价主办单位确定)组成专家小组，由专家组成员按网站评价指标体系的要求以无记名打分方式分别给 39 项三级指标打分(满分为 100 分)，将专家对某项指标打的分相加，再求出算术平均值就是对该项指标的评分。

问卷评价法就是选择不同类型的网站用户代表，例如社科研究人员、社科教学人员、党政部门的实际工作者或其他人员等，向他们进行问卷调查，注意所选对象要有代表性，收回的有效答卷应不少于 100 份(发放问卷数量具体由评价主办单位确定)，由被访问人员在问卷上分别给被评价网站打分。求各项三级指标的评分方法和上述的专家评价法一样。

第三步：计算总得分和划分网站等级。

不管是采用专家评价法还是问卷评价法，只要将 39 项指标的评分分别乘以对应总权重比便可求得各项指标的得分。然后把求得的各项指标得分相加，结果就是被评价网站的总得分。

按总得分在 80~100 分的为优秀、在 70~79 分的为良好、在 60~69 分的为中等、60 分以下的为较差网站的评分等级标准确定被评价网站的最终等级。

【阅读材料——电子商务网站评价指标体系】

电子商务网站评价指标体系分为 3 个层次，如图 6-1 所示。第一层次是电子商务网站的总水平，它是通过网站建设、网站应用两个方面的指标(为两个一级指标)加权后给出电子商务网站总的评价；第二层次是电子商务网站建设、网站应用的"要素层"，它根据电子商务

网站建设、应用所涉及的核心要素把两个一级指标分为6个核心要素子系统,即分为6个二级指标,分别予以评价;第三层次是电子商务网站建设、应用的"判别层",它在6个二级指标的基础上进一步分解,分为25个三级指标,分别在指标本质含义内容上加以识别和评价。本文就电子商务网站建设与应用评估提出了一套评价指标及评分方法。

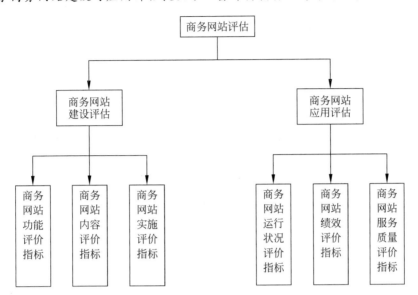

图 6-1 电子商务网站评价指标体系

1.1 商务网站建设评估

商务网站建设评估包含商务网站功能评价指标、商务网站内容评价指标及商务网站实施评价指标。

1.1.1 商务网站功能评价指标

1. 商务模式创新度

商务模式的创新程度;与原有的商务、业务模式比较有哪些创新,网上增加哪些新的业务和服务;业务流程改革、优化程度;包含观念、内容的创新;制度、方法创新;有无专利;管理创新,组织机构扁平化;盈利模式的创新等。

2. 商务网站功能覆盖率

电子商务网站功能可细分为前台和后台功能:

前台功能主要包括商品目录及分类搜索;商品展示;会员(消费者与商家)注册;购物导航;订单流程;支付流程;认证功能;客户信息反馈与沟通渠道(社区)等。

后台功能主要包括商品管理;订单处理(业务流程处理);账户管理;模板管理;内容管理;送货管理;商务同盟管理;客户资料管理等。

商务网站功能覆盖率是指网站功能涵盖前台和后台功能的程度,它反映电子商务在核心业务(主营业务)中应用的比例、电子商务占商务总业务量的比例、电子商务在上下游企业与消费者之间业务中的应用程度等。

3. 网站的功能与商务网站建设目标符合度

信息展示、在线交易、在线支付、在线物流等目标实现程度。网站的功能及商务模式的设计与企业发展战略和市场定位是否相符,与商务网站建设目标的符合程度。

4. 网站技术性能指标

(1) 先进性：采用的技术体系与相关设备是否代表主流技术与先进水平。

(2) 实用性：技术方案的设计与业务模式的符合度；方案的成熟度；可扩展性、伸缩性。

(3) 安全、可靠性：系统的安全、可靠性与容错性，安全等级。

1.1.2 商务网站内容评价指标

1. 电子商务应用深度，网上信息流、资金流、物流集成化的程度

(1) 初级应用：网上仅有信息流，发布商品信息、洽谈、促销，开展非支付型电子商务；

(2) 中级应用：网上有信息流、资金流，实现网上交易与网上支付，开展支付型电子商务；

(3) 高级应用：网上有信息流、资金流、物流，上下游企业应用集成，开展协同电子商务。

2. 商务网站内容信息的质量评价指标

网站所提供信息的真实性、完整性和关联度。

(1) 商品信息完整性：商品品种、规格、质量；商品相关知识；商品服务个性化，特色信息；文字、图像、声音等多媒体信息。

(2) 商品信息内容真实性、准确性、条理性、时效性，网页美观大方。

(3) 商品信息分类深度、层次性和关联度。

3. 商务网站内容信息的数量

网站所提供信息量、数据量、栏目数量、网页数量、商务信息条数。

1.1.3 商务网站实施评价指标

(1) 网站实施计划任务完成度；

(2) 网站建设计划管理与进度控制；

(3) 财务管理与预算控制。

1.2 商务网站应用评估

商务网站应用评估包含商务网站运行状况评价指标、商务网站绩效评价指标及商务网站服务质量评价指标。

1.2.1 商务网站运行状况评价指标

1. 商务网站访问率

(1) 日均点击率；

(2) 日均访问的独立客户数、独立IP数、企业上网数、注册会员数；

(3) 客户平均访问停留时间；

(4) 平均响应时间(邮件、电话、短信等)。

2. 信息更新率

网站内容的时效性，更新频度，按实时、日、周、月、年分级。

3. 商务网站营销推广力度

(1) 商务网站链接率，链接网站的数量；

(2) 采用组合营销手段；

(3) 媒体影响力、广告投放量、媒体曝光率。

4. 商务网站电子商务采购率与销售率

(1) 商务网站电子商务采购率：①电子商务采购量占总采购量的比例；②电子商务采购额占采购总额的比例。

(2) 电子商务销售率：①电子商务销售量占总销售量的比例，网上订单量占总订单量的比例；②电子商务销售额占销售总额的比例。

5. 电子商务交易率

电子商务交易率是指电子商务交易额占总交易额的比例，企业网站电子商务交易率是指该企业电子商务交易额占企业总交易额（总营业额）的比例；网络公司门户网站电子商务交易率是指所有会员客户通过该门户网站成交的交易总额占所有会员客户营业总额（总营业额之和）的比例；电子商务交易额：商务网站网上洽谈、签约、成交的合同金额，包括网上支付及网上签约、网下支付的交易额。

1.2.2 商务网站绩效评价指标

1. 电子商务网站社会效益评价

(1) 对上下游商务伙伴开展电子商务的带动作用：指对上下游商务伙伴推广普及电子商务的影响力，促进上下游商务伙伴企业上网，开展电子商务的带动作用，推动上下游企业的经营销售信息化。

(2) 本地区吸引外资增长率：指对比一个会计年度，商务网站实施后比实施前相应本地区吸引外资增长比例。

2. 电子商务网站经济效益评价

(1) 成本降低率：指对比一个会计年度，商务网站实施前后商务活动成本所需费用降低之比例。

(2) 收益增长率：指对比一个会计年度，商务网站实施后比实施前相应的商务活动所创收入增长之比例。

(3) 资金周转提高率：指对比一个会计年度，商务网站实施后比实施前每年资金周转次数增长之比例。

(4) 投资回报率：指在对应的一个会计年度内，商务网站总投入的收益率。

① 投入/产出比：指在对应的一个会计年度内，商务网站总投入（含货币资金、货物折合资金、人力成本折合资金）与总收入之比。

② 初始投资回收期：从投资建设开始，经多长时间收回总投资。

1.2.3 商务网站服务质量评价指标

(1) 对客户满意度提升作用：

- 企业用户满意度提升作用：商务网站运行一个年度内上下游企业用户满意度提升率。
- 消费者满意度提升作用：商务网站运行一个年度内企业客户满意度提升率。

(2) 内部职工满意度：

- 领导班子对商务网站满意度。
- 内部职工对商务网站满意度。

(3) 对企业服务质量提升作用：商务网站运行一个年度内，企业服务质量提升与改善的效果。

- 客户投诉降低率；
- 客户响应时间减低率；
- 客户忠诚度提升率。

1.3 电子商务网站评价方法

1.3.1 单项评价指标的计算方法

要按照商务网站类型(如综合性门户网站,企业网站)制定商务网站评价指标的评价标准,现针对企业网站提出以下评价方法：评估级别,分优、良、好、中、差5级；采用100分制,这五级依次为85～100、75～85、60～75、40～60、0～40分。

1. 商务网站功能评价指标

- 商务模式创新度：分为5级,如表6-1所示。

表6-1 商务模式创新度

级别	评估级别	特征
5	优秀	创新程度高,业务流程优化,85分以上
4	良好	创新程度较高,业务流程改进,75～85分
3	较好	有创新,业务流程有改革,60～75分
2	较差	业务流程改革效果很小,40～60分
1	很差	无创新,业务流程无改革,40分以下

- 电子商务网站功能覆盖率：分为5级,如表6-2所示。

表6-2 电子商务网站功能覆盖率

级别	评估级别	特征
5	优秀	电子商务网站功能覆盖率90%以上,85分以上
4	良好	电子商务网站功能覆盖率70%～90%,75～85分
3	较好	电子商务网站功能覆盖率50%～70%,60～75分
2	较差	电子商务网站功能覆盖率30%～50%,40～60分
1	很差	电子商务网站功能覆盖率30%以下,40分以下

2. 商务网站内容评价指标

- 电子商务应用深度：分为5级,如表6-3所示。

表6-3 电子商务应用深度

级别	评估级别	特征
5	优秀	协同电子商务,85分以上
4	良好	支付型电子商务,75～85分
3	较好	非支付型电子商务,60～75分
2	较差	网上仅有商品信息,40～60分
1	很差	未开展电子商务,40分以下

- 网站信息数量:分为 5 级,如表 6-4 所示。

表 6-4 网站信息数量

级别	评估级别	特征
5	优秀	有数据库,数据量 50 万条以上,85 分以上
4	良好	有数据库,数据量 10 万~50 万条,75~85 分
3	较好	有数据库,数据量 1 万~10 万条,60~75 分
2	较差	有数据库,数据量 1 万条以下,40~60 分
1	很差	无数据库,40 分以下

- 网站内容检索速率:分为 5 级,如表 6-5 所示。

表 6-5 网站内容检索速率

级别	评估级别	特征
5	优秀	网站内容检索速率<5 秒,85 分以上
4	良好	网站内容检索速率 5~10 秒,75~80 分
3	较好	网站内容检索速率 10~30 秒,60~75 分
2	较差	网站内容检索速率 30~50 秒,40~60 分
1	很差	网站内容检索速率>50 秒,40 分以下

3. 商务网站运行状况评价指标

- 访问率:按每日访问点击率分为 5 级,如表 6-6 所示。

表 6-6 访问率

级别	评估级别	特征
5	优秀	1 万次以上,85 分以上
4	良好	5000~1 万次,75~85 分
3	较好	1000~5000 次,60~75 分
2	较差	200~1000 次,40~60 分
1	很差	200 次以下,40 分以下

- 信息更新率:分为 5 级,如表 6-7 所示。

表 6-7 信息更新率

级别	评估级别	特征
5	优秀	实时更新,85 分以上
4	良好	按日更新,75~85 分
3	较好	按周更新,60~75 分
2	较差	按月更新,40~60 分
1	很差	更新周期更长,40 分以下

- 电子商务交易率：分为5级，如表6-8所示。

表6-8 电子商务交易率

级别	评估级别	特征
5	优秀	电子商务采购率、销售率、交易率80%以上，85分以上
4	良好	电子商务采购率、销售率、交易率60%～80%，75～85分
3	较好	电子商务采购率、销售率、交易率30%～60%，60～75分
2	较差	电子商务采购率、销售率、交易率10%～30%，40～60分
1	很差	电子商务采购率、销售率、交易率10%以下，40分以下

4．商务网站绩效评价指标

1) 电子商务网站社会效益评价

对上下游商务伙伴带动作用可用电子商务应用普及的增长率反映，评级标准如表6-9所示。

表6-9 电子商务应用普及的增长率

级别	评估级别	特征
5	优	很大，指电子商务应用普及的增长率>15%
4	良	较大，指电子商务应用普及的增长率为10%～15%
3	好	不大，指电子商务应用普及的增长率为5%～10%
2	中	较小，指电子商务应用普及的增长率为2%～5%
1	差	甚小，指电子商务应用普及的增长率≤2%

2) 经济效益评价

- 成本费用降低率：分为5级，如表6-10所示。

表6-10 成本费用降低率

级别	评估级别	特征
5	优	很大，指成本费用降低幅度>15%，85～100分
4	良	较大，指成本费用降低幅度为10%～15%，75～85分
3	好	不大，指成本费用降低幅度为5%～10%，60～75分
2	中	较小，指成本费用降低幅度为2%～5%，40～60分
1	差	甚小，指成本费用降低幅度≤2%，0～40分

- 投入/产出比：分优、良、好、中、差5级，如表6-11所示。

表6-11 投入/产出比

级别	评估级别	特征
5	优	很高，投入/产出比>10
4	良	较高，投入/产出比幅度为5～10
3	好	不高，投入/产出比幅度为3～5
2	中	较低，投入/产出比幅度为1～3
1	差	甚低，投入/产出比幅度≤1

- 初始投资回收期：分优、良、好、中、差5级，如表6-12所示。

表 6-12 初始投资回收期

级别	评估级别	特征
5	优	很短,投资回收期≤1年,85分以上
4	良	较短,投资回收期为1~2年,75~85分
3	好	不长,投资回收期为2~3年,60~75分
2	中	较长,投资回收期为3~5年,40~60分
1	差	很长,投资回收期>5年,40分以下

5. 商务网站服务质量评价指标

(1) 对客户满意度提升作用:分为5级,如表6-13所示。

表 6-13 对客户满意度提升作用

级别	评估级别	特征
5	优	有很大提升作用,指提升幅度为80%~100%,85~100分
4	良	有较大提升作用,指提升幅度为60%~70%,75~85分
3	好	有提升作用,指提升幅度为50%~60%,60~75分
2	中	提升作用较小,指提升幅度为20%~40%,40~60分
1	差	提升作用很小,指提升幅度≤20%,0~40分

(2) 对企业服务质量提升作用:分为5级,如表6-14所示。

表 6-14 对企业服务质量提升作用

级别	评估级别	特征
5	优	有很大提升作用,指提升幅度>15%,85~100分
4	良	有较大提升作用,指提升幅度为10%~15%,75~85分
3	好	有提升作用,指提升幅度为6%~10%,60~75分
2	中	提升作用较小,指提升幅度为3%~6%,40~60分
1	差	提升作用很小,指提升幅度≤3%,0~40分

- 客户投诉降低率:分优、良、好、中、差5级,如表6-15所示。

表 6-15 客户投诉降低率

级别	评估级别	特征
5	优	很大,指客户投诉降低幅度>80%,85~100分
4	良	较大,指客户投诉降低幅度为60%~70%,75~85分
3	好	不大,指客户投诉降低幅度为40%~50%,60~75分
2	中	较小,指客户投诉降低幅度为20%~30%,40~60分
1	差	甚小,指客户投诉降低幅度≤10%,0~40分

- 客户响应时间减低率:分优、良、好、中、差5级,如表6-16所示。

表 6-16 客户响应时间减低率

级别	评估级别	特征
5	优	很大,指响应时间减低幅度为80%~100%,85~100分
4	良	较大,指响应时间减低幅度为50%~80%,75~85分
3	好	不大,指响应时间减低幅度为30%~50%,60~75分
2	中	较小,指响应时间减低幅度为10%~30%,40~60分
1	差	甚小,指响应时间减低幅度为5%~10%,0~40分

1.3.2 综合分析评价法

专家通过参照各项评价指标按评价标准及各项评价指标的权系数对各项评价指标的单项评价分数进行加总,求得对电子商务网站的综合评价分数,$E = \sum I_i \times W_i$,E 表示总评分;I_i 表示 i 个评价指标;W_i 表示 i 个指标的权重,$\sum W_i = 1$。

例如,商务网站建设评估权重为 0.5,其中商务网站功能指标权系数为 0.25、商务网站内容评估指标权系数为 0.20、商务网站实施评估指标权系数为 0.05;商务网站应用评估权重为 0.5,其中商务网站运行状况评价指标的权系数为 0.10、商务网站绩效评价指标的权系数为 0.25、商务网站服务质量评价指标的权系数为 0.15,采用上述介绍的方法,结合企业商务网站(B2B、B2C)及行业网站案例进行评价,初步表明上述方法有一定的可操作性。

具体的二级指标、三级指标和权重如表 6-17 所示。

表 6-17 电子商务网站评估的三级评价指标体系

一级指标	指标权重	二级指标	指标权重	三级指标		指标权重
商务网站建设评价指标	0.5	商务网站功能评价指标	0.50	商务模式创新度		0.3
				电子商务网站功能覆盖率或网站功能		0.35
				网站功能与商务网站建设目标的符合度		0.15
				网站技术性能指标		0.2
		商务网站内容评价指标	0.40	电子商务应用深度		0.25
				信息的质量		0.3
				电子商务网站内容信息的数量		0.25
				电子商务网站内容检索速度、连接浏览速度、网页反应速度		0.20
		商务网站实施评价指标	0.10	网站实施计划任务完成度		0.5
				网站建设计划管理与进度控制		0.25
				财务管理与预算控制		0.25
商务网站应用评价指标	0.5	商务网站运行状况评价指标	0.20	访问率		0.15
				信息更新率		0.15
				商务网站营销推广力度		0.15
				电子商务采购率与销售率		0.30
				电子商务交易率		0.25
		电子商务网站绩效评价指标	0.50	商务网站社会效益 0.3	① 对上下游商务伙伴的带动作用和对电子商务推广应用普及的增长率	0.5
					② 吸引国外用户和吸引外资的增长率	0.5
				经济效益评价 0.7	① 成本费用降低率	0.25
					② 收益增长率	0.4
					③ 资金周转提高率	0.15
					④ 投资回报率(投入/产出比或投资回收期)	0.2
		商务网站服务质量评价指标	0.30	对客户满意度提升作用		0.4

电子商务网站评价指标体系分为3个层次。第一层次是电子商务网站的总水平，它是通过网站建设、网站应用两个方面的指标（为两个一级指标）加权后给出电子商务网站总的评价；第二层次是电子商务网站建设、网站应用的"要素层"，它根据电子商务网站建设、应用所涉及的核心要素把两个一级指标分为6个核心要素子系统，即分为6个二级指标，分别予以评价；第三层次是电子商务网站建设、应用的"判别层"，它在6个二级指标的基础上进一步分解，组成25个三级指标，分别在指标本质内容上加以识别和评价。三级指标体系应相对稳定，每个指标的评价标准需要根据网站类型并随电子商务的发展情况动态调整。

6.4 电子商务网站评价方法

目前有关网站评价的方法很多，从不同的角度出发有不同的评价方法分类。

6.4.1 主观评价法和客观评价法

1. 主观评价法

主观评价法是由国内外许多研究者就网站的评价标准进行深入研究后提出的评价方法。主观评价标准因网站的性质和需求不同，也因评判人而异，主观评价的方法主要有下面3种途径：

一是从形式角度考察网站。主要是从网站的界面和结构，包括对网站可访问性、帮助信息的质量和使用技术的恰当性3个方面去考察。

二是从稳定性的角度考察网站。互联网是一个动态的社会，网站资源随时在创建、移动和消失，资源能否长期保存是一个重要因素。

三是从网站内容角度考察网站。从内容角度对网站进行判断主要考虑可靠性、权威性、唯一性和完整性4个方面。对网站内容进行评价是使用最为普遍，也是最为重要的方法。

网站内容主观评价法是由评价者根据需要做出判断，应用广泛是其最大的长处，但缺乏比较标准和量化的评价方法。

2. 客观评价法

从客观角度对网站进行评价的方法称为客观评价方法，主要有下面3个途径：

一是利用自动搜集或整理网站信息搜索引擎提供的结果来评价网站。这种方法的优点是使用方便快捷，缺点是标准比较单一，所得结果有偏颇之嫌。

二是利用某些组织机构对网站的评价结果来评价网站。这种方法质量较为可靠，给出的评价信息也较为深入，但缺点是评价范围有限。

三是通过搜索引擎的专设指令或者通过软件由浏览者自己对网站进行测试评价（软件实时测试法）。这种利用软件实时测试的方法的优点是可以从技术指标上对网站进行评价，因而所得的评价结果客观公允，但缺点是无法对内容进行深入考察。

客观方法的通病也是忽视对内容质量的判断。目前有影响的网站评价工作之所以主要针对商业等非学术性网站，就是因为非学术网站的客观指标比主观指标更能说服人。但是这些客观指标对学术领域并不完全适用,因为学术性网站更需要使用主观指标来加以衡量。

6.4.2 定性评价法和定量评价法

1. 定性评价法

所谓定性评价法就是依靠人的观察分析能力,借助经验判断,应用逻辑思维的方法,从网站的质的角度出发来分析网站的特征,其分析过程与结论是用文字描述来表达。定性评价法一般是根据评价网站的目的和服务对象的需求确定相关评价标准或指标体系,主要由定性标准或指标组成,大多未设置相应的权重,也不涉及具体的数量或数值关系。

2. 定量评价法

所谓定量评价法就是依据数学和交叉学科的理论,用数学模型分析方法,从量的角度来分析研究网站的本质特征和运动变化规律的方法,其分析过程与结论是用数学语言来描述和表达的。

中国互联网络信息中心(CNNIC)采用网上问卷调查的形式进行每年4次的中国互联网发展状况的调查工作,就是通过定量法评价网站的做法之一。1998年以前的定量化研究方法就是"通过统计访问次数或简单的问卷调查等方式选出热门站点",这种定量化的研究方法是网站评价的十分有效的方法之一,但还不够成熟,需要继续发展和完善。继而指出"定量方法为人们提供了一个系统、客观、规范宏大的数量分析方法,结果更加直观、具体,是评价网上信息的发展方向"。穆肃曾选用一种让教学网站用户填写Web评价分析量表的问卷调查的方法(Websites Motivational Analysis Checklist,Web-MAC法)对教学网站的有效性进行了评价。网站评价的定量化的研究方法主要是采用专门的统计软件、手工统计和网上问卷调查等3种方式。

定量评价在一定程度上克服了定性评价的主观性、价值偏向性,为人们提供了一个系统、客观、规范的数量分析方法,定量评价需要确定数学模型或计算方法,具有方便、快速、客观公正、评价范围广等特点,但不管是定性评价法还是定量评价法,如果只是单独使用其中一种,则不能很好地对网站进行全面评价。因此,如何把这两种方法有效地结合起来运用于网站评价是当前网站评价研究的重要课题。

6.4.3 基于IA理论的网站评价方法

IA是英文Information Architecture的缩写,最初由美国建筑师沃尔曼(Richard Saul Wurman)于1975年提出,其目的是通过创建信息结构或地图的形式使信息的复杂烦琐变得简单明晰,便于用户迅捷使用。

我国学术界对于Information Architecture(IA)一词的译名并没有定论,有多种译法,例如"信息空间构建""信息构筑体系""信息建筑学""信息构建",此外还有"信息结构学""信息体系""信息体系结构""信息构筑"几种译法。

在上述译法中,周晓英译的"信息构建"一词得到了比较广泛的认可。近年来,国内许多学者把IA译为信息构建,纷纷对IA(信息构建)的内容和含义提出了自己的理解,而且有些学者把它应用到情报学研究和网站建设与评价上。例如甘利人等人就基于IA的基本内容构建了一套IA网站评价指标体系(含组织系统、标识系统、导航系统和检索系统),并以此对我国的万方、国家科技图书文献中心、中国期刊网和重庆维普四大数据库网站的IA进行应用性考察与分析评价。又如,杜佳、朱庆华从IA的核心内容(即信息组织、导航、检索和标识等方面)来探讨网站的评价问题,并以南京大学的网站为例进行实证分析。

从甘利人、杜佳等人的研究和实证分析可以看出,基于IA(信息构建)理论设定的网站评价指标都是集中体现在网站的组织系统、标识系统、导航系统和检索系统的设计上,而忽略了一个重要的因子——网站信息资源的深入评价。如果对一个网站进行综合评价,仅限于网站设计或仅限于网站内容都是不全面的。

6.4.4 目前网站评价研究的不足

从国内外的网站评价研究中发现,虽然提出的具体评价方法不少,但网站的评价指标因网站目标的不同而不同,有的侧重于技术指标的测评,有的侧重于信息内容评价,有的侧重于客户满意度的评价。例如对商业核心网站侧重于实现经济价值这一指标,对学术网站侧重于教育、科研、学术这一指标。就评价方法而言,有的侧重定性法,有的侧重定量法。目前还没有形成一个适合各种类型网站的统一而权威的标准或指标体系,主要存在以下不足。

(1) 操作性差:尽管网站评价者建立了各种评价指标体系,但是由于这些评价指标大多没有提出具体的操作性程序,主观人为性较强,不同的评判者即使选用同一套评价标准,其结果可能也会不同。

(2) 通用性差:目前的网站评价研究多为针对某一类型的网站(如政府性网站、教育性网站、商业性网站等)或针对某一指标进行评价(如网络信息资源、系统设计等),这样建立起来的评价指标体系虽具一定的针对性,但因此通用性较差。

(3) 指标过于笼统:有些网站评价提出的指标过于笼统,没有相应的评价项目来支撑。例如,有些网站评价指标的研究中都提到网站的设计或信息内容,但并没有对所涉及的因素进行深入的研究。

(4) 到目前为止,还没有发现对社会科学核心网站(全国社会科学院系统的网站)进行评价的先例,也未见到关于社会科学核心网站的评价指标体系研究的文章。

6.5 企业网站评估报告

图6-2所示为"新竞争力企业网站专业性评价报告"图样。

企业建站的首要目的是为了吸引访问者,所以必须让站点对访问者更加友好,否则访问者很容易直接退出站点去访问其他的站点。为了让站点对访问者更加友好,站长可能需要做很多事情,下面的几点很容易,但很重要。

(1) 速度快:网站的加载速度要快,如果加载速度快,访问者极有可能多访问几个页面,甚至经常访问你的网站;如果太慢,访问者就没有足够的耐心等待,一般情况下就不再访问你的站点,转而加载速度快的站点去了。所以网页不要搞得太大,或者广告太多,这些都

新竞争力™ 企业网站专业性评价报告

被评价网站基本信息

网站名称	深圳 XXXX 文化用品有限公司
网　　址	www.XXXX.com
核心关键词	办公用品
同类网站	根据关键词"办公用品"通过 Google 检索的相关网站

网站专业性综合评价结果

	评价指标类类别	类别得分小计
(1)	网站整体策划设计	78%
(2)	网站功能和内容	75%
(3)	网站结构	80%
(4)	网站服务	70%
(5)	网站的 XXXXX	80%
(6)	网站 XXXXXX	75%
(7)	网站 XXXXXX	90%
(8)	网站 XXXXXX	67%
(9)	同类网站比较评价	80%
(10)	其他特色功能、内容和服务	50%

网站综合评价加权平均得分：78 分

综合评价结论与建议：（略）

网站评价报告签发机构：

深圳市竞争力科技有限公司
报告审核：冯英健 博士
2005 年 8 月 8 日

图 6-2　新竞争力企业网站专业性评价报告

是影响加载速度的。

（2）布局：糟糕的布局非常影响人的心情，而且访问者可能找不到他们所需的信息。如果把网站做得非常有层次，则便于访问者浏览。

（3）颜色：采用好的配色可以让访问者对站点感兴趣，黑色、蓝色、红色、绿色和粗体比较容易阅读，而黄色、橙色和小字体很难阅读。在发布新的网页时需要检查一下网页是否便于阅读。

（4）问题与回答（FAQ）：在网站中提供 FAQ 页面是相当友好的一种方式。很多访问者可能对站点提供的产品或者服务有些小疑问，通过查看 FAQ 页面可以马上解决，因此把一些常用的或者是非常重要的问题发布在 FAQ 页面可以更好地留住访问者。当然，如果是垃圾站，这一点好像显得不那么重要，不过这也是此垃圾站区别于彼垃圾站的一种好的方式。

（5）信息内容：站点需要提供丰富而且有价值的信息内容，这些内容应该易于理解，访问者不可能都是专家或者是天才，内容浅显易懂可以让你拥有更多的访问者或者用户。即使信息比较多，也最好专一些，什么都有则等于什么都没有。

【本章小结】

本章探讨了评估一个网站好坏的指标体系、评价方法和评价过程。"评价"是在多因素相互作用下的一种综合判断。评价是为了决策，而决策需要评价，从某种意义上讲，没有评价就没有决策。综合评价是指对被评价对象所进行的客观、公正、合理的全面评价。

综合评价问题主要有 7 个构成要素。

(1) 评价目的：即明确为什么要进行综合评价,评价事物的哪一方面以及评价精度等。

(2) 被评价对象：通常是同类事物(横向)或同一事物在不同时期的表现(纵向)。

(3) 评价者：评价者可以是某个人(专家)或某个团体(专家小组),由其确定评价目的、评价对象,设计评价指标并确定指标权重系数,建立评价模型等。

(4) 评价指标：指根据研究的目的和对象能够反映研究对象某一方面情况的特征依据。指标体系是指由一系列相互联系的指标所构成的整体,它能够综合反映出被评价对象的各方面情况。

(5) 权重系数：简称权重,是指标对总目标的贡献程度。当被评价对象及评价指标确定时,综合评价的结果依赖于权重系数。因此,综合评价结果的可信程度取决于权重系数的确定是否合理。

(6) 综合评价模型：通过数学模型将多个指标值"合成"为一个整体性的综合评价值,所应用的"合成"方法因评价目的和被评价对象的特点而异。

(7) 评价结果：输出评价结果,解释其含义,并依据评价结果进行决策。

【本章习题】

请登录京东商城(http://www.JD.com)亲自体验一次购物过程,然后回答下列问题：

(1) 如何评价该网站的功能？

(2) 网站评价的指标体系有哪些？

(3) 京东商城在哪些方面做得好？

(4) 你认为哪些方面还欠缺？

(5) 请给出改进建议。

第7章 网站维护

【本章知识点】

本章从网站投入运营后的正常运行出发,探讨保证网站正常运营的手段和措施,具体内容如下:

(1) 网站维护的含义;
(2) 网站维护的内容;
(3) 网站内容维护;
(4) 网站数据库维护;
(5) 网站链接维护;
(6) 网站安全维护;
(7) 网站优化。

【引导案例】 旅游网站上过时的信息。

这是作者的亲身经历:为了查询欧洲旅游的资讯,慕名登录一个著名的欧洲游旅行社的网站,此时已是7月份,但查询得到的旅游线路中依然有6月份出团的线路信息!这让我对该旅行社的好感大打折扣。

幸运的是,网站上有留言系统,针对这个问题给网站留下了我的疑问。网站管理人员在第二天就给予回复,并更新了全部线路信息。

一个管理不好的网站不仅不能给企业提升品牌价值和企业形象,反而会影响客户对企业的信任。这就是我们学习这一章的目的。

7.1 网站维护概述

你是否有过这样的经历,网站建好后无法达到满意的运行效果?或有新的信息无法及时更新?希望将网站重新包装一下?程序系统出错了怎么办?希望有一个更加安全可靠的运行环境?

好的网站不是一劳永逸的,其实企业精心的运营才是最重要的。如果访客每次看到的网站都是一样的或者看到的是去年的新闻,那么他们对企业的印象就会大打折扣或者会转头离开。想想他们日后还会来吗?这样不但丧失了客户,更给企业带来了负面影响。所以定期的网站更新和网站维护是必不可少的,每一个企业也可根据自身需要制定网站维护方案。

如果不注意及时更新与维护，我们在网站建设期间投入的资源和精力就浪费了。而且已有的客户数据表明，只要做好 3 项网站维护工作(安全维护、美工设计、网站推广)，通过网络给企业带来的业务收益至少是网站维护时投入的 10 倍，甚至更多。

在正常情况下，要想保证维护一个网站，至少要有 3 种角色进行维护管理，即内容编辑、专业美工、页面工程师。如果有重大活动，还要有数码摄影师、摄像师和现场图文录入员。

使用访问量分析系统监测访问量，可以分析客户访问网站的地域、时间、关键词、搜索引擎以及操作系统等，有了这些数据就可以为以后决策做准备。

互联网发展到今天，已经成为一个真正的商业工具，企业要成功地运用这个现代化工具，必要的维护保养可以保证企业网络的易用性和安全性。作为互联网应用服务商，为大、中、小型企业提供内部网络维护服务，旨在真正帮助企业应用好互联网这个工具，真正做到企业的电子商务部、网络技术部的角色。

一个好的企业网站，不仅仅是一次性制作完美就完事了，由于企业的发展状况在不断变化，网站的内容也需要随之调整，给人常新的感觉，这样公司网站才会更加吸引访问者，给访问者良好的印象，这就要求我们对站点进行长期、不间断地维护和更新。特别是在企业推出了新产品，或者有了新的服务项目内容，或者有了大的动作或变更，都应该把企业的现有状况及时地在网站上反映出来，以便让客户和合作伙伴及时了解详细状况，企业也可以及时得到相应的反馈信息，以便做出合理的相应处理。

网站维护不仅是网页内容的更新，还包括通过 FTP 软件进行网页内容的上传，asp、cgi-bin 目录的管理，计数器文件的管理；新功能的开发；新栏目的设计；网站的定期推广服务等。

页面更新是指在不改变网站结构和页面形式的情况下为网站的固定栏目增加或修改内容。例如一个电子商务网站，它在运行中需要增加商品种类，也需要对商品的描述或报价进行修改，这时就要对网站内容进行更新，同时我们还推出了技术开发维护服务，如果用户目前的网站功能结构不能满足公司的发展需求，我们会及时为用户提出创新建议，对系统程序进行升级，或开发新功能，增设新栏目。

7.1.1 网站维护的概念

网站维护，就是为了保证网站能够正确、正常地运行，不断满足访问者和企业需要而进行的所有工作。

网站投入运营之后，企业的业务可能会调整，新技术会不断出现，原有网站设计中存在的缺陷也会一一暴露，访问者的需求会不断增加，所有这些都需要网站管理人员不断调整、完善企业的网站。

企业网站建好之后要做以下几个方面的工作。

1．网站内容的维护和更新

网站的信息内容应该适时地更新，如果现在客户访问企业的网站看到的是企业去年的新闻或者说客户在秋天看到了新春快乐的网站祝贺语，那么他们对企业的印象肯定会大打折扣，因此注意适时更新内容是相当重要的。在网站栏目的设置上最好将一些可以定期更新的栏目(如企业新闻等)放在首页上，使首页的更新频率更高些。

2. 网站服务与回馈工作要跟上

企业应设专人或专门的岗位从事网站的服务和回馈处理。客户向企业网站提交的各种回馈表单、购买的商品、发到企业邮箱中的电子邮件、在企业留言板上的留言等，企业如果没有及时处理和跟进，不但会丧失机会，还会造成很坏的影响，以致客户不会再相信你的网站。

3. 网上推广与营销不可缺少

要让更多的人知道你的网站，了解你的企业，就要在网上进行推广。网上推广的手段很多，大多数是免费的，主要的推广手段包括搜索引擎注册、注册加入行业网站、邮件宣传、论坛留言、新闻组、友情链接、互换广告条、B2B 站点发布信息等。除了网上推广以外，还有很多网上与网下结合的渠道。比如将网址和企业的商标一起使用，通过产品、信笺、名片、公司资料等途径可以很快地将企业的网站告知你的客户，也方便他们从网上了解企业的最新动态。

4. 不断完善网站系统，提供更好的服务

企业初始建网站一般投入较小，功能也不是很强。随着业务的发展，网站的功能应该不断完善，以满足顾客的需要，此时使用集成度高的电子商务应用系统可以更好地实现网上业务的管理和开展，从而将企业的电子商务带向更高的阶段，也将取得更大的收获。

7.1.2 网站维护的内容

网站维护包括哪些内容？一般包括如下内容：

内容的更新（如产品信息的更新、企业新闻的动态更新）、网站风格的更新（涉及网站结构、页面模板的更新将视为重新制作）、网站重要页面的设计制作（如公司企业重大事件页面及公司周年庆等活动页面的设计制作）、网站系统维护服务（如域名维护续费服务、网站空间维护、DNS 设置、域名解析服务等）。

- 保证网站链接正常，网络畅通（由于 ISP 方因素、计算机遭黑客攻击、计算机病毒、政府管制造成的暂时性关闭等影响网络正常运营情况除外，对此情况可协助解决）。
- 主页改版、网站备份和应急恢复、访问统计；网站美工设计（Flash、logo、banner、色彩、风格统一等）；网站策划及运营咨询、网站推广等。

根据网站的特点，网站维护的内容如下。

1. 基础设施的维护

基础设施的维护包括服务器的维护、网络带宽的维护等，如表 7-1 所示。

表 7-1　网站基础设施的维护

内　容	说　明
网站域名维护	如果网站空间变换，及时对域名进行重解析
网站空间维护	保证网站空间正常运行，掌握空间最新资料，例如已有大小等
企业邮局维护	分配、删除企业邮局用户，帮助企业邮局进行 Outlook 的设置

续表

内　容	说　明
网站流量报告	可统计出地域、关键词、搜索引擎等统计报告
域名续费	及时提醒客户域名到期日期，防止到期后被别人抢注

2．应用软件的维护

在网站运营过程中，很多因素会导致应用软件的改进，例如：
（1）业务活动的变化；
（2）测试时未发现的错误；
（3）新技术的应用；
（4）访问者需求的变化和提升。
应用软件的维护是网站维护中最重要也是工作量最大的维护工作。

3．内容的维护

内容的维护是网站维护中最重要也是最频繁的维护工作，包括业务数据的维护、新闻信息的维护、与访问者交互（留言、E-mail）的维护等。

4．链接的维护

由于网页的删除、更改路径等造成的链接错误是网站维护中非常重要的内容，尤其是与其他网站的链接。

5．网站安全维护

网站安全维护的内容如表 7-2 所示。

表 7-2　网站安全维护的内容

内　容	说　明
数据库的导入/导出	对网站 SQL/MySQL 数据库导出备份，导入更新服务
数据库备份	对网站数据库备份，以电子邮件或其他方式传送给管理员
数据库后台维护	维护数据库后台正常运行，以便于管理员可以正常浏览
网站紧急恢复	如网站出现不可预测性错误，及时把网站恢复到最近备份

6．网站相关维护

网站相关维护如表 7-3 所示。

表 7-3　网站相关维护

内　容	说　明
图片处理	帮助用户扫描图片及图片和文字在网页中的排版
拍网页配图	例如产品图片或办公大楼

当然也可以把网站的维护内容总结在一个表中,如表 7-4 所示。

表 7-4 网站维护的内容

项目	内容
系统维护	Web、邮件服务器、系统程序及安全性维护
数据维护	后台数据录入（图片＋文字表格）
	数据库后台维护管理
	数据的导入/导出
网页维护	网页（文字图片）内容更新、不改变网页模板
	改变网站结构、页面模板的更新
	首页或动态页面的修改与更新
	链接检查、内容审核
其他	国际域名续费、转移注册商、转会
	国内域名续费
	虚拟主机空间
	网站邮箱

7.1.3 网站维护的方式

那么用户如何维护网站？有两种方案可以选择。

第一种方案：就是直接委托给网络公司维护，也就是谁制作网站就委托给谁，这里要考虑一个维护的价格问题，因为网络服务本身没有标准，所以要看制作网站的公司的维护标准自己是不是可以接受。如果不能接受，那就看看第二种方案。

第二种方案：用户聘请一个网站运营专家自己维护。为什么说要聘请网站运营专家而不是网页设计师，这主要考虑网站运营专家要比网页设计师的技术全面，网站运营专家包括网站建设、网站推广、网络营销策划，是比较全面的，而网页设计师追求的只是一个网站漂亮而已。有了自己的维护人员，用户就可以根据自己的要求修改页面的结构，网站有什么活动可以随时美化自己的网站，而且有了网站运营人员就代表网站有了在线客服，这样的网站才有活力。

7.2 网站内容维护

【启发案例】 在网站上订购的商品为什么无货？

我曾经在某旅游网站上订购欧洲五国十一日游的产品，网站上显示可以接受预定的人数为 5 人，但订单发出后，旅行社电话告知"该团已满，无法接受报名！"

明明网站上显示有空位，为什么实际上却没有？是什么原因造成这种现象？

保证网站上的内容与企业业务信息同步，是网站提升企业形象、保证客户信任与忠诚的重要内容。网站内容维护的目的就是要做到网站上的内容与企业业务信息同步，实时反映企业的业务现状、业务动态，让访问者随时得到企业最新的信息。

例如，某家电企业的一款空调产品被国家权威部门评选为"绿色、节能、环保"的产品，并颁发了证书。这对提升企业的行业竞争力是非常有帮助的。如果能够及时把此信息在网站的主页上同步发布,让访问者首先看到这样的新闻,访问者购买产品的概率就会大大增加。

7.2.1 网站内容维护的内容

1. 业务数据的维护

业务数据包括库存数据、订单信息、订单状态、产品数据等,由于企业业务在不断发生,库存信息、产品信息、订单信息等不断变化,如何做到业务信息与网站发布信息的同步,让网站实时反映企业的经营现状,是业务数据维护的目的。

通过将网站数据与企业后台业务数据库连接可以实现网站数据的自动更新。

2. 新闻信息的维护

企业每天都会发生一些事件,这些事件反映了企业业务的最新动向,是访问者了解企业现状和发展的重要渠道。及时发布各种信息,也是与访问者沟通的渠道。

3. 访问者交互信息的维护

在企业网站上提供了电子邮件、留言板(BBS)、QQ(MSN)等与访问者交流的手段。收到访问者的电子邮件或留言要及时回复,并把访问者关心的问题分类整理,存储到相应的数据库中,以便于统计分析。因此,网站需要有人专门负责回复电子邮件和留言。访问者的询问和抱怨都是企业改进工作、提供服务水平的重要依据,是非常重要的信息。

4. 其他信息的维护

其他信息的维护包括页面风格、版式、色彩等内容的维护。

我们经常说"常见常新",一个网站的页面风格也需要经常做一些变化,让访问者感到有新意。

但是,不能经常进行大规模的改版,这样会让访问者找不到他感兴趣的频道和内容,也会把访问者吓跑的。

7.2.2 网站内容维护的机制

【启发案例】 企业每天发生的事件太多了,网站管理人员只有3人,根本无法做到实时更新。

我曾经与某省团委的领导沟通,他问了我一个问题:我办公室里只有3名员工,而每天团委发生的新闻那么多,根本没有人手去更新、维护,怎么办?

那么,到底谁负责维护各种信息呢?

1. 数据维护的原则

为了保证网站数据的正确性、及时性和一致性,在录入信息时应遵守下列原则:

1)源点输入

应当尽可能在数据发源地、由实际当事人输入数据,这样既避免了多次传递带来的错误,也保证了数据的一致性。

2) 统一输入

如果某个数据在多个部门发生和使用,应当集中在一个部门输入。例如新产品信息的录入,应该规定由销售部门录入。

3) 数据简洁

信息录入的数量越大,出错的概率就会越大。因此,在录入信息时应尽量减少数据录入的数量。

可以用各种措施减少信息录入的数量,例如设置默认值、用列表选择的形式、用自动生成(如当前日期/时间,可以用 DATE()函数自动生成)等手段。

4) 录入界面友好

在录入信息时界面的设计应尽量符合用户的习惯。

网站信息来源于各职能部门,即使网站为用户提供了方便的信息采集和上传手段,如果员工不及时提供信息,也没有任何意义。要解决这个问题,只能靠制度、规定去约束。

2. 网站内容维护的机制

网站主管部门需要制定相关的规章制度来约束业务部门对各种信息的维护和更新,这些制度(规定)应包括以下内容:

1) 录入数据的时间要求

例如,业务数据、新闻数据必须随时更新,财务报表数据必须每月更新,等等。企业可以根据自己的行业特点来决定数据更新的频率和时间要求。

2) 录入数据的准确性要求

在提交网站数据库之前,一定要认真校验数据。可以借鉴图书出版行业的一些规定,如新闻信息的错字率低于 3‰。

3) 一致性要求:同一个业务数据,必须保证访问者在网站上得到的数据是唯一的。企业除了网站,还有其他的传统媒体,例如报纸、杂志、广播等,保证在不同媒体上所宣传数据的一致性也是网站维护者要注意的问题。

7.3 网站数据库维护

【启发案例】 某著名的购物网站由于服务器故障,使会员信息以及会员的积分信息丢失,无法兑现"积分换礼"的承诺,使会员不满,造成会员的大量流失。

今天的网站架构都采用三层或多层结构,业务数据存储在数据库中,以数据库为中心的电子商务系统网站建设决定了数据库维护的重要性。

在网站运营的过程中可能会遇到各种威胁,例如:

(1) 硬件故障;

(2) 黑客攻击;

(3) 操作者无意的误操作;

(4) 病毒破坏;

(5) 系统软件(操作系统、数据库管理系统)故障。

这些都可能导致整个系统的数据被破坏，给企业带来巨大的损失。为了避免这些问题，需要数据库维护人员定期对数据库进行维护。

7.3.1 数据库维护的内容

数据库维护的内容如下：
（1）数据库安全控制；
（2）数据库的正确性保护、转储与恢复；
（3）数据库的重组织；
（4）数据库的重构造。

7.3.2 数据库的安全性控制

为了保证数据库中的业务数据不被非授权的用户非法窃取，需要对数据库的访问者进行各种限制。数据库的安全性控制措施主要如下。

1．用户身份鉴别

用户身份鉴别的手段很多，可以使用口令、磁卡、IC卡或指纹、虹膜等技术，只有拥有合法身份的人才可以进入数据库。

在这里需要特别强调的是，由于网站管理者人员的变动，对离职员工的管理也是非常值得注意的。一旦员工离职，其所有的身份识别手段应立即失效，这需要数据库的及时更新，因为所有的员工身份信息都是保存在数据库中的。

2．存取权限控制

不同的角色对数据库中数据的存取权限是不同的，必须为每一个角色设置其访问的数据库对象、权限。

3．制定数据管理的制度

制度最终约束人的行为，通过制定相应的规章制度可以保证在合适的时间由合适的人对数据进行合适的操作。

7.3.3 数据库的正确性保护、转储与恢复

为保证数据库的正确性，应做到以下几点：
（1）定期备份，将数据库的内容转储到磁带上；
（2）对每次应用数据库的过程进行记录，以便在出现错误时可以检查错误来源；
（3）日志的使用与备份；
（4）一旦系统出现错误，利用备份数据恢复系统到故障前的某个点。

数据库管理系统（DBMS）都提供了方便的数据库备份和恢复工具，下面以SQL Server为例说明数据库备份与恢复的过程。

1. 备份与还原的概念

在数据库的使用中经常会遇到各种各样的异常情况,这些异常可能会导致重要数据的丢失,例如突然停电、硬盘损坏、操作员的错误操作等,数据的丢失会给企业带来巨大的经济损失。SQL Server 的恢复功能就是针对这些设计的。

备份是指将数据库中的数据取出来,存放到另一个安全的地方。以便当数据库中的数据遭到破坏时能够将数据取回来,恢复到原来没有被破坏的内容。

需要注意的是,备份的对象是整个数据库,而不是某个数据库用户或某个单独的数据文件,在恢复时也是恢复整个数据库的数据。

还原(Recover)是指利用已经备份好的数据将原数据库恢复,使之恢复到备份时的内容。

2. 数据库系统故障

数据库系统故障通常有以下 3 种因素:

1)硬件故障

硬件故障是指用于构建数据库管理系统的硬件环境故障,包括 CPU、内存、主板、存储设备故障,这类故障不经常发生。

2)软件故障

软件故障包括操作系统、数据库管理系统、应用程序故障。

3)人为误操作

人为误操作是人们在使用数据库管理系统或数据库应用程序时因为疏忽而造成的错误。人为误操作常常不容易被发现,因为 DBMS 或应用程序并不知道这是误操作,所以不会有警报或错误提示产生。

3. SQL Server 的事务日志

事务日志是 SQL Server 数据库的重要组成部分,它记录了上次备份数据后对数据库进行改动的所有操作。显然,通过上次备份的数据和事务日志就可以恢复到对数据操作的某个点。

在对数据库进行还原时会将上一次备份的数据库状态作为检查点,指定事务日志中某个确认点之前的所有操作都将重新执行一次,以恢复到确认点的数据库状态。如果没有事务日志,则只能恢复到上次备份数据库的状态,因此事务日志也需要进行相应的备份,以防万一。

4. 备份的种类

按数据的备份方法来分,备份可以分为完全备份和差异备份。

完全备份是指将数据库中的所有数据都备份,执行完全备份将备份一个完整的数据库。如果在服务器中有多个数据库,则每个数据库需要单独备份。完全备份通常耗时较大,并且只要一开始就不能暂停。对于大型数据库来说,完全备份很可能影响到其运行时间,因此可以考虑采用差异备份。

差异备份是指仅备份上次备份以后有改变的数据。相对来说,其变更的数据比整个数据库中的数据少,因此差异备份通常也可以节省备份的时间,但采用差异备份的还原要比完全备份更花费时间。数据库管理员应当在使用差异备份的同时考虑使用完全备份来防止数据被破坏时会有太长的恢复时间。

按备份的内容来分,备份可以分为数据库备份、事务日志备份和文件备份。

数据库备份是对数据库中所有数据资料的备份,类似完全备份。

事务日志备份仅备份事务日志文件。由于一个已备份的数据库和事务日志可以精确地恢复到最新时间发生的操作,因此事务日志文件的备份也是不可或缺的。事务日志备份比数据库备份更快,所需资源更少,因此事务日志可以经常备份。

文件备份是指单独备份数据库中的某个文件,这适合于对数据库文件结构非常熟悉的数据库管理员使用。

7.3.4 数据库的重组织

【启发案例】 家里的衣柜,每到换季的时候都要重新整理,把经常穿的衣服放在伸手可及的地方,把暂时不穿的衣服收到箱底。想想看:你的硬盘就像一个存放数据的柜子,随着你频繁地插入、修改、删除,数据的存储变得杂乱无章。当在这样的数据库中查找一个数据的时候,查找的效率会非常低。怎么解决这个问题?

数据库的重组织就是重新安排数据在磁盘上的存储位置,使相关的数据尽量存放在同一柱面上。

【小常识】 磁盘数据的存储方式和访问方式。

磁盘机是一种按地址直接存取的存储设备。它把信息记录在盘片上,每个盘片有正、反两面。若干个盘片可组成一个盘组。盘组中的盘片都被固定在一根轴上,沿一个方向高速旋转。每个盘面上有一个读写磁头,所有的读写磁头都被固定在唯一的移动臂上同时移动,如图 7-1 所示。

对所有的读写磁头按从上到下的顺序所做的编号,称为磁头号。在磁头位置下的盘面上的磁道在同一个圆柱面上,称这些磁道促成了一个柱面。在每个盘面上有许多磁道,按由外向里的顺序编号。移动臂

图 7-1 磁盘

可移动读写磁头访问所有的磁道。当移动臂移到某一位置时,所有的读写磁头都在同一个柱面上,把盘面上的磁道编号称为柱面号。每个盘面被划分成若干相等的扇区,每个扇区中的各个磁道都是可存放相等字节数的一个块,沿与磁盘旋转方向相反的方向给各扇区编号,称为扇区号。所以,磁盘存储空间中的每一个块的位置可以由 3 个参数决定,即柱面号、磁头号、扇区号,每个参数均从"0"开始编号。

为了减少移动臂移动所花费的时间,在存放信息时按柱面存放,同一柱面上的磁道放满后再放下一个柱面。在存取信息时按给定的柱面号、磁头号、扇区号,先由磁盘机根据柱面号控制移动臂做机械的横向运动,带动所有的读写磁头到达指定柱面,由于每次只允许一个磁头进行读/写,必须再按照磁头号确定信息所在的盘面,然后等到待访问的扇区旋转到读

写磁头下时由指定的磁头进行存取。

7.3.5 数据库的重构造

在使用数据库的过程中,会发现有些字段的长度不能满足需要,数据类型不便于数据处理,某些业务需要的属性当时没有考虑,在设计数据库表结构时没有设计相应的字段,这时需要重新设计数据库中表的结构,通常把改变数据库表的某些结构的工作称为数据库的重构造。

对于不同的 DBMS 来说,对数据库表结构的修改有相应的规定,并不是能随心所欲地修改。建议读者参考数据库技术的相关内容。

7.4 网站链接维护

先来看图 7-2,这是在互联网上经常遇到的情况:你单击了某个感兴趣的内容,但网站却告诉你这个链接无法实现。如果在同一个网站上这种情况经常出现,会产生什么影响,你还会在这个网站逗留吗?

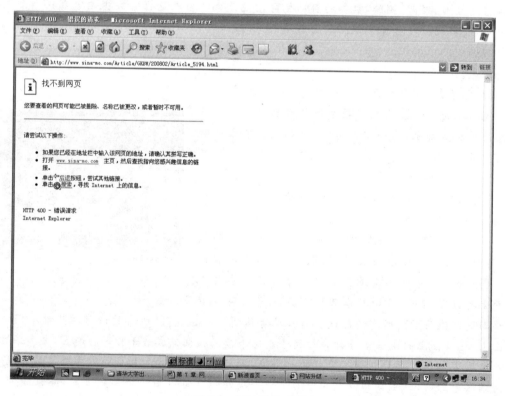

图 7-2　网站链接出错

7.4.1 奥斯本效应

什么是奥斯本效应?20 世纪 80 年代初,有一家颇受欢迎的个人计算机厂商奥斯本,因为太早宣布他们要推出更高档的机器而又迟迟无法交货,消费者闻风纷纷停止下单订购现有机种,最后导致奥斯本因收入枯竭而宣布破产。

对于搜索引擎而言,提交也或多或少存在着奥斯本效应。网站建设者总是希望能尽早地看到搜索引擎效果,于是在企业建站初期便将不完善的网站提交到搜索引擎,导致后期搜索页面结果出现意想不到的结果。就像奥斯本效应,网站会失去原有的魅力及效果。

网站链接对排名有着十分重要的影响,因此在做好链接以后还要对网站链接加以有效的维护。维护的重点对象就是网站的外部链接和内部链接,进行有效链接的维护,有利于及时发现网站内部的失效链接并清理或者更改,从而提升排名和权重。

7.4.2 网站链接维护的对象

网站链接分为网站内部链接和网站外部链接,有效链接维护工作的重点对象是网站的外部链接以及网站的内部链接。

1. 内部链接

由于网站运行的时间过长,网站内部难免会出现一些地址已失效的链接,针对这个情况,链接的维护工作主要就是及时发现并清除这些失效的链接。

及时发现网站内部的失效链接并清理或者更改,可以使一些相关网页的 PR 值得到提升或者排名得到提升。

2. 外部链接

现阶段 SEO 被越来越多的网站管理员重视,大家都认识到外部链接在 SEO 中的重要地位,因此出现了一些外部链接的陷阱,例如把链接放在 JS、框架上或者是用了 rel='external nofollow'标签等。另外一种情况就是在交换了链接之后,对方过段时间就把你的链接删除。外部链接的维护工作是十分必要的,重要程度甚至高于内部链接的维护。

外部链接是提升网站排名、网站权重、网站影响的重要方法之一。

链接的维护工作需要及时发现一些失效、不相关链接或者一些链接陷阱,确保进行的链接建设是有效的。有效链接的维护一半是为了搜索引擎优化,另一半是为了用户体验。

7.4.3 网站链接维护的方法

有现成的网站管理工具提供链接检查。链接检查软件可检查网站的所有页面,并报告断开的、似乎断开的或有些不正常的 URL。另外还可以发现孤立文件,即网站中没有和任何页面建立链接的文件。

1. ASP.NET 网站管理工具

网站管理工具使用户能够通过简单的 Web 界面查看并管理网站配置。

1) 网站配置

网站配置设置存储在一个名为 Web.config 的 XML 文件中,该文件位于网站的根文件夹中。网站管理工具使用户无须手动编辑 Web.config 文件就可以更改站点配置。第一次使用网站管理工具管理某个特定的网站时，如果 Web.config 文件不存在，则网站管理工具会创建一个 Web.config 文件。在默认情况下，网站管理工具还会在网站的 App_Data 文件夹中创建一个数据库，以存储应用程序服务数据，例如成员资格和角色的信息。对于大多数设置，在网站管理工具中所做的更改将立即生效，并反映到 Web.config 文件中。

2）继承设置

网站的默认设置自动从用于计算机或整个 Web 服务器的任何配置文件中继承。例如，Web 服务器可能具有应用于该服务器上所有站点的默认设置。通过使用网站管理工具可以创建并修改特定网站的没有继承的设置，还可以在站点范围设置允许的条件下重写继承的设置。如果已继承设置，且不能对其重写，则该设置在网站管理工具中显示为灰色，以指示该设置被禁用。

3）使用要求

网站管理工具随 Microsoft Visual Web Developer Web 开发工具提供。如果要使用网站管理工具管理网站，用来运行 Visual Web Developer 的用户账户的用户凭据必须对 Web.config 文件以及要管理的应用程序的 App_Data 文件夹具有读和写的权限。如果无法使用网站管理工具对网站的配置进行管理，请联系系统管理员。

4）网站管理工具的功能

网站管理工具提供了一个选项卡式界面，该界面在每个选项卡中对相关的配置设置进行分组。下面将介绍这些选项卡及选项卡管理的配置设置。

（1）"安全"选项卡：使用"安全"选项卡管理访问规则，以便帮助保证网站中特定资源的安全，并对用户账户和角色进行管理。

用户可以指定如何使用网站，要么从 Internet 中使用（公共），要么从 Intranet 中使用（在局域网上），进而指明网站将使用的身份验证模式的类型。Internet 网站使用 ASP.NET 成员资格系统，即定义单个的用户账户。ASP.NET 使用一个安全系统，以限制对一些特定的用户账户或这些用户账户所属的角色的访问。Intranet 网站使用 Windows 身份验证，即用户由 Windows 登录信息标识。

（2）"应用程序"选项卡：使用"应用程序"选项卡管理与网站相关的各种设置。

- 应用程序设置：这些设置是需要集中存储并可从网站任何地方以代码形式访问的一些名称/值对。
- SMTP 设置：确定站点如何发送电子邮件。
- 调试和跟踪设置。
- 脱机和联机设置：使网站脱机（将其关闭）以执行维护，或使一个新的 Microsoft SQL Server 标准版的数据库联机。

（3）"提供程序"选项卡：使用"提供程序"选项卡可测试或指定网站的成员资格和角色管理的提供程序。数据库提供程序是一些经调用以存储特定功能的应用程序数据的类。在默认情况下，网站管理工具在网站的 App_Data 文件夹中配置并使用一个本地 Microsoft SQL Server 标准版数据库。相反，用户可以选择使用不同的提供程序（如远程 SQL Server 数据库），以存储成员资格和角色管理。

5）注意事项

下面是一些使用网站管理工具时的注意事项。

（1）保存时重新启动应用程序：在网站管理工具中对配置设置所做的大多数更改会立即生效，这需要重新启动对其应用更改的网站。因为重新启动将导致网站中的当前活动会话丢失，所以应该先对网站的测试或开发版本做配置更改，然后再将这些更改发布到成品服务器。

（2）保存设置：在网站管理工具中对配置设置所做的大多数更改会立即生效。对于网站管理工具的界面有专用的"保存"按钮的设置，如果让网站管理工具处于空闲，或者在单击"保存"按钮前使网站管理工具超时，这将导致丢失配置设置的更改。

（3）超时：作为一种安全措施，网站管理工具会在不活动状态持续一段时间后超时，任何不立即生效且没有保存的设置将会丢失。如果网站管理工具超时，则关闭浏览器，然后在新的窗口中重新打开网站管理工具。

2．Google 的网站管理员工具

Google 的免费网站管理员工具可以让网站更便于 Google 处理。这些工具可以让用户知道 Google 对网站的评价，帮助用户诊断问题，并让用户与 Google 共享信息以提高用户的网站在搜索结果中的展示率。

1）帮助 Google 更好地抓取用户的网站

提高用户的网站在 Google 上展示率的第一步就是了解 Google 如何抓取用户的网站并编制索引。

- 抓取信息：了解如何确定 Google 已访问过用户的网站，并查看 Googlebot 上次访问的时间。用户还可以查看 Google 在抓取时遇到问题的网址，并了解无法抓取的原因。如此一来，用户便可以修正所有问题，让 Google 能够为用户的所有网页编制索引。
- 索引统计信息：了解对网站编制索引的方式以及用户的哪些网页目前已编入索引中。如果发现用户的网站上有违规行为，Google 会给用户修正问题的机会并允许让用户申请对该网站进行重新审核。

2）了解如何提高网站点击量

- 查看链接数据：查看已在网络上找到的指向用户网站的数千个链接。数据分为外部链接和内部链接，以帮助用户更好地了解网站的访问者。
- 热门查询：找出提高用户网站点击量的热门查询，以及用户的网站出现在热门搜索结果中的位置。这可让用户了解浏览者如何找到用户的网站。
- 网页分析：查看用户网站的热门内容以及其他网站用来链接到用户网站的字词。

3）与 Google 共享网站的信息

因为没人比用户更了解自己的网站，所以用户也可以与 Google 共享此信息并提高用户网站的易抓取程度。

- 提交 Sitemap：通过提交 Sitemap 文件来告诉 Google 关于用户网站上网页的一切信息，帮助 Google 了解哪些网页对用户最重要，以及它们的更改频率。Google 会尽力更频繁地抓取这些网页。
- 抓取速度控制：向 Google 提供有关用户希望 Googlebot 如何抓取用户网站的信息。如果用户希望 Google 减慢或加快抓取网站的速度，请告知。

3. Site Publisher

Site Publisher 是一个相当不错的远程 Web 网站管理工具。使用这个程序管理网站很容易,只要按一下鼠标就可以了,不需要由用户痛苦地自己搜寻变更(修改)过多少文件或新增了多少需要上传的文件,Site Publisher 会自动对比文件是否经过修改而上传更新的文件,对于那些在本机中已不存在的文件,Site Publisher 会在更新的同时一并帮用户从远程服务器中删除(当然新增的文件也会一并上传),让服务器中的所有文件都跟本地计算机中的文件同步,用户还可以自己掌握远程计算机中的文件分布。

4. WebTester 1.05

WebTester 是一个方便使用的网站管理小工具,主要功能是检查网页有无断链,对于那些实际不存在而放在网页上的链接,该工具能够指出。该工具也可以检查外部链接的合法性(如果外部链接所指向的页面被移动或被删除,用户将能够知道需要更新链接了)。该脚本程序相当健壮,除了能够跟踪直接的链接(页面)以外,还可以跟踪所链接的图像、SSI 内嵌的文本以及由 CGI 动态生成的页面(可选)。

该工具还可以让用户知道页面上所放置的有效的下载文件的大小,并可根据不同的连接速度预测下载时间。

最后,该工具还可以为网站创建一个简单的网站图,以提纲的格式显示出网站上的所有页面。该网站图可以显示出 SSI 中所包括的页面。

7.5 网站安全维护

【应用案例】

网站安全除了依靠网络设备、主机系统、数据库系统、应用系统等的安全状况以外,也受应用系统的设置影响。安全建设是一项复杂的系统工程,安全不是简单的产品累加,网络运行环境需要专业的安全技能进行手工维护和加固,以保证业务流的畅通无阻。单纯的产品部署无法确保客户整体安全和系统运行的效率,而依靠安全专家的安全加固优化配置等操作需要非常专业的安全技能,以保障整体安全水平的持续提高。

7.5.1 网站安全维护服务的意义

网站安全维护服务的意义如下:
(1) 网站安全维护可以修复网站漏洞,包括 ASP 程序、PHP 程序以及其他动态站点存在的安全隐患。
(2) 网站安全维护可以修复后台应用系统的安全设置问题。
(3) 网站安全维护可以修复网站所在物理服务器的安全性问题。

7.5.2 网站安全维护服务的内容

网站安全维护服务的内容如下:

（1）网站程序优化，加入容错代码。
（2）网站用户权限更改，重新设置 IIS 配置，使安全性提高。
（3）针对 MSSQL、MySQL 等数据库的运行特点提出解决方案，防止利用 MySQL 提升权限。
（4）更改部分程序端口，增加系统隐蔽性。
（5）合理配置内网中的数据库，防止用户浏览数据库内容。
（6）在 Web 服务器中安装必要防火墙，并且从 IIS 底层防止 SQL 注入，利用 IDS 入侵防御系统自动屏蔽入侵 IP。
（7）查看系统日志，了解系统以前的运行情况；全面检查系统，防止以前有人入侵留下了后门。
（8）如果在网络拓扑上需要安全建议，要先知道拓扑情况，根据实际情况来制定方案。

7.5.3　网站安全维护服务的流程

网站安全维护服务的流程如下：
（1）进行网站安全测试，了解网站安全状况（建议先使用网站安全测试服务）。
（2）申请单位确认漏洞，签订维护服务合同。
（3）指派专业的网络安全技术人员进行安全维护操作。
（4）根据安全维护完成以后的网络状况进行安全测试验证。
（5）提供维护以后的安全测试对比、效果说明。
（6）客户认可以后维护服务完成。

不少站长使用虚拟主机来承担网站的运行任务，但虚拟主机即使再安全，如果网站不安全，那也难免惨遭黑手，我们需要拿起武器来捍卫网站的安全。

7.5.4　网站安全维护的内容

1. 密码安全

不要是弱密码，虚拟主机注册用户、虚拟主机和域名控制面板上的 FTP 账号密码以及网站管理员密码不要使用同一个；不要用纯数字密码；不要用有关自己信息的密码；更不能使用管理员默认密码。在设置密码时一定要设置一个强度高的密码，尽量多使用特殊字符。由于大多数网站系统使用 MD5 算法加密密码，所以确定安全的最好办法是把密码加密后的 MD5 值拿到黑客们常去破解 MD5 的网站上试一试，如果不能被破解，则在一定程度上说明密码是安全的。

2. 网站设置安全

为了网站的安全，最好将网站后台的一些设置做一些调整。有些提供上传功能的网站，为了安全起见最好取消上传功能。如果要保留，最好设置为 GIF、JPG、PNG、ZIP、RAR 等格式文件上传，限制用户一天上传的文件大小即可。如果是可以生成 HTML 页面的系统，最后生成 HTML，尽量避免使用 ASP 等动态页面。在设置管理员时不要将数据库操作和网站配置等版块的权限划分给其他管理员，除非他很值得信任。如果发现会员填写的记录中有〈%～%〉、〈SCRIPT〉等,一定要清除。

3. 修改脚本,确保安全

(1) 版权信息:修改掉程序版权信息,这样可以杜绝黑客靠观察网站程序的版权信息来获取当前网站系统的版本,并通过搜索引擎来获取有利于个人入侵的信息,所以一定要把版权信息改掉。

(2) 目录安全:在每一个目录里确保都含有 index.html 文件,如果没有就新建一个不含有任何内容的 index.html,这样可以防范服务器 IIS 设置不严而出现的目录浏览。Windows 2003 中的 IIS 还有一个很严重的漏洞,就是如果有一个文件夹名为 files.asp,那么该文件夹下的所有文件均可以被 asp.dll 解释并执行。如果恶意者设法构造了那么一个文件夹,上传了一个改了扩展名为.rar 的 ASP 木马,那么在恶意者访问这个上传后的 rar 文件时就运行了 ASP 木马,所以站长在检查网站时也应注意是否存在这样命名的文件夹。

(3) 安全改进:将后台的数据库备份、数据库恢复和执行 SQL 语句的相关功能页面删除,最好也将注册条约等管理页面的相关页面删除。这样做虽然对网站管理造成一定的不便,但是黑客可以通过几项功能获得 WEBLLSHELL,从而任意增删、修改数据库中的内容,日常的数据库备份最后还是用 FTP 登录,然后备份到本地来更为安全和节省空间。

4. 数据库安全(只针对 Access)

数据库对网站来说可以说是命根子,会员信息、管理员信息全在里面,所以数据库安全主要从数据库的防下载处理及防暴库入手。

(1) 防暴库处理:网站脚本系统一般都会有一个数据库连接文件,而如果没有容错语句 On Error Resume Next 可能会产生网站数据库被暴出物理路径的危险,所以检查一下 conn.asp 或 mdb.asp 等数据库连接文件中有没有 On Error Resume Next 这一句,如果没有就在出现数据库物理路径的脚本语句之前加入。

(2) 防下载处理:对数据库比较重要的一点就是防下载处理,这里提供两种,一是更改系统默认数据库路径、数据库名,并在其中加入♯、*、%23 等字符;二是用 Access 打开数据库,新建一个表,命名为〈%asdfg%〉(〈% %〉中可以加任何数值,只要不是正确的 ASP 语句即可),添加其中记录也同样使用这个,关闭数据库后将文件扩展名改为.asp 或.asa 即可达到防下载的目的。

5. 后台安全

网站的后台管理登录页面是管理员登录进行管理网站的地方,黑客往往通过简单的工具就可以查到后台的路径。

当然不能让那些不怀好意的人知道从哪里登录后台,就算让黑客知道了管理员用户名和密码也不知道从哪里登录。在这里只需要修改后台的 Admin 文件夹名或后台登录页面(如 admin_login.asp 等)文件名,然后在其余文件中查找原来路径并替换成新路径即可。修改后台页面标题信息,这样黑客就不能通过 Google 等搜索引擎查询到后台地址。

7.6 网站客户反馈信息维护

【启发案例】 利用访问者的反馈来提升服务质量——美国 Peapod 在线零售的经验。

Peapod 利用在线媒体做食品销售服务。它成立于 1989 年,是一个在线杂货店的成员之一,已在旧金山、芝加哥、波士顿有几千个顾客。

Peapod 的成立基于这样的想法:人们不愿意去杂货店。Peapod 有一个在线数据库,存储 25 000 多种食品和药品的信息,允许根据价格、营养成分、脂肪和热量有选择地采购食品。消费者可以有折扣或配给券,Peapod 成员允许用户使用采购或家庭的分发服务。Peapod 拥有一支专业的销售人员,负责提供特殊服务,交付订单中的货物。

1. 工作流程

Peapod 通过计算机为消费者提供家中采购服务。消费者需要购买一个应用软件,通过计算机在线服务来访问 Peapod 的数据库。

使用计算机,消费者可以访问食品店和药店的所有商品;可以在自己的虚拟商店里创建自己的食品通道;可以根据食品分类、品名、商标,甚至根据给定的时间内销售的特定商品来产生一个请求列表;可以选择商品目录的列表方式,例如可以选择根据商标的英文字母排列来列出商品目录,或按每盎司、包装体积、单价、营养价值、最低成本等来排序;也可以创建重复使用的采购单。Peapod 的后台办公室与超市中的主数据库相连,允许为消费者提供超市的库存水平和价格变动。

一旦消费者做出了一项选择,他们就可以给出特殊的采购指令,像"同样热量的代用品""只要红葡萄",他们可以单击"注释"按钮来输入更多的信息,以便让 Peapod 公司中代顾客选购商品的人知道。在订购过程中的任何时间,消费者都可以统计已采购食品的数量,也可以通过访问"帮助"屏幕来获得立即的帮助。

在线订购非常简单,用户在 Peapod 的图标上双击鼠标,然后输入用户的 ID 和口令,验证身份正确后,用户就可以访问食品店和药店的所有商品。在真正购买一个商品之前,用户可以查看该商品的图像和营养成分组成。系统允许用户按各种方式对商品排序,如按价格、单价、总热量、脂肪、蛋白质、碳水化合物、胆固醇来排序。利用这些特性,Peapod 可以帮助用户找到满足特殊要求的食品。还有一些搜索特性可以帮助用户确定某一种商品,如让用户根据商标或产品类型来寻找商品。

当用户完成采购后,他们单击 Done 按钮,订单就以电子方式发送到了 Peapod 公司。在关闭交易之前,用户需要选择送货的时间。如果用户选择精确的送货时间,需要付一点额外的费用。付费可以通过支票、现金,也可以通过 Peapod 的电子付款方式支付。

Peapod 85%~90% 的订单是通过计算机传输的,其余的通过传真或电话。Peapod 对订单集中处理,然后传真给商店,商店打印出带有送货地址、行驶路线的订单。每一张订单由一个 Peapod 职员完成,这个职员根据订单寻找商店的通道,为采购的食品付款。然后,这张订单被带到超市中的保存处,在那里,合适的商品以冷藏或冷冻形式保管,直到分发员汇集到一组订单,把它们在规定的时间内带给消费者。在整个采购过程中,从订货、采购、保管、分发,都是根据个人服务定制的,成本较低。

如果消费者有问题,他们可以请求会员服务(Membership Services),服务代表将努力解决这个问题。Peapod 将每一个请求看成是一次学习机会,可以了解消费者的偏好,并确定公司能够做什么来改善服务水平和服务质量。例如,服务代表发现某些消费者收到了 5 袋葡萄柚而他们实际上只需要 5 个葡萄柚,Peapod 公司就会请求消费者确认订单以避免发生订单错误。

Peapod 的成员除了需支付实际商品的价格之外,每个订单需额外支付 5 美元,再加上总价格的 5%。但消费者愿意付这些额外的费用来换取满意的服务,因为 Peapod 为消费者提供较低成本的采购活动,他们可以使用更多的赠券,做更好的比较购物,减少冲动购物,因此对他们来说还是省钱。据统计,在食品店采购的商品中,有 80% 都是冲动购物(没有事先计划的购物),因此,减少冲动购物是非常重要的。另外,消费者可以节省时间做更多的事。只要他们愿意,他们可以在任何时候在家中或在工作中采购。

2. Peapod 的商业模式

像其他的在线购物一样,Peapod 正在利用交互技术改变购买方式。由于人们生活节奏的加快和工作压力、竞争压力的增大,越来越多的家庭有比采购食品更重要、更有意义的事情要做,Peapod 正好把人们采购食品的时间省了下来。但如果没有良好的后勤保障,这些消费者将会回到商店里去,所以说,幕后的后勤保障是成功的关键。Peapod 必须保证所有的订单能够正确、及时地执行。

Peapod 如何与传统的零售业竞争呢?传统零售业主要从供应商那里赚钱,他们从供应商那里批发购进商品,然后卖给个人消费者,通过批量折扣和店中广告来赚钱。而 Peapod 是从它所服务的消费者那里赚钱。这是一个消费群,当确定了一个特殊消费者的特殊需要后,它就建立一个供应链,利用现有设施完成此项工作。

然而,现有的零售业有它自己的优点。一般来说,现有的食品零售商的非常重要的优势是采购者不愿意更换零售商店,因为他们对货架的位置很熟悉,不愿意花很多的时间重新学习一个新商店里几百种食品的货位。电子零售环境必须提供有效的优势来解决采购者的惯性,减少实验,保证持续的光顾。这就对 Peapod 提出了更高的要求。

Peapod 是零售店的竞争者吗?不全是。Peapod 的战略是与零售商建立伙伴关系而不是直接竞争。电子零售的许多信用来自零售商在个人市场上的信誉。随着这种新型的零售业的出现和发展,Peapod 拥有了足够的客户,Peapod 就会觉得到商场的货架上取食品的成本太高,为了避免这些费用,Peapod 应该有自己的仓库。Peapod 一旦这么做了,就会落入同样的步调,有了自己的仓库,在客户真正需要某些商品之前,采购和保存这些食品。

Peapod 如何在与消费者的在线交互中获益呢?Peapod 发现与每个消费者的交互都是很好的学习机会。在每一次采购交互的结束,它都会问消费者"对订单我们应该怎样做"?Peapod 能得到 35% 的反馈,Peapod 根据消费者的反馈来改进服务,如提供营养成分的信息、在半小时内送货、接受零星的需求、送酒精饮料等。Peapod 把送货看成是另一个学习机会,它会要求雇员找出当消费者不在家时消费者喜欢食品放在什么地方的细节,以便加强与消费者的联系。Peapod 对每一次送货都填写一张"交互记录单",用以记录顾客的这些偏好以及服务的质量和送货时间。

企业网站上一般都提供访问者与企业交流的工具,如电子邮件、实时交流(QQ、MSN)、BBS 等。访问者在访问网站的过程中,如果有不清楚的问题,可以通过上述途径与企业沟通。网站收到访问者的电子邮件或留言后,应该给访问者及时、准确的回复,这样才能增加访问者的好感和信任,也增加了企业销售的机会。

图 7-3 是佰程旅行网(http://www.byecity.com.cn)线路服务网页,只要访问者选择了某个线路,马上就会有"在线客户服务"为访问者服务。

图 7-3　佰程旅行网

7.7　网站优化

网站优化可以从狭义和广义两个方面来说明。狭义的网站优化即搜索引擎优化,也就是让网站设计适合搜索引擎检索、满足搜索引擎排名的指标,从而在搜索引擎检索中获得排名靠前,增强搜索引擎营销的效果。广义的网站优化所考虑的因素不仅仅是搜索引擎,还包括充分满足用户的需求特征、清晰的网站导航、完善的在线帮助等,在此基础上使得网站功能和信息发挥更好的效果;也就是以企业网站为基础,与网络服务商(如搜索引擎等)、合作伙伴、顾客、供应商、销售商等网络营销环境中的各方面因素建立良好的关系。

7.7.1　搜索引擎优化

SEO 是英文 Search Engine Optimization 的缩写,其中文意思是搜索引擎优化。而从事这方面工作的就是 Search Engine Optimizer,搜索引擎优化师。他们利用相关工具或者其他的各种手法使自己的网站符合搜索引擎的搜索规则从而获得较好的排名,也就是常说的网站优化。无止境地追求较前排名是搜索引擎优化师的目标。

网站优化设计的含义具体表现在 3 个方面：对用户优化、对网络环境（搜索引擎等）优化以及对网站运营维护的优化。

（1）对用户优化：经过网站的优化设计，用户可以方便地浏览网站的信息、使用网站的服务。具体表现是：以用户需求为导向，网站导航方便，网页下载速度尽可能快，网页布局合理并且适合保存、打印、转发，网站信息丰富、有效，有助于用户产生信任。

（2）对网络环境（搜索引擎等）优化：从通过搜索引擎推广网站的角度来说，搜索引擎能顺利抓取经过优化设计的网站的基本信息，当用户通过搜索引擎检索时，企业期望的网站摘要信息出现在理想的位置，能让用户发现有关信息并引发其兴趣，从而继续浏览网站获取进一步信息，直至成为真正的顾客。对网络环境优化的表现形式是：适合搜索引擎检索（搜索引擎优化），便于积累网络营销网站资源（如互换链接、互换广告等）。

（3）对网站运营维护的优化：网站运营人员方便进行网站管理维护（日常信息更新、维护、改版升级），有利于各种网络营销方法的应用，并且可以积累有价值的网络营销资源（获得和管理注册用户资源等）。

7.7.2　网站优化的基础

网站优化的基础其实不难，这里给优化人员几点建议：

（1）做好关键字分析，可以根据公司的主营业务及客户的搜索习惯进行关键字设计。

（2）做好关键字布局的全盘设计，最直接的就是分析同行业做过优化排名靠前的网站的布局格式。

（3）统计目前可以利用的外链资源，包括各类 B2B 网站，员工的私人博客，上下游企业网站等，做好外链计划。

（4）最好能事先建立一个实验网站进行实践操作，积累经验。

（5）在网上多咨询 SEO 人士的建议。

（6）认清哪些是 SEO 的作弊手段，避免这些手段。

7.7.3　网站优化的关键词部署

网站优化的最直接表现就是我们确立的关键词在搜索引擎排名上的表现，那么，有效的关键词策略将带给我们事半功倍的效果。所谓的关键词策略就是如何选择有效的关键词以及如何进行关键词部署。

1. 关键词等级

每个 SEO 都会把关键词分为三、六、九等，例如常说一些，一级关键词、二级关键词、长尾关键词。将所有的关键词分等级有助于清晰地知道，哪个等级的关键词用什么样的网站页面优化的 SEO 策略去进行优化。

2. 关键词相关度

需要弄清楚关键词与关键词间的相关度，通过对关键词间的相关度进行组合，提高相关性。

3. 关键词出现的链接位置

关键词链接的放置尽量自然化,避免堆积过多的关键词造成关键词密度过高、优化过度等问题。

4. 控制页面的关键词数量

页面所能承载的关键词数量是有限的,不要指望一个页面能优化 10 个关键词。

5. 权重

清楚知道网站与网站频道权重的大概情况,通过对网站整体权重的了解,更利于关键词部署。关键词的部署是对网站权重、SEO 策略、内部链接的二次开发,是一项复杂、烦琐、系统的工作。

7.7.4 企业网站优化方案

企业网站优化必须做到构架完善,首先超链接优化,做好站内链接,导航结构优化,内容结构优化。控制各页关键词数量,一页中的关键词最多不要超过 3 个,内容针对这几个核心关键词展开,图片也要做适当的链接,分块,应该尽量减少大图片以及缩小图片的加载时间。

1. 网站构架完善

1) 超链接优化

(1) URL 优化:把网站的 URL 优化成权重较高的 URL(全部使用静态 URL,不要在 URL 中出现"?""=""%""&""$"等符号)。

(2) 做好站内链接:做好站内各类页面之间的相关链接,此条非常重要,这方面做好,可以在改版初期先利用网站的内部链接,为重要的关键词页面建立众多反向链接(反向链接是网页和网页之间的,不是网站和网站之间的。网站内部页面之间相互的链接,也是相互的反向链接,对排名是很有益的)。

(3) URL 目录要简化:搜索引擎一般只会去抓取二到三层子目录下的文件,最多不会超过 4 层,除非是质量特别高的页面。

2) 导航结构优化

导航结构的优化原则不仅仅是要对用户友好,同时必须满足搜索引擎的抓取无障碍。

搜索引擎会对一站内多次出现的链接给予充分重视,对 PR(Page Rank,网页级别)值的提高有很大帮助,这也是每个网站首页的网页级别一般高于其他页面的原因,因为每个子页都对首页进行了链接。

3) 内容结构优化

内容优化也是网站结构优化最基础的一个内容。

几点建议:

(1) 更新频率高的内容放到首页显示。

(2) 用户关注的产品也应该放到首页展示(可以参考后台各栏目每日访问统计)。

(3) 容易形成行业权威气氛的内容提升到首页显示,增加网站的权威性,比如突出比较权威的网站合作伙伴等。

2. 控制各页关键词数量

一页中的关键词最多不要超过 3 个,然后所有内容都针对这几个核心关键词展开,才能保证关键词密度合理。搜索引擎也会认为该页主题明确。对于首页,如果确实有大量关键词需要呈现,可以分散写在其他页面并针对性优化,让这些页面也具有"首页"的效果。这也是为什么首页和频道页的关键词要有所区分的原因。对每个不同主题的单网页进行优化,而不是把关键字全部罗列在首页上。

3. 图片的优化

和人的习惯一样,搜索引擎访问一个页面,如果超过 20 秒就会放弃访问,而网页打开的时间很大程度上取决于网页中图片的大小。对于网页图片的优化,主要通过减少图片的像素、缩小图片尺寸和降低分辨率来缩小文件。此外,将大图片切割成若干小图片于不同的表格区间内进行拼接,也可以相对加快下载时间。另外,对图片的优化还有"添加 ALT 属性文字"和"图片文字说明",通过对图片的优化,可以使搜索引擎根据这些提示搜索到网页的图片:

(1) 在图片上方或下方加上包含关键词的描述文本;

(2) 在代码中增加一个包含关键词段的 heading 标题标签,然后在图片下方增加文字描述;

(3) 在图片下方或旁边增加如"更多某某"链接,包含关键词。

总的说来,对图片的优化还是应该尽量减少大图片以及缩小图片的加载时间。对搜索引擎来说,Alt 属性中的文字重要性比正文内容的文字要低。

7.7.5 网站优化应注意的细节

1. 关键词密度

关键词密度最佳是在 6%~8%,很多朋友在做优化的时候就一次性地给网站调整了关键词密度,做得很到位是 7%。大家一定要注意,关键词密度在调整过程中不能一次到位,要一步一步进行调整,而且不能随意增加关键词密度,一定要控制关键词的布局均匀。

2. 结构优化

结构优化对搜索引擎优化来说也是很重要的部分之一,结构优化也不能一步到位。结构优化一步到位很可能导致搜索引擎被误认为网站改版,这样容易引起搜索引擎的过度关注,可能导致优化工作失败。

3. 外链构建

外链构建在网站优化过程中尤为重要,在外链构建过程中切不可操之过急,如果一次性构建外链,还不如不要那么多外链好。外链的意义是让更多的人关注,而不是要手动来添加过多的外链接,所以合理构建外链是相当重要的。

4．内部链接

内部链接也是一个长期的构建过程，内部链接可以由网站主随意控制，一定要注意内部链接应循序渐进地进行。

7.7.6 做好企业网站优化的基本途径

1．网站结构优化

企业网站结构基本都是由首页、公司简介、产品信息、招聘信息和联系信息栏目等组成。

这样的结构基本是把网站当成一个简单的宣传册，没有发挥网络的互动性。对于让一般的企业去利用网络的互动性，也许现在，他们还没有专业人员来负责，那么这块先跳过去，等以后我会有专门的文章介绍。那么现在就以媒体的角度来优化企业网站的结构。

（1）网站内部链接优化。对于网站的各个页面之间的链接，千万别只靠导航栏，而是要尽量在页面内容中出现链接，也就是诱导着浏览者一步一步看下去，然后给你发 E-mail 询问业务。这里要记住一个细节，那就是在诱导浏览者给你发 E-mail 的时候，切不可只留下一个信箱地址，应该留一个"联系我们"的超链接。当然链接指向的不是另外一个页面，而是你的信箱。总之，这种连贯要从一个浏览者的角度去出发。要保证超链接结构的连贯性。

（2）加上一个 FAQ 栏目。目前大多的企业网站都没有 FAQ 栏目。一般企业宣传自己的产品，会遇到一些比较常见的问题。企业最好能够把预先想到的问题以及解答做一个页面，这样有利于浏览者更容易地了解自己的产品，以及促成业务合作。

（3）网站文件目录优化。现在有许多网站的整个栏目基本都是放在一个文件夹内。这是一种很不合理的形式。网站的每个栏目都应该有一个合理的文件夹，这样一方面可以让网站文件条理化，便于查找、修改，另外一方面有利于搜索引擎搜索。

（4）网站文件名优化。有的网站的许多文件名在搜索引擎中都是乱码，用 FTP 下载完它的全站后发现，原来它的许多文件名字都用的是中文名。原来它的负责人以为如此做会对搜索引擎有利，其实这样做的效果是相反的，往往让搜索引擎找不到它。所以，网站文件名，千万别用中文，最好用英文。并且可以包含英文关键词。

2．网站页面优化

有一些企业的页面虽然好看，但是并不实用，有一些对营销很不利的因素需要优化，主要有以下几个方面：

（1）首页优化。首页对一个网站很重要，目前有些企业网站的首页都是用纯图片或者 Flash 动画。它对搜索引擎极为不利。如果企业网站很注意形象，那么优化的时候可以将这些保留。不过尽量下面有进入内页文字链接。

（2）不要用"鬼影秘籍"。"鬼影秘籍"就是在网页中用与页面背景相同的颜色隐藏许多关键词。这种方法在几年前还是比较好用的。但是随着搜索引擎的智能化，这种方法渐渐失去了作用，甚至会被 Google"扣分"。

（3）图片优化。目前，大多数搜索引擎都有图片搜索功能，所以对待图片的优化，千万也不要放过。图片优化很简单。在网页制作的时候，对图片加入文字注释就可以了，注意，文字注释中不能丢掉关键词。麦秸工艺画网站中的图片经过优化后,很快在许多搜索引擎的图片搜索中就可以搜到了,例如:在百度的图片搜索中输入关键词"工艺画",出来的图片中许多都是麦秸工艺画网站的图片。

(4) 给网页减肥。给网页减肥可以让网页缩小20%～50%。可以提高网页下载速度以及其他方面的好处。目前网上有许多的这类软件。

3. 搜索引擎排名的优化

(1) 网页标签优化。网页标签优化主要包括标题标签、关键词标签、描述标签等。标题标签优化对搜索引擎非常重要,而且很有技巧。然后就是关键词标签、描述标签等。这里要注意一点,描述标签千万不要夸大,设置超过页面的文字内容,它一定要保持和页面内容相符才能取得好的效果。

(2) 导航栏目优化。许多企业网站大导航栏都用的是图片,这对于搜索引擎很不利。所以企业网站的导航栏目最好用文字链接,并且应当加粗其字体。

(3) 设计一个导航页面。产品较多的页面的内部链接比较多。所以建立一个导航页面很重要,这个页面要条理化、系统化地列出网站的所有链接。然后还可以适当地融入众多关键词,对搜索引擎排名十分有利。

(4) 页面字体优化。在网页中,一定要自然地突出关键词。比如网页内容标题中包含关键词,可以加大字体。文本内容出现的关键词,可以用不同的颜色或者加粗。

7.8 网站维护效果评价

网站运营者最关心的问题是网站的效果,即网站能否带来批量的目标访问者,实现预期的目标,这些目标根据不同的企业和网站类型,可能是在线销售、联系咨询、网络广告、用户注册、自助服务等。如果没能达到以上目标,运营者也需要反思网站运营的哪个环节出现问题,以进行及时的调整改进。这就需要对网站运营维护有一套全面的监测指标,作为问题分析和效果判断的依据。一般来说,常用的网站运营维护效果监测可以通过搜索引擎提供的各种命令进行检测,以及使用网站流量统计分析工具获得全面的了解。

7.8.1 搜索引擎统计

搜索引擎是目前网民使用量最大的信息查询工具,对于很多人来说几乎成为查询信息的第一入口。因此占领搜索引擎即意味着占领了主要的信息传播渠道。搜索引擎统计主要是统计网站在主流搜索引擎的曝光度,因为这将直接影响网站的运营效果。搜索引擎统计主要包括搜索引擎收录网页数量和质量,重要关键词排名,网页 PageRank 值,以及外部链接检查等方面。

7.8.2 搜索引擎收录

检查搜索引擎收录的方式是用命令 site:yoursite.com,在搜索引擎中搜索,查看以下结果:

收录网页数量；
收录的都是什么页面；
收录的标题和摘要信息是否合理；
重要网页是否收录；
新添加页面是否被及时收录。

如果收录数量稀少甚至为 0，或者收录的页面只有 URL 网址，没有标题和摘要信息，或者出现大量"补充资料"收录结果，均说明网站本身存在严重问题，对搜索引擎不够友好。收录数量和质量之所以非常重要，因为它直接影响关键词在搜索引擎结果中的排名效果，以及通过搜索引擎能够为网站带来多大的有效访问量。

7.8.3 关键词排名

收录之后，接下来应考察网站在重要关键词检索下的主流搜索引擎中的排名。重要关键词如公司名称、核心业务名称及其相关组合等。如果自然检索结果排名不佳，意味着目标用户无法通过搜索引擎这个第一信息入口找到自己，需要对网站的搜索引擎友好性进行彻底诊断和改进，或者直接购买关键词广告进行及时补救。

7.8.4 网站各级页面 PR 值

网页级别(Page Rank, PR)，是 Google 对网页重要性的打分，级别从 0 到 10 级，PR 值越高说明该网页级别越高，Google 对其越重视。一个首页 PR 值高的网站，Google 对它的索引频率和索引深度都比同类网站更快、更深入。PR 值高低主要与网站内部结构和内部、外部链接有关。中文企业网站首页的 PR 值能够达到 3 算不错，达到 4 就非常好了；经营性网站则首页 PR 值达到 4 才是基础。

查看 PR 值可以通过下载 Google 工具栏：http://toolbar.google.com，下载后直接嵌于浏览器下方，每打开一个网页，如果该网页有 PR 值，则可以通过一个横向的绿色柱状图显示出来。

PR 值每季度更新一次，除了新上线不久的网站，一般网站在半年内如果首页还没有 PR 值(PR 为 0)，则可以初步判断该网站存在严重影响搜索引擎友好性的问题，例如网站没有外部链接，首页跳转，框架结构，复制网页等，均属于常见的导致首页 PR 值为 0 的原因。因此查看 PR 值对于网站运营的价值在于：如果 PR 值始终太低，则说明网站一定存在这样那样影响搜索引擎友好性的问题，需要引起网站运营人员的高度重视。

7.8.5 查看网站链接广度

除了考察网页收录和关键词排名情况，搜索引擎统计还有一个重要的利用方式，即网站外部链接检查，检查有哪些网站链接到你的网站，通常称为链接广度。链接广度可从一定程度上反观网站的推广力度。具体检查方式是使用命令 link：http://www.yoursite.com 在 www.yahoo.com.cn 中检索，能查看到网站的大部分外部链接。如果外部链接稀少，可见网站的推广力度有限，或者推广方式单一。如果网站运营者发现自己的网站链接广度太低，又实在不清楚应该怎样增加网站的外部链接，则可以使用这一命令来查看同行或竞争者网站的外部链接,或许可以从中获得对自己网站推广有所启发的信息。

【本章小结】

本章系统介绍了网站维护的重要性和网站维护的内容、维护方法。网站维护的目的是保证网站正常运行,维护的内容包括:硬件设备(服务器、网络)的维护;系统软件的维护;应用软件的维护;数据库的维护;安全策略的维护等。硬件基础设施的维护是根本,数据库的维护是核心。维护是一项长期的工作。

【本章习题】

(1) 试分析硬件维护的内容。
(2) 试分析数据库维护的重要性和内容。
(3) 试分析代码维护的内容。

第8章 数据分析工具

【本章知识点】

本章从数据分析的技术需求出发,介绍了目前常用的数据分析技术。主要内容包括:
(1) 数据分析概述;
(2) 数据分析与数据挖掘;
(3) 关联分析;
(4) 聚类分析;
(5) 分类分析;
(6) 时间序列分析;
(7) 非结构化数据的分析技术;
(8) 文本挖掘与语义分析。

8.1 数据分析概述

数据分析是指用适当的统计方法对收集来的大量第一手资料和第二手资料进行分析,以求最大化地开发数据资料的功能,发挥数据的作用。是为了提取有用信息和形成结论而对数据加以详细研究和概括总结的过程。

数据也称观测值,是实验、测量、观察、调查等的结果,常以数量的形式给出。数据分析的目的是把隐藏在一大批看似杂乱无章的数据背后的信息集中和提炼出来,总结出所研究对象的内在规律。在实际工作中,数据分析能够帮助管理者进行判断和决策,以便采取适当策略与行动。例如企业的高层希望通过市场分析和研究,把握当前产品的市场动向,从而制订合理的产品研发和销售计划,这就必须依赖数据分析才能完成。

在统计学领域,有些人将数据分析划分为描述性统计分析、探索性数据分析以及验证性数据分析;其中,探索性数据分析侧重于在数据之中发现新的特征,而验证性数据分析则侧重于已有假设的证实或证伪。

描述性数据分析属于初级数据分析,常见的分析方法有对比分析法、平均分析法、交叉分析法等。而探索性数据分析以及验证性数据分析属于高级数据分析,常见的分析方法有相关分析、因子分析、回归分析等。我们日常学习和工作中涉及的数据分析主要是描述性数据分析,也就是大家常用的初级数据分析。

探索性数据分析：是指为了形成值得假设的检验而对数据进行分析的一种方法，是对传统统计学假设检验手段的补充。该方法由美国著名统计学家约翰·图基（John Tukey）命名。

定性数据分析：又称为"定性资料分析""定性研究"或者"质性研究资料分析"，是指对诸如词语、照片、观察结果之类的非数值型数据（或者说资料）的分析。

【案例1】 Suncorp-Metway 使用数据分析实现智慧营销。

Suncorp-Metway 是澳大利亚一家提供普通保险、银行业、寿险和理财服务的多元化金融服务集团，旗下拥有5个业务部门，管理着14类商品，由公司及共享服务部门提供支持，其在澳大利亚和新西兰的运营业务与900多万名客户有合作关系。

该公司过去十年间的合并与收购，使客户群增长了200%，这极大增加了客户群数据管理的复杂性，如果解决不好，必将对公司利润产生负面影响。为此，IBM 公司为其提供了一套解决方案，组件包括：IBM Cognos 8 BI、IBM Initiate Master Data Service 与 IBM Unica。

采用该方案后，Suncorp-Metway 公司至少在以下三项业务方面取得显著成效：

（1）显著增加了市场份额，但没有增加营销开支；

（2）每年大约能够节省1000万美元的集成与相关成本；

（3）避免向同一户家庭重复邮寄相同信函并且消除冗余系统，从而同时降低直接邮寄与运营成本。

由此可见，Suncorp-Metway 公司通过该方案将此前多个孤立来源的数据集成起来，实现智慧营销，对控制成本，增加利润起到非常积极的作用。

【案例2】 数据分析帮助辛辛那提动植物园提高客户满意度。

美国辛辛那提动植物园成立于1873年，是世界上著名的动植物园之一，以其物种保护和保存以及高成活率繁殖饲养计划享有极高声誉。它占地面积71英亩，园内有500种动物和3000多种植物，是国内游客人数最多的动植物园之一。

辛辛那提动植物园是一个非营利性组织，是俄亥俄州同时也是美国国内享受公共补贴最低的动植物园，除去政府补贴，2600万美元年度预算中，自筹资金部分超过三分之二。为此，需要不断地寻求增加收入。而要做到这一点，最好的办法是为工作人员和游客提供更好的服务，提高游览率。从而实现动植物园与客户和纳税人的双赢。

借助于该方案强大的收集和处理能力、互联能力、分析能力以及随之带来的洞察力，在部署后，企业有以下几方面的受益：

（1）帮助动植物园了解每个客户浏览、使用和消费模式，根据时间和地理分布情况采取相应的措施改善游客体验，同时实现营业收入最大化。

（2）根据消费和游览行为对动植物园游客进行细分，针对每一类细分游客开展营销和促销活动，显著提高忠诚度和客户保有量。

（3）识别消费支出低的游客，针对他们发送具有战略性的直寄广告，同时通过具有创意性的营销和激励计划奖励忠诚客户。

（4）360°全方位了解客户行为，优化营销决策，实施解决方案后头一年节省4万多美元营销成本，同时强化了可测量的结果。

（5）采用地理分析显示大量未实现预期结果的促销和折扣计划，重新部署资源支持产出率更高的业务活动，动植物园每年节省10万多美元。

（6）通过强化营销提高整体游览率，2011年至少新增5万人次游览。

（7）提供洞察结果，强化运营管理。例如，即将关门前冰激凌销售出现高潮，动植物园决定延长冰激凌摊位营业时间，直到关门为止。这一措施夏季每天可增加2000美元收入。

（8）与上年相比，餐饮销售增加30.7%，零售销售增加5.9%。

（9）动植物园高层管理团队可以制定更好的决策，不需要IT介入或提供支持。

（10）将分析引入会议室，利用直观工具帮助业务人员掌握数据。

8.1.1 数据分析过程

数据分析有极广泛的应用范围。典型的数据分析包含以下三步。

（1）探索性数据分析：当数据刚取得时，可能杂乱无章，看不出规律，通过作图、造表、用各种形式的方程拟合，计算某些特征量等手段探索规律性的可能形式，即往什么方向和用何种方式去寻找和揭示隐含在数据中的规律性。

（2）模型选定分析：在探索性分析的基础上提出一类或几类可能的模型，然后通过进一步的分析从中挑选一定的模型。

（3）推断分析：通常使用数理统计方法对所定模型或估计的可靠程度和精确程度做出推断。

数据分析过程的主要活动由识别信息需求、收集数据、分析数据、评价并改进数据分析的有效性组成。

1）识别信息需求

识别信息需求是确保数据分析过程有效性的首要条件，可以为收集数据、分析数据提供清晰的目标。识别信息需求是管理者的职责，管理者应根据决策和过程控制的需求，提出对信息的需求。

2）收集数据

有目的地收集数据，是确保数据分析过程有效的基础。组织需要对收集数据的内容、渠道、方法进行策划。策划时应考虑：

（1）将识别的需求转化为具体的要求；

（2）明确由谁在何时何处，通过何种渠道和方法收集数据；

（3）记录表应便于使用；

（4）采取有效措施，防止数据丢失和虚假数据对系统的干扰。

3）分析数据

分析数据是将收集的数据通过加工、整理和分析，使其转化为信息，通常使用的方法有：

旧七种工具，即排列图、因果图、分层法、调查表、散步图、直方图、控制图；

新七种工具，即关联图、系统图、矩阵图、KJ法、计划评审技术、PDPC法、矩阵数据图。

4）评价并改进数据分析的有效性

通过对以下问题的分析，评估其有效性：

（1）提供决策的信息是否充分、可信，是否存在因信息不足、失准、滞后而导致决策失误的问题；

（2）信息对持续改进质量管理体系、过程、产品所发挥的作用是否与期望值一致，是否在产品实现过程中有效运用数据分析；

(3) 收集数据的目的是否明确，收集的数据是否真实和充分，信息渠道是否畅通；
(4) 数据分析方法是否合理，是否将风险控制在可接受的范围；
(5) 数据分析所需资源是否得到保障。

目前电子商务领域应用最广泛的信息处理技术是商务智能。商务智能（Business Intelligence）也称为BI，通常被理解为将企业中现有的数据转化为知识，帮助企业做出明智的业务经营决策的工具。这里所谈的数据包括来自企业业务系统的订单、库存、交易账目、客户和供应商等来自企业所处行业和竞争对手的数据以及来自企业所处的其他外部环境中的各种数据。而商务智能能够辅助的业务经营决策，既可以是操作层的，也可以是战术层和战略层的决策。为了将数据转化为知识，需要利用数据仓库、联机分析处理（OLAP）工具和数据挖掘等技术。

8.1.2 数据分析框架的主要事件

1. 分类

在业务构建中，最重要的分类（Classification）一般是对客户数据的分类，主要用于精准营销。

通常分类数据最大的问题在于分类区间的规划，例如分类区间的颗粒度以及分类区间的区间界限等，分类区间的规划需要根据业务流来设定，而业务流的设计必须以客户需要为核心，因此分类的核心思想在于能够完成满足客户需要的业务。

由于市场需求是变化的，分类通常也是变化的，例如银行业务中VIP客户的储蓄区间。

2. 估计

通常数据估计（Estimation）是互动营销的基础，基于客户行为进行数据估计并以此为基础进行互动营销已经被证实具有较高的业务转化率。银行业中通常通过客户数据估计客户对金融产品的偏好，电信业务和互联网业务则通常通过客户数据估计客户需要的相关服务或者估计客户的生命周期。

数据估计必须基于数据的细分和数据逻辑关联性，数据估计需要有较高的数据挖掘和数据分析水平。根据业务数据判断的需要定义需要估计的数据和数据区间值，对业务进行补充和协助，例如根据客户储蓄和投资行为估计客户投资风格。

3. 预测

根据数据变化趋势进行未来预测（Prediction）通常是非常有力的产品推广方式，例如证券业通常会推荐走势良好的股票，银行会根据客户的资本情况协助客户投资理财以达到某个未来预期，电信行业通常以服务使用的增长来判断业务扩张和收缩以及营销等。

数据预测通常是多个变量的共同结果，每组变量之间一般会存在某个相互联系的数值，我们根据每个变量的关系通常可以计算出数据预测值，并以此作为业务决策的依据展开后续行动。

预测根据数据的变化趋势预测数据的发展方向，例如根据历史投资数据帮助客户预测投资行情等数据。

4. 聚类

数据聚类(Clustering)是数据分析的重点项目之一。例如在健康管理系统中通过症状组合可以大致估计病人的疾病；在电信行业产品创新中，客户使用的业务组合通常是构成服务套餐的重要依据；在银行业产品创新中客户投资行为聚合也是其金融产品创新的重要依据。

数据聚类的要点在于聚类维度选取的正确性，需要不断地实践来验证其可行性。

数据集合的逻辑关系，例如同时拥有 A 特征和 B 特征的数据，可以推断出其也拥有 C 特征。

5. 描述

描述性(Description)数据的最大效用在于可以对事件进行详细归纳，通常很多细微的机会发现和灵感启迪来自于一些描述性的客户建议，同时客户更愿意通过描述性的方法来查询搜索等，这时就需要技术上通过较好的数据关联方法来协助客户。

描述性数据的使用难点在于大数据下数据要素的提取和归类，其核心在于要素提取规则以及归类方法。要素提取和归类是其能够被使用的基础。

6. 复杂数据挖掘

复杂数据挖掘如 Video 和 Audio 等，其要素目前依然难以通过技术手段提取，但也可以从上下文与语境中提取一些要素帮助聚类。例如重要客户标记了高度重要性的 Video，一般优先权重也应该较高。

复杂数据的挖掘目前处理的方式一般通过数据录入的标准化来解决，核心在于数据录入标准体系的规划。建议为了整理的方便，初期规划时尽可能考虑完善，不仅仅适用于现在，而且可以适用于未来。

8.2 数据分析与数据挖掘

数据挖掘是指从数据库的大量数据中揭示出隐含的、先前未知的并有潜在价值的信息的非平凡过程。数据挖掘是一种决策支持过程，它主要基于人工智能、机器学习、模式识别、统计学、数据库、可视化技术等，高度自动化地分析企业的数据，做出归纳性的推理，从中挖掘出潜在的模式，帮助决策者调整市场策略，减少风险，做出正确的决策。

数据挖掘是通过分析每个数据，从大量数据中寻找其规律的技术，主要有数据准备、规律寻找和规律表示 3 个步骤。数据准备是从相关的数据源中选取所需的数据并整合成用于数据挖掘的数据集；规律寻找是用某种方法将数据集所含的规律找出来；规律表示是尽可能以用户可理解的方式(如可视化)将找出的规律表示出来。

数据挖掘的任务有关联分析、聚类分析、分类分析、异常分析、特异群组分析和演变分析等。

并非所有的信息发现任务都被视为数据挖掘。例如，使用数据库管理系统查找个别的记录，或通过因特网的搜索引擎查找特定的 Web 页面，则是信息检索(Information

Retrieval)领域的任务。虽然这些任务是重要的,可能涉及使用复杂的算法和数据结构,但是它们主要依赖传统的计算机科学技术和数据的明显特征来创建索引结构,从而有效地组织和检索信息。尽管如此,数据挖掘技术也已用来增强信息检索系统的能力。

数据挖掘引起了信息产业界的极大关注,其主要原因是存在大量数据,可以广泛使用,并且迫切需要将这些数据转换成有用的信息和知识。获取的信息和知识可以广泛用于各种应用,包括商务管理、生产控制、市场分析、工程设计和科学探索等。

数据挖掘利用了来自以下一些领域的思想:

(1) 统计学的抽样、估计和假设检验。
(2) 人工智能、模式识别和机器学习的搜索算法、建模技术和学习理论。

数据挖掘也迅速地接纳了来自其他领域的思想,这些领域包括最优化、进化计算、信息论、信号处理、可视化和信息检索。一些其他领域也起到重要的支撑作用。特别地,需要数据库系统提供有效的存储、索引和查询处理支持。源于高性能(并行)计算的技术在处理海量数据集方面常常是重要的。分布式技术也能帮助处理海量数据,并且当数据不能集中到一起处理时更是至关重要。

8.2.1 数据挖掘的任务

图 8-1 给出了数据挖掘的四种主要任务。

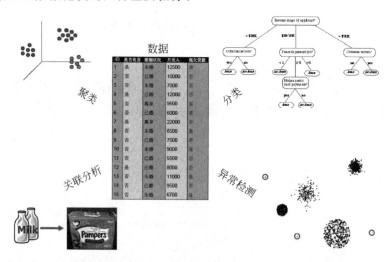

图 8-1 数据挖掘主要任务

利用计算机技术与数据库技术,可以支持建立并快速存储与检索各类数据库,但传统的数据处理与分析方法、手段难以对海量数据进行有效的处理与分析。利用传统的数据分析方法一般只能获得数据的表层信息,难以揭示数据属性的内在关系和隐含信息。海量数据的飞速产生和传统数据分析方法的不适用性带来了对更有效的数据分析理论与技术的需求。将快速增长的海量数据收集并存放在大型数据库中,使之成为难得再访问也无法有效利用的数据档案是一种极大的浪费。当需要从这些海量数据中找到人们可以理解与认识的信息与知识,使得这些数据成为有用的数据,就需要有更有效的分析理论与技术及相应工具。将智能技术与数据库技术结合起来,从这些数据中自动挖掘出有价值的信息是解决问题的一个有效途径。对于海量数据与信息的分析与处理,可以帮助人们获得更丰富的知识和科学认识,在理论技术以及实践上获得更为有效且实用的成果。从海量数据中获得有用信息与知识的关键之一是决策者是否拥有从海量数据中提取有价值的知识的方法与工具。如何从海量数据中提取有用的信息与知识,是当前人工智能、模式识别、机器学习等领域中一个重要的研究课题。

对于海量数据,可以利用数据库管理系统来进行存储管理。对数据中隐含的有用信息与知识,可以利用人工智能与机器学习等方法来分析和挖掘,这些技术的结合导致了数据挖掘技术的产生。

数据挖掘技术与数据库技术有着密切关系。数据库技术解决了数据存储、查询与访问等问题,包括对数据库中数据的遍历。数据库技术未涉及对数据集中隐含信息的发现,而数据挖掘技术的主要目标就是挖掘出数据集中隐含的信息和知识。

数据挖掘技术产生的几个基本条件分别是海量数据的产生与管理技术、高性能的计算机系统,以及数据挖掘算法。激发数据挖掘技术研究与应用的4个主要的技术因素是:

(1) 超大规模数据库的产生,如商业数据仓库和计算机系统自动收集的各类数据记录。商业数据库正在以空前的速度增长,而数据仓库正在被广泛地应用于各行各业。

(2) 先进的计算机技术,如具有更高效的计算能力和并行体系结构。复杂的数据处理与计算对计算机硬件性能的要求逐步提高,而并行多处理机在一定程度上满足了这种需求。

(3) 对海量数据的快速访问需求,如人们需要了解与获取海量数据中的有用信息。

(4) 对海量数据应用统一方法计算的能力。数据挖掘技术已获得广泛的研究与应用,并已经成为一种易于理解和操作的有效技术。

数据挖掘作为一种"发现驱动型"的知识发现技术,被定义为找出数据中的模式的过程。这个过程必须是自动的或半自动的。数据的总量总是相当可观的,但从中发现的模式必须是有意义的,并能产生出一些效益,通常是经济上的效益。该技术是数据库、信息检索、统计学、算法和机器学习等多个学科多年影响的结果,如图 8-2 所示。

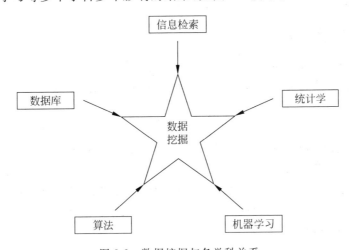

图 8-2 数据挖掘与各学科关系

数据挖掘从作用上可分为预言性挖掘和描述性挖掘两大类。预言性挖掘是建立一个或一组模型,并根据模型产生关于数据的预测,可以根据数据项的值精确确定某种结果,所使用的数据也都是可以明确知道结果的。描述性挖掘是对数据中存在的规则做一种概要的描述，或者根据数据的相似性把数据分组。描述型模式不能直接用于预测。

8.2.2 数据挖掘的过程

数据挖掘的过程如图8-3所示，主要分为七个步骤，首先是定义问题，将业务问题转换为数据挖掘问题，然后选取合适的数据，并对数据进行分析理解，根据目标对数据属性进行转换和选择，之后使用数据对模型进行训练以建立模型。在评价模型的对解决业务问题有效之后，将模型进行部署，明晰每一个步骤间的正常先后顺序，但这与实际操作可能不符。Michael认为，最好将实际中的数据挖掘过程视为网状循环而不是一条直线。各步骤之间确实存在一个自然顺序，但是没有必要或苛求完全结束某个步骤后才进行下一步。后面几步中获取的信息可能要求重新考查前面的步骤。

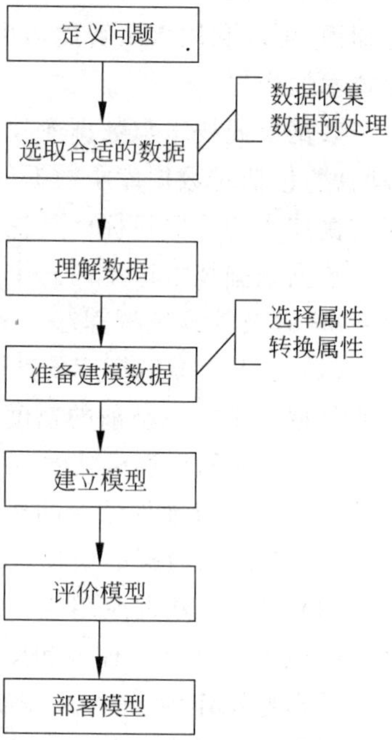

1. 定义问题

数据挖掘的目的是为了在大量数据中发现有用的、令人感兴趣的信息，因此发现何种知识就成为整个过程中第一个重要的阶段，这就要求对一系列问题进行定义，将业务问题转换为数据挖掘问题。

2. 选择合适的数据

数据挖掘需要数据。在所有可能的情况中，最好是所需数据已经存储在共同的数据仓库中，经过数据预处理，数据可用，来源明确且经常更新。

图 8-3 数据挖掘的过程

3. 理解数据后准备建模数据

在开始建立模型之前，需要花费一定的时间对数据进行研究，检查数据的分布情况，比较变量值及其描述，从而对数据属性进行选择，并对某些数据进行衍生处理。

4. 建立模型

针对特定业务需求及数据的特点来选择最合适的挖掘算法。在定向数据挖掘中，根据独立或输入的变量，训练集用于产生对独立的或者目标的变量的解释。这个解释可能采用神经网络、决策树、链接表或者其他表示数据库中的目标和其他字段之间关系的表达方式。在非定向数据挖掘中，就没有目标变量了。模型发现记录之间的关系，并使用关联规则或者聚类方式将这些关系表达出来。

5. 评价模型

数据挖掘的结果是否有价值，这就需要对结果进行评价。如果发现模型不能满足业务需求，则需要返回到前一个阶段，如重新选择数据，采用其他的数据转换方法，给定新的参数值,甚至采用其他的挖掘算法。目前比较常用的评估技术有两种:K-折交叉确认和保持。K-折交叉确认方法是指把样本数据分成 N 等份,第一次把其中的前 $N-1$ 份用作训练样本,剩下的 1 份用于测试;第二次把不同的 $N-1$ 份用作训练样本,剩下的 1 份用于测试……这样的训练和测试重复 N 遍。保持方法则是指把给定的样本数据随机地划分成两个独立的集合,其中一部分用作训练集,剩下的用于测试集。

6. 部署模型

部署模型就是将模型从数据挖掘的环境转移到真实的业务评分环境。

8.2.3 数据挖掘的主要算法

1. 分类方法

首先从数据中选出已经分好类的训练集,在该训练集上运用数据挖掘分类的技术,建立分类模型,对于没有分类的数据进行分类。例如:

(1) 信用卡申请者,分类为低、中、高风险。

(2) 故障诊断:中国宝钢集团与上海天律信息技术有限公司合作,采用数据挖掘技术对钢材生产的全流程进行质量监控和分析,构建故障地图,实时分析产品出现瑕疵的原因,有效提高了产品的优良率。

注意:类的个数是确定的,预先定义好的。

从大的方面可以分类为机器学习方法、统计方法、神经网络方法等。机器学习方法包括决策树法和规则归纳法;统计方法包括贝叶斯法;神经网络方法主要是 BP 算法。分类算法根据训练集数据找到可以描述并区分数据类别的分类模型,使之可以预测未知数据的类别。

决策树分类算法,典型的有 ID3、C4.5 等算法。ID3 算法是利用信息论中信息增益寻找数据库中具有最大信息量的字段,建立决策树的一个节点,并根据字段的不同取值建立树的分枝,在每个分枝子集中重复建树的下层节点和分枝的过程,建成决策树。C4.5 算法是 ID3 算法的后继版本。

贝叶斯分类算法是在贝叶斯定理的基础上发展起来的,它有几个分支,例如朴素贝叶斯分类和贝叶斯信念网络算法。朴素贝叶斯算法假定一个属性值对给定类的影响独立于其他属性的值。贝叶斯信念网络算法是网状图形,能表示属性子集间的依赖关系。

BP 算法构建的模型是指在前向反馈神经网络上学习得到的模型,它本质上是一种非线性判别函数,适合于在那些普通方法无法解决、需要用复杂的多元函数进行非线性映射的数据挖掘环境下,完成半结构化和非结构化的辅助决策支持过程,但是在使用过程中要注意避开局部极小的问题。

2. 关联方法

相关性分组或关联规则(Affinity grouping or association rules)决定哪些事情将一起发生。例如:

(1) 超市中客户在购买 A 的同时,经常会购买 B,即 A => B(关联规则)

(2) 客户在购买 A 后,隔一段时间,会购买 B(序列分析)

在关联规则发现算法中典型的是 Apriori 算法,它是挖掘顾客交易数据库中项集间的关联规则的重要方法,其核心是基于两阶段频集思想的递推算法。所有支持度大于最小支持度的项集称为频繁项集,简称频集。基本思想是首先找出所有的频集,这些项集出现的频繁性至少和预定义的最小支持度一样;然后由频集产生强关联规则,这些规则必须满足最小支持度和最小可信度。它的缺点是容易在挖掘过程中产生瓶颈,需重复扫描代价较高的数据库。而在多值属性关联算法中典型的 MAGA 算法,它是将多值关联规则问题转化为布尔型关联规则问题,然后利用已有的挖掘布尔型关联规则的方法得到有价值的规则。若属性为类别属性,则先将属性值映射为连续的整数,并将意义相近的取值相邻编号。

3. 聚类方法

聚类是对记录分组,把相似的记录在一个聚集里。聚类和分类的区别是聚集不依赖于预先定义好的类,不需要训练集。

例子:

(1) 一些特定症状的聚集可能预示了一个特定的疾病。

(2) 租 VCD 类型不相似的客户聚集,可能暗示成员属于不同的亚文化群。

聚集通常作为数据挖掘的第一步。例如,"哪一种类的促销对客户响应最好?",对于这一类问题,首先对整个客户做聚集,将客户分组在各自的聚集里,然后对每个不同的聚集,回答问题,可能效果更好。

聚类方法包括统计分析算法、机器学习算法、神经网络算法等。在统计分析算法中,聚类分析是基于距离的聚类,如欧氏距离、海明距离等。这种聚类分析方法是一种基于全局比较的聚类,它需要考察所有的个体才能决定类的划分。

在机器学习算法中,聚类是无监督的学习。在这里,聚类是根据概念的描述来确定的,故此聚类也称概念聚类。当聚类对象动态增加时,概念聚类则转变为概念形成。

在神经网络算法中,自组织神经网络方法可用于聚类,如 ART 模型、Kohonen 模型等,它是一种无监督的学习方法,即当给定阈值后,各个样本按阈值进行聚类。它的优点是能非线性学习和联想记忆,但也存在一些问题,如不能观察中间的学习过程,最后的输出结果较难解释,从而影响结果的可信度及可接受程度。其次,神经网络需要较长的学习时间,对大数据量而言,其性能会出现严重问题。

4. 预测序列方法

指数平滑算法是在移动平均法基础上发展起来的一种时间序列分析预测法,它是通过计算指数平滑值,配合一定的时间序列预测模型对现象的未来进行预测。它能减少随机因素引起的波动和检测器错误。

灰色预测算法是建立在灰色预测理论的基础上的,在灰色预测理论看来,系统的发展有其内在的一致性和连续性,该理论认为,将系统发展的历史数据进行若干次累加和累减处理,所得到的数据序列将呈现某种特定的模式(如指数增长模式等),挖掘该模式然后对数据进行还原,就可以预测系统的发展变化。灰色预测法是一种对含有不确定因素的系统进行预测的常用定量方法。通常,在宏观经济的各行业中,由于受客观政策及市场经济等各方面因素影响,可以认为这些系统都是灰色系统,均可以用灰色预测法来描述其发展、变化的趋势。灰色预测是对既含有确定信息又含有不确定信息的系统进行预测,也就是对在一定范围内变化的、与时间序列有关的灰色过程进行预测。尽管灰色过程中所显示的现象是随机的,但毕竟是有序的,因此我们得到的数据集合具备潜在的规律。灰色预测通过鉴别系统因素之间发展趋势的相异程度(即进行关联分析),并对原始数据进行新序列生成的手段来寻找系统变动的规律,生成有较强规律性的数据序列,然后建立相应的微分方程模型,以此来预测事物未来的发展趋势的状况。

回归技术中线性回归模型是通过处理数据变量之间的关系,找出合理的数学表达式,并结合历史数据来对将来的数据进行预测的。

5. 估计

估计(Estimation)与分类类似,不同之处在于,分类描述的是离散型变量的输出,而估值处理连续值的输出;分类的类别是确定数目的,估值的量是不确定的。

例子:

(1) 根据购买模式,估计一个家庭的孩子个数。

(2) 根据购买模式,估计一个家庭的收入。

(3) 估计房产的价值。

一般来说,估值可以作为分类的前一步工作。给定一些输入数据,通过估值,得到未知的连续变量的值,然后,根据预先设定的阈值,进行分类。例如:银行对家庭贷款业务,运用估值给各个客户记分(Score 0~1)。然后,根据阈值将贷款级别分类。

6. 预测

通常,预测(Prediction)是通过分类或估值起作用的,也就是说,通过分类或估值得出模型,该模型用于对未知变量的预言。从这种意义上说,预言其实没有必要分为一个单独的类。预言其目的是对未来未知变量的预测,这种预测是需要时间来验证的,即必须经过一定时间后,才知道预言准确性是多少。

7. 描述和可视化

描述和可视化(Description and Visualization)是对数据挖掘结果的表示方式。

【案例3】 数据挖掘帮助 Credilogros Cía Financiera S. A. 改善客户信用评分。

Credilogros Cía Financiera S. A. 是阿根廷第五大信贷公司,资产估计价值为9570万美元,对于 Credilogros 而言,重要的是识别预先付款客户的潜在风险,以便将承担的风险最小化。

该公司的第一个目标是创建一个与公司核心系统和两家信用报告公司系统交互的决策引擎来处理信贷申请。同时,Credilogros 还在寻找针对它所服务的低收入客户群体的自定义风险评分工具。除这些之外,其他需求还包括解决方案能在其35个分支办公地点和200多个相关的销售点中的任何一个实时操作,包括零售家电连锁店和手机销售公司。

最终 Credilogros 选择了 SPSS Inc. 的数据挖掘软件 PASW Modeler,因为它能够灵活并轻松地整合到 Credilogros 的核心信息系统中。通过实现 PASW Modeler,Credilogros 将用于处理信用数据和提供最终信用评分的时间缩短到了 8 秒以内。这使该组织能够迅速批准或拒绝信贷请求。该决策引擎还使 Credilogros 能够最小化每个客户必须提供的身份证明文档,在一些特殊情况下,只需提供一份身份证明即可批准信贷。此外,该系统还提供监控功能。Credilogros 目前平均每月使用 PASW Modeler 处理 35000 份申请。仅在实现 3 个月后就帮助 Credilogros 将贷款支付失职减少了 20%。

【案例 4】 数据挖掘帮助 DHL 实时跟踪货箱温度。

DHL 是国际快递和物流行业的全球市场领先者,它提供快递、水陆空三路运输、合同物流解决方案,以及国际邮件服务。DHL 的国际网络将 220 多个国家和地区联系起来,员工总数超过 28.5 万人。在美国 FDA 要求确保运送过程中药品装运的温度达标这一压力之下,DHL 的医药客户强烈要求提供更可靠且更实惠的选择。这就要求 DHL 在递送的各个阶段都要实时跟踪集装箱的温度。

虽然由记录器方法生成的信息准确无误,但是无法实时传递数据,客户和 DHL 都无法在发生温度偏差时采取任何预防和纠正措施。因此,DHL 的母公司德国邮政世界网(DPWN)通过技术与创新管理(TIM)集团明确拟定了一个计划,准备使用 RFID 技术在不同时间点全程跟踪装运的温度。通过 IBM 全球企业咨询服务部绘制决定服务的关键功能参数的流程框架。DHL 获得了两方面的收益:对于最终客户来说,能够使医药客户对运送过程中出现的装运问题提前做出响应,并以引人注目的低成本全面切实地增强了运送可靠性。对于 DHL 来说,提高了客户满意度和忠实度,为保持竞争差异奠定坚实的基础,并成为重要的新的收入增长源。

8.2.4 数据挖掘的应用领域

从目前网络招聘的信息来看,大小公司对数据挖掘的需求有 50 多个方面:
(1) 数据统计分析。
(2) 预测预警模型。
(3) 数据信息阐释。
(4) 数据采集评估。
(5) 数据加工仓库。
(6) 品类数据分析。
(7) 销售数据分析。
(8) 网络数据分析。
(9) 流量数据分析。
(10) 交易数据分析。
(11) 媒体数据分析。
(12) 情报数据分析。
(13) 金融产品设计。
(14) 日常数据分析。
(15) 总裁万事通。
(16) 数据变化趋势。

(17) 预测预警模型。
(18) 运营数据分析。
(19) 商业机遇挖掘。
(20) 风险数据分析。
(21) 缺陷信息挖掘。
(22) 决策数据支持。
(23) 运营优化与成本控制。
(24) 质量控制与预测预警。
(25) 系统工程数学技术。
(26) 用户行为分析/客户需求模型。
(27) 产品销售预测(热销特征)。
(28) 商场整体利润最大化系统设计。
(29) 市场数据分析。
(30) 综合数据关联系统设计。
(31) 行业/企业指标设计。
(32) 企业发展关键点分析。
(33) 资金链管理设计与风险控制。
(34) 用户需求挖掘。
(35) 产品数据分析。
(36) 销售数据分析。
(37) 异常数据分析。
(38) 数学规划与数学方案。
(39) 数据实验模拟。
(40) 数学建模与分析。
(41) 呼叫中心数据分析。
(42) 贸易/进出口数据分析。
(43) 海量数据分析系统设计、关键技术研究。
(44) 数据清洗、分析、建模、调试、优化。
(45) 数据挖掘算法的分析研究、建模、实验模拟。
(46) 组织机构运营监测、评估、预测预警。
(47) 经济数据分析、预测、预警。
(48) 金融数据分析、预测、预警。
(49) 科研数学建模与数据分析：社会科学、自然科学、医药、农学、计算机、工程、信息、军事、图书情报等。
(50) 数据指标开发、分析与管理。
(51) 产品数据挖掘与分析。
(52) 商业数学与数据技术。
(53) 故障预测预警技术。
(54) 数据自动分析技术。

(55) 泛工具分析。
(56) 互译。
(57) 指数化。

其中,互译与指数化是数据挖掘除计算机技术之外最核心的两大技术。

8.2.5 数据挖掘和 OLAP

数据挖掘和 OLAP 是完全不同的工具,基于的技术也大相径庭。

OLAP 是决策支持领域的一部分。传统的查询和报表工具是告知数据库中都有什么(What happened),OLAP 则更进一步告知下一步会怎么样(What next)和如果采取这样的措施又会怎么样(What if)。用户首先建立一个假设,然后用 OLAP 检索数据库来验证这个假设是否正确。例如,一个分析师想找到导致贷款拖欠的原因,他可能先做一个初始的假定,认为低收入的人信用度也低,然后用 OLAP 来验证他这个假设。如果这个假设没有被证实,他可能去察看那些高负债的账户,如果还没有结论,他也许要把收入和负债一起考虑,一直进行下去,直到找到他想要的结果或放弃。

也就是说,OLAP 分析师是建立一系列的假设,然后通过 OLAP 来证实或推翻这些假设来最终得到自己的结论。OLAP 分析过程在本质上是一个演绎推理的过程。但是如果分析的变量达到几十或上百个,那么再用 OLAP 手动分析验证这些假设将是一件非常困难和痛苦的事情。

数据挖掘与 OLAP 不同的地方是,数据挖掘不是用于验证某个假定的模式(模型)的正确性,而是在数据库中自己寻找模型。本质上它是一个归纳的过程。例如,一个用数据挖掘工具的分析师想找到引起贷款拖欠的风险因素。数据挖掘工具可能帮他找到高负债和低收入是引起这个问题的因素,甚至还可能发现一些分析师从来没有想过或试过的其他因素,例如年龄。

数据挖掘和 OLAP 具有一定的互补性。在利用数据挖掘出来的结论采取行动之前,用户也许要验证一下如果采取这样的行动会给公司带来什么样的影响,那么 OLAP 工具能回答这些问题。

而且在知识发现的早期阶段,OLAP 工具还有其他一些用途。可以帮用户探索数据,找到哪些是对一个问题比较重要的变量,发现异常数据和互相影响的变量。这都能帮用户更好地理解数据,加快知识发现的过程。

8.3 关联分析

在描述有关关联规则的一些细节之前,先来看一个有趣的故事:"尿布与啤酒"的故事。

在一家超市里,有一个有趣的现象:尿布和啤酒赫然摆在一起出售。但是这个奇怪的举措却使尿布和啤酒的销量双双增加了。这不是一个笑话,而是发生在美国沃尔玛连锁店超市的真实案例,并一直为商家所津津乐道。沃尔玛拥有世界上最大的数据仓库系统,为了能够准确了解顾客在其门店的购买习惯,沃尔玛对其顾客的购物行为进行购物篮分析,想知道顾客经常一起购买的商品有哪些。沃尔玛数据仓库里集中了其各门店的详细原始交易数据。在这些原始交易数据的基础上,沃尔玛利用数据挖掘方法对这些数据进行分析和挖掘。一个意外的发现是:跟尿布一起购买最多的商品竟是啤酒!经过大量实际调查和分析,揭示了一个隐藏在"尿布与啤酒"背后的美国人的一种行为模式:在美国,一些年轻的父亲下班后经常要到超市去买婴儿尿布,而他们中有30%~40%的人同时也为自己买一些啤酒。产生这一现象的原因是:美国的太太们常叮嘱她们的丈夫下班后为小孩买尿布,而丈夫们在买尿布后又随手带回了他们喜欢的啤酒。

按常规思维,尿布与啤酒风马牛不相及,若不是借助数据挖掘技术对大量交易数据进行挖掘分析,沃尔玛是不可能发现数据内在这一有价值的规律的。

在客户的一个订单中,包含了多种产品,这些产品是有关联的。例如购买了轮胎的外胎就会购买内胎;购买了羽毛球拍,就会购买羽毛球。

关联分析能够识别出相互关联的事件,预测一个事件发生时有多大的概率发生另一个事件。

数据关联是数据库中存在的一类重要的可被发现的知识。若两个或多个变量的取值之间存在某种规律性,就称为关联。关联可分为简单关联、时序关联、因果关联。关联分析的目的是找出数据库中隐藏的关联网。有时并不知道数据库中数据的关联函数,即使知道也是不确定的,因此关联分析生成的规则带有可信度。关联规则挖掘发现大量数据中项集之间有趣的关联或相关联系。Agrawal等于1993年首先提出了挖掘顾客交易数据库中项集间的关联规则问题,以后诸多的研究人员对关联规则的挖掘问题进行了大量的研究。他们的工作包括对原有的算法进行优化,如引入随机采样、并行的思想等,以提高算法挖掘规则的效率;对关联规则的应用进行推广。关联规则挖掘在数据挖掘中是一个重要的课题,最近几年已被业界所广泛研究。

8.3.1 关联规则挖掘过程

关联规则挖掘过程主要包含两个阶段:第一阶段必须先从资料集合中找出所有的高频项目组(Frequent Itemsets),第二阶段再由这些高频项目组中产生关联规则(Association Rules)。

关联规则挖掘的第一阶段必须从原始资料集合中,找出所有高频项目组(Large Itemsets)。高频的意思是指某一项目组出现的频率相对于所有记录而言,必须达到某一水平。一项目组出现的频率称为支持度(Support),以一个包含A与B两个项目的2-itemset为例,我们可以先求得包含{A,B}项目组的支持度,若支持度大于或等于所设定的最小支持度(Minimum Support)门槛值时,则{A,B}称为高频项目组。一个满足最小支持度的k-itemset,则称为高频k-项目组(Frequent k-itemset),一般表示为Large k或Frequent k。算法并从Large k的项目组中再产生Large $k+1$,直到无法再找到更长的高频项目组为止。

关联规则挖掘的第二阶段是要产生关联规则(Association Rules)。从高频项目组产生关联规则,是利用前一步骤的高频k-项目组来产生规则,在最小信赖度(Minimum Confidence)的条件门槛下,若一规则所求得的信赖度满足最小信赖度,称此规则为关联规则。

就沃尔玛案例而言,使用关联规则挖掘技术,对交易资料库中的记录进行资料挖掘,首先必须要设定最小支持度与最小信赖度两个门槛值,在此假设最小支持度 min_support=

5%且最小信赖度 min_confidence＝70%。因此符合该超市需求的关联规则将必须同时满足以上两个条件。若经过挖掘过程所找到的关联规则「尿布，啤酒」，满足下列条件，将可接受「尿布，啤酒」的关联规则。用公式可以描述 Support(尿布，啤酒)≥5%且 Confidence(尿布，啤酒)≥70%。其中，Support(尿布，啤酒)≥5%于此应用范例中的意义为：在所有的交易记录资料中，至少有 5%的交易呈现尿布与啤酒这两项商品被同时购买的交易行为。Confidence(尿布，啤酒)≥70%于此应用范例中的意义为：在所有包含尿布的交易记录资料中，至少有 70%的交易会同时购买啤酒。因此，今后若有某消费者出现购买尿布的行为，超市将可推荐该消费者同时购买啤酒。这个商品推荐的行为则是根据「尿布，啤酒」关联规则，因为就该超市过去的交易记录而言，支持了"大部分购买尿布的交易，会同时购买啤酒"的消费行为。

从上面的介绍还可以看出，关联规则挖掘通常比较适用与记录中的指标取离散值的情况。如果原始数据库中的指标值是取连续的数据，则在关联规则挖掘之前应该进行适当的数据离散化(实际上就是将某个区间的值对应于某个值)，数据的离散化是数据挖掘前的重要环节，离散化的过程是否合理将直接影响关联规则的挖掘结果。

8.3.2 关联规则的分类

按照不同情况，关联规则可以进行分类如下：

(1) 基于规则中处理的变量的类别，关联规则可以分为布尔型和数值型。

布尔型关联规则处理的值都是离散的、种类化的，它显示了这些变量之间的关系；而数值型关联规则可以和多维关联或多层关联规则结合起来，对数值型字段进行处理，将其进行动态地分割，或者直接对原始的数据进行处理，当然数值型关联规则中也可以包含种类变量。例如：性别＝"女"＝＞职业＝"秘书"，是布尔型关联规则；性别＝"女"＝＞avg(收入)＝2300，涉及的收入是数值类型，所以是一个数值型关联规则。

(2) 基于规则中数据的抽象层次，可以分为单层关联规则和多层关联规则。

在单层的关联规则中，所有的变量都没有考虑到现实的数据是具有多个不同的层次的；而在多层的关联规则中，对数据的多层性已经进行了充分的考虑。例如：IBM 台式机＝＞Sony 打印机，是一个细节数据上的单层关联规则；台式机＝＞Sony 打印机，是一个较高层次和细节层次之间的多层关联规则。

(3) 基于规则中涉及的数据的维数，关联规则可以分为单维的和多维的。

在单维的关联规则中，我们只涉及数据的一个维，如用户购买的物品；而在多维的关联规则中，要处理的数据将会涉及多个维。换成另一句话，单维关联规则是处理单个属性中的一些关系；多维关联规则是处理各个属性之间的某些关系。例如：啤酒＝＞尿布，这条规则只涉及用户购买的物品；性别＝"女"＝＞职业＝"秘书"，这条规则就涉及两个字段的信息，是两个维上的一条关联规则。

8.3.3 关联规则的算法

1. Apriori 算法：使用候选项集找频繁项集

Apriori 算法是一种最有影响的挖掘布尔关联规则频繁项集的算法。其核心是基于两阶段频集思想的递推算法。该关联规则在分类上属于单维、单层、布尔关联规则。在这里，所有支持度大于最小支持度的项集称为频繁项集，简称频集。

该算法的基本思想是：首先找出所有的频集，这些项集出现的频繁性至少和预定义的最小支持度一样。然后由频集产生强关联规则，这些规则必须满足最小支持度和最小可信度。然后使用第1步找到的频集产生期望的规则，产生只包含集合的项的所有规则，其中每一条规则的右部只有一项，这里采用的是中规则的定义。一旦这些规则被生成，那么只有那些大于用户给定的最小可信度的规则才被留下来。为了生成所有频集，使用了递推的方法。

可能产生大量的候选集，以及可能需要重复扫描数据库，是Apriori算法的两大缺点。

2. 基于划分的算法

Savasere等设计了一个基于划分的算法。这个算法先把数据库从逻辑上分成几个互不相交的块，每次单独考虑一个分块并对它生成所有的频集，然后把产生的频集合并，用来生成所有可能的频集，最后计算这些项集的支持度。这里分块的大小选择要使得每个分块可以被放入主存，每个阶段只须被扫描一次。而算法的正确性是由每一个可能的频集至少在某一个分块中是频集保证的。该算法是可以高度并行的，可以把每一分块分别分配给某一个处理器生成频集。产生频集的每一个循环结束后，处理器之间进行通信来产生全局的候选k-项集。通常这里的通信过程是算法执行时间的主要瓶颈；而另一方面，每个独立的处理器生成频集的时间也是一个瓶颈。

3. FP-树频集算法

针对Apriori算法的固有缺陷，J. Han等提出了不产生候选挖掘频繁项集的方法：FP-树频集算法。采用分而治之的策略，在经过第一遍扫描之后，把数据库中的频集压缩进一棵频繁模式树(FP-tree)，同时依然保留其中的关联信息，随后再将FP-tree分化成一些条件库，每个库和一个长度为1的频集相关，然后再对这些条件库分别进行挖掘。当原始数据量很大的时候，也可以结合划分的方法，使得一个FP-tree可以放入主存中。实验表明，FP-growth对不同长度的规则都有很好的适应性，同时在效率上较之Apriori算法有巨大的提高。

8.3.4 关联规则的应用

关联规则挖掘技术已经被广泛应用在西方金融行业企业中，它可以成功预测银行客户需求。一旦获得了这些信息，银行就可以改善自身营销。现在银行天天都在开发新的沟通客户的方法。各银行在自己的ATM机上就捆绑了顾客可能感兴趣的本行产品信息，供使用本行ATM机的用户了解。如果数据库中显示，某个高信用限额的客户更换了地址，这个客户很有可能新近购买了一栋更大的住宅，因此会有可能需要更高信用限额，更高端的新信用卡，或者需要一个住房改善贷款，这些产品都可以通过信用卡账单邮寄给客户。当客户打电话咨询的时候，数据库可以有力地帮助电话销售代表。销售代表的电脑屏幕上可以显示出客户的特点，同时也可以显示出顾客会对什么产品感兴趣。

同时，一些知名的电子商务站点也从强大的关联规则挖掘中受益。这些电子购物网站使用关联规则中的规则进行挖掘,然后设置用户有意要一起购买的捆绑包。也有一些购物网站使用它们设置相应的交叉销售,也就是购买某种商品的顾客会看到相关的另外一种商品的广告。

由于许多应用问题往往比超市购买问题更复杂,大量研究从不同的角度对关联规则做了扩展,将更多的因素集成到关联规则挖掘方法之中,以此丰富关联规则的应用领域,拓宽支持管理决策的范围。如考虑属性之间的类别层次关系、时态关系、多表挖掘等。近年来围绕关联规则的研究主要集中于两个方面,即扩展经典关联规则能够解决问题的范围,改善经典关联规则挖掘算法效率和规则兴趣性。

8.4 聚类分析

聚类分析属于探索性的数据分析方法。通常,利用聚类分析将看似无序的对象进行分组、归类,以达到更好地理解研究对象的目的。聚类结果要求组内对象相似性较高,组间对象相似性较低。在用户研究中,很多问题可以借助聚类分析来解决,例如,网站的信息分类问题、网页的点击行为关联性问题以及用户分类问题等。其中,用户分类是最常见的情况。

聚类分析的基本过程是:
(1) 选择聚类变量。
(2) 聚类分析。
(3) 找出各类用户的重要特征。
(4) 聚类解释和命名。

1. 选择聚类变量

聚类分析过程对用于聚类的变量有一定的要求:
(1) 这些变量在不同研究对象上的值具有明显差异。
(2) 这些变量之间不能存在高度相关。

首先,用于聚类的变量数目不是越多越好,没有明显差异的变量对聚类没有起到实质意义,而且可能使结果产生偏差;其次,高度相关的变量相当于给这些变量进行了加权,等于放大了某方面因素对用户分类的作用。

识别合适的聚类变量的方法:
(1) 对变量做聚类分析,从聚得的各类中挑选出一个有代表性的变量。
(2) 做主成分分析或因子分析,产生新的变量作为聚类变量。

2. 聚类分析

相对于聚类前的准备工作,真正的执行过程显得异常简单。数据准备好后,使用统计软件(通常是 Spss)计算,结果就出来了。

这里遇到的一个问题是,把用户分成多少类合适?通常,可以结合几个标准综合判断:
(1) 看拐点,层次聚类会出来聚合系数图,如图 8-4 所示,一般选择拐点附近的几个类别。

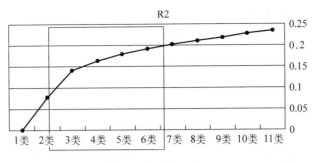

图 8-4 聚合系数图

（2）凭经验或产品特性判断（不同产品的用户差异性也不同）。

（3）在逻辑上能够清楚地解释。

3．找出各类用户的重要特征

确定一种分类方案之后，需要返回观察各类别用户在各个变量上的表现。在理解和解释用户分类时，最好可以结合更多的数据，例如，人口统计学数据、功能偏好数据等。

4．聚类解释&命名

选取每一类别最明显的几个特征为其命名，就大功告成了！

分类算法的目的是建立事例特征到类别的对应法则。但前提是类别是已存在的，如已知道动物可以分成哺乳类和非哺乳类，银行发行的信用卡有银卡、金卡、白金卡三种。

有时在分类不存在前，要将现有的事例分成几类。比如有同种材料要分类装入到各个仓库中，这种材料有尺寸、色泽、密度等上百个指标，如果不熟悉材料的特性很难找到一种方法将材料分装。

又例如，银行刚开始信用卡业务时，没有将客户分类，所有的客户都使用同一种信用卡。在客户积累到一定的数量后，为了方便管理和制定市场策略，需要将客户分类，让不同类别的客户使用不同的信用卡。但问题是，银行该把客户分成几个类别，谁该属于哪一类。

假定银行仅仅要参照客户的收入和使用信用卡销售金额两个指标对客户分类。通常情况下，仅仅是衡量这些指标的高低来分类，如规定收入小于 4000 元，且消费小于 2000 元的客户为第一类；收入在 4000～8000 元，消费在 2000～4000 元的客户为第二类；收入在 8000～12000 元，消费在 4000～6000 元的客户为第三类；收入在 12000 元以上，消费在 6000 元以上为第四类。图 8-5 展示了这种分类。

图中三角形的点代表客户，图中的线条是对客户的分类。可以看到这种不合理，第一类别没有包含任何事例，而第四类也只有少量事例，而第二和第三类分界处聚集着大量事例。

观测图像，发现大部分客户事例聚集在一起形成了三个簇，图 8-6 中用三个椭圆标出了这些簇。

同在一个簇中的客户有着类似的消费行为，黑色簇中的客户消费额与收入成正比；蓝色簇中的客户不习惯使用信用卡消费，可以对这类客户发放一种低手续费的信用卡，鼓励他们使用信用卡消费；绿色簇中的客户消费额相对收入来说比较高，应该为这类客户设计一种低透支额度的信用卡。

聚类模型就是这种可以识别有着相似特征事例,把这些事例聚集在一起形成一个类别的算法。

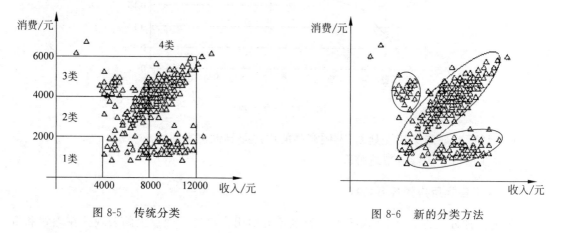

图 8-5 传统分类　　　　　　图 8-6 新的分类方法

聚类模型除了能将相似特征的事例归为一类外,还常用来发现异常点。如图 8-7 所示,左上角的两个黑点,游离在三个簇之外,是异常点。

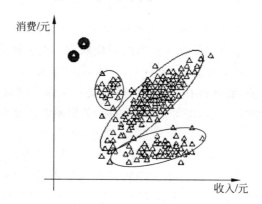

图 8-7 发现异常点

图 8-7 中左上角的两个点表示这两个客户偏离了已有的簇,他们的消费行为异于一般人,消费远超出收入。意味着他们有其他不公开的收入来源,这些客户是有问题的。

科学试验中,研究人员对异常点很感兴趣,通过研究不寻常的现象提出新的理论。

聚类的另一个用途是发现属性间隐含的关系。例如有 30 名学生考试成绩(见表 8-1)。

表 8-1 学生成绩(部分示例)

学号	美术	语文	物理	历史	英语	音乐	数学	化学
31001	74	50	89	61	53	65	96	87
31002	70	65	88	55	50	65	92	87
31003	65	50	86	54	63	73	91	96

教师想知道学科之间是否有关联,如果学生某门学科成绩优秀,是否会在另一门学科上也有优势。通过聚类后将 30 名学生分成了 3 个类(见表 8-2)。

表 8-2　聚类后的结果

变量	状态	总体（全部）	分类 3	分类 2	分类 1
大小	—	30	10	10	10
语文	平均值	74	71.6	89.6	59.4
语文	偏差	18.39	4.38	8.95	5.46
英语	平均值	72	72.7	88.1	56.1
英语	偏差	14.27	4.4	6.9	4.46
音乐	平均值	78	89.1	74.4	71
音乐	偏差	9.71	7.31	4.12	5.27
物理	平均值	75	74	56.6	98.4
物理	偏差	15.96	4.42	4.84	4.95
数学	平均值	75	74.3	57.3	92.3
数学	偏差	15.16	4.4	8.97	4.95
美术	平均值	78	90.6	71.8	71.4
美术	偏差	10.43	5.38	4.71	5.66
历史	平均值	73	78.2	87.6	58.1
历史	偏差	18.23	5.85	4.43	5.13
化学	平均值	74	74.7	56.2	90.6
化学	偏差	15.09	8.06	5.39	6.02

分类 1 学生的共同特点是他们的物理、数学、化学平均分都比较高，但语文、历史、英语的分数很低；分类 2 则恰恰相反。从中可以得到规则：物理、数学和化学这三门学科是有相关性的，这三门学科相互促进，而与语文、历史、英语三门学科相排斥。

新闻网站需要根据访问者在网页上的点击行为来设计网站的导航方式。通过聚类算法可以发现网页浏览者的行为模式，例如识别出了一类浏览者的行为：喜欢察看体育新闻和政治新闻。但浏览者访问网页是有顺序的，先浏览体育新闻再浏览政治新闻，与先浏览政治新闻再浏览体育新闻是两种不同的行为模式，当一个浏览者在浏览体育新闻时，需要预测他下一步会访问哪个网页。

超市里也需要识别顾客购物的顺序，例如发现一类购物顺序是：尿布——奶瓶——婴儿手推车——幼儿玩具，当一个顾客购买了尿布的时候，就可以陆续向顾客寄发奶瓶、婴儿手推车、幼儿玩具的传单。

序列聚类通过对一系列事件发生的顺序聚类，来预测当一个事件发生时，下一步会发生什么事件。

8.5　分类分析

分类技术在很多领域都有应用，例如可以通过客户分类构造一个分类模型来对银行贷款进行风险评估；当前的市场营销中很重要的一个特点是强调客户细分。客户类别分析的功能也在于此，采用数据挖掘中的分类技术，可以将客户分成不同的类别，如呼叫中心设计时可以分为：呼叫频繁的客户、偶然大量呼叫的客户、稳定呼叫的客户、其他，帮助呼叫中心寻找出这些不同种类客户之间的特征，这样的分类模型可以让用户了解不同行为类别客户的分布特征;其他分类应用如文献检索和搜索引擎中的自动文本分类技术;安全领域有基于分类技术的入侵检测等。机器学习、专家系统、统计学和神经网络等领域的研究人员已经提出了许多具体的分类预测方法。下面对分类流程作简要描述:

训练:训练集——>特征选取——>训练——>分类器

分类:新样本——>特征选取——>分类——>判决

最初的数据挖掘分类应用大多都是在这些方法及基于内存基础上所构造的算法。目前数据挖掘方法都要求具有基于外存以处理大规模数据的集合能力和可扩展能力。下面对几种主要的分类方法做个简要介绍。

8.5.1 决策树

决策树归纳是经典的分类算法。它采用自顶向下递推的各个击破方式构造决策树。树的每一个节点上使用信息增益度量选择测试属性。可以从生成的决策树中提取规则。

【案例 5】

一个自行车厂商想要通过广告宣传来吸引顾客。他们从各地的超市获得超市会员的信息,计划将广告册和礼品投递给这些会员。

但是投递广告册是需要成本的,不可能投递给所有的超市会员。而这些会员中有的人会响应广告宣传,有的人就算得到广告册也不会购买。

所以最好是将广告投递给那些对广告册感兴趣从而购买自行车的会员。分类模型的作用就是识别出什么样的会员可能会购买自行车。

自行车厂商首先从所有会员中抽取了 1000 个会员,向这些会员投递广告册,然后记录这些收到广告册的会员是否购买了自行车。数据如表 8-3 所示。

表 8-3 会员信息

事例列	会员编号	12496	14177	24381	25597	
输入列	婚姻状况	已婚	已婚	单身	单身	……
	性别	女	男	男	男	
	收入/元	40000	80000	70000	30000	
	孩子数	1	5	0	0	
	教育背景	学士	在职大专	学士	学士	
	职业	熟练工	专业人士	专业人士	行政	
	是否有房	是	否	是	否	
	汽车数	0	2	1	0	
	上班距离/千米	0~1	2~5	5~10	0~1	
	区域	欧洲	欧洲	太平洋	欧洲	
	年龄/岁	42	60	41	36	
预测列	是否购买自行车	否	否	是	是	

在分类模型中,每个会员作为一个事例,居民的婚姻状况、性别、年龄等特征作为输入列,所需预测的分类是客户是否购买了自行车。使用 1000 个会员事例训练模型后得到的决策树分类如图 8-8 所示。

图 8-8 中矩形表示一个拆分节点,矩形中文字是拆分条件。

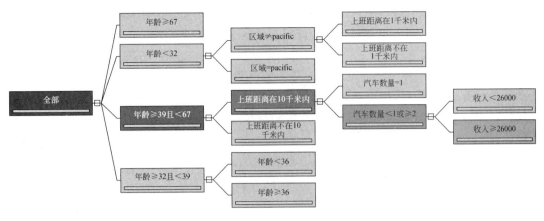

图 8-8　分类结果树

矩形颜色深浅代表此节点包含事例的数量,颜色越深包含的事例越多,如全部节点包含所有的 1000 个事例,颜色最深。经过第一次基于年龄的拆分后,年龄大于 67 岁的包含 36 个事例,年龄小于 32 岁的 133 个事例,年龄在 39～67 岁的 602 个事例,年龄 32～39 岁的 229 个事例。所以第一次拆分后,年龄在 39～67 岁的节点颜色最深,年龄大于 67 岁的节点颜色最浅。

节点中的条包含两种颜色,红色和蓝色(本书是黑白印刷,所以看不出),分别表示此节点中的事例购买和不购买自行车的比例。如节点"年龄≥67"节点中,包含 36 个事例,其中 28 个没有购买自行车,8 个购买了自行车,所以蓝色的条比红色的要长。

在图中,可以找出几个有用的节点:

(1) 年龄小于 32 岁,居住在太平洋地区的会员有 72.75% 的概率购买自行车。

(2) 年龄大于或等于 32 岁并且小于 39 岁的会员有 68.42% 的概率购买自行车。

(3) 年龄大于或等于 39 岁并且小于 67 岁,上班距离不大于 10 千米,只有 1 辆汽车的会员有 66.08% 的概率购买自行车。

(4) 年龄小于 32 岁,不住在太平洋地区,上班距离在 1 千米范围内的会员有 51.92% 的概率购买自行车。

在得到了分类模型后,将其他的会员在分类模型中查找就可预测会员购买自行车的概率有多大。随后自行车厂商就可以有选择性地投递广告册。

数据挖掘的一般流程如下:

(1) 建立模型,确定数据表中哪些列是要用于输入,哪些是用于预测,选择用何种算法。这时建立的模型内容是空的,在模型没有经过训练之前,计算机是无法知道如何分类数据的。

(2) 准备模型数据集,例子中的模型数据集就是 1000 个会员数据。通常的做法是将模型集分成训练集和检验集,例如从 1000 个会员数据中随机抽取 700 个作为训练集,剩下 300 个作为检验集。

(3) 用训练数据集填充模型,这个过程是对模型进行训练,模型训练后就有分类的内容了,像例子图中的树状结构那样,然后模型就可以对新加入的会员事例进行分类了。由于时效性,模型内容要经常更新,例如十年前会员的消费模式与现在有很大的差异,如果用十年前数据训练出来的模型来预测现在的会员是否会购买自行车是不合适的,所以要按时使用新的训练数据集来训练模型。

(4) 模型训练后,还无法确定模型的分类方法是否准确。可以用模型对 300 个会员的检验集进行查询,查询后,模型会预测出哪些会员会购买自行车,将预测的情况与真实的情况对比,评估模型预测是否准确。如果模型准确度能满足要求,就可以用于对新会员进行预测。

(5) 超市每天都会有新的会员加入,这些新加入的会员数据叫作预测集或得分集。使用模型对预测集进行预测,识别出哪些会员可能会购买自行车,然后向这些会员投递广告。

8.5.2　K-NN 法

K-NN(K-Nearest Neighbor)法即 K 最近邻法,最初由 Cover 和 Hart 于 1968 年提出的,是一个理论上比较成熟的方法。该方法的思路非常简单直观:如果一个样本在特征空间中的 K 个最相似(即特征空间中最邻近)的样本中的大多数属于某一个类别,则该样本也属于这个类别。该方法在定类决策上只依据最邻近的一个或者几个样本的类别来决定待分样本所属的类别。

K-NN 方法虽然从原理上也依赖于极限定理,但在类别决策时,只与极少量的相邻样本有关。因此,采用这种方法可以较好地避免样本的不平衡问题。另外,由于 K-NN 方法主要靠周围有限的邻近的样本,而不是靠判别类域的方法来确定所属类别的,因此对于类域的交叉或重叠较多的待分样本集来说,K-NN 方法较其他方法更为适合。

该方法的不足之处是计算量较大,因为对每一个待分类的文本都要计算它到全体已知样本的距离,才能求得它的 K 个最近邻点。目前常用的解决方法是事先对已知样本点进行剪辑,事先去除对分类作用不大的样本。另外还有一种 Reverse K-NN 法,能降低 K-NN 算法的计算复杂度,提高分类的效率。

该算法比较适用于样本容量比较大的类域的自动分类,而那些样本容量较小的类域采用这种算法比较容易产生误分。

8.5.3　神经网络

神经网络是一种模拟生物上神经元的工作的机器学习方法。

图 8-9 是银行用来识别给申请信用卡的客户发放何种信用卡的神经网络。

图 8-9 中每个椭圆型节点接收输入数据,将数据处理后输出。输入层节点接收客户信息的输入,然后将数据传递给隐藏层,隐藏层将数据传递给输出层,输出层输出客户属于哪类信用卡。这类似于人脑神经元受到刺激时,神经脉冲从一个神经元传递到另一个神经元(如图 8-10 所示)。

每个神经元节点内部包含有一个组合函数 Σ 和激活函数 f。x_1, x_2 是其他神经元的输出值,对此神经元来说是输入值,组合函数将输入值组合后传递给激活函数。激活函数经过特定的计算后得到输出值 y,y 又被传递给其他神经元。

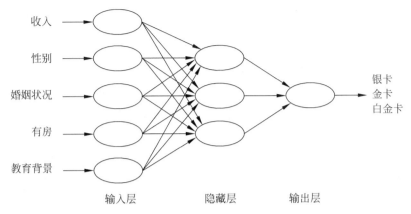

图 8-9 银行用于信用卡发放的神经网络

输入边上的 w_1 和 w_2 是输入权值,用于在组合函数中对每个输入值进行加权。训练模型时,客户事例输入,神经网络计算出客户的类别,计算值与真实值比较后,模型会修正每个输入边上的权值。在大量客户事例输入后,模型会不断调整,使之更吻合真实情况,就像是人脑通过在同一脉冲反复刺激下改变神经元连接强度来进行学习。

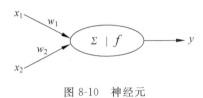

图 8-10 神经元

8.6 时间序列分析

时间序列就是将某一指标在不同时间上的不同数值,按照时间的先后顺序排列而成的数列。如经济领域中每年的产值、国民收入、商品在市场上的销量、股票数据的变化情况等,社会领域中某一地区的人口数、医院患者人数、铁路客流量等,自然领域的太阳黑子数、月降水量、河流流量等,都形成了一个时间序列。人们希望通过对这些时间序列的分析,从中发现和揭示现象的发展变化规律,或从动态的角度描述某一现象和其他现象之间的内在数量关系及其变化规律,从而尽可能多地从中提取出所需要的准确信息,并将这些知识和信息用于预测,以掌握和控制未来行为。

时间序列的变化受许多因素的影响,有些起着长期的、决定性的作用,使其呈现出某种趋势和一定的规律性;有些则起着短期的、非决定性的作用,使其呈现出某种不规则性。在分析时间序列的变动规律时,事实上不可能对每个影响因素都一一划分开来,分别去作精确分析。但我们能将众多影响因素,按照对现象变化影响的类型,划分成若干时间序列的构成因素,然后对这几类构成要素分别进行分析,以揭示时间序列的变动规律性。影响时间序列的构成因素可归纳为以下四种。

(1) 趋势性(Trend),指现象随时间推移朝着一定方向呈现出持续渐进地上升、下降或平稳的变化或移动。这一变化通常是许多长期因素的结果。

(2) 周期性(Cyclic),指时间序列表现为循环于趋势线上方和下方的点序列并持续一年以上的有规则变动。这种因素是因经济多年的周期性变动产生的。例如,高速通货膨胀时期后面紧接的温和通货膨胀时期将会使许多时间序列表现为：交替地出现于一条总体递增的趋势线上下方。

（3）季节性变化（Seasonal variation），指现象受季节性影响，按一固定周期呈现出的周期波动变化。尽管我们通常将一个时间序列中的季节变化认为是以 1 年为周期的，但是季节因素还可以被用于表示时间长度小于 1 年的有规则重复形态。例如，每日交通量数据表现出为期 1 天的"季节性"变化，即高峰期到达高峰水平，而一天的其他时期车流量较小，从午夜到次日清晨最小。

（4）不规则变化（Irregular movement），指现象受偶然因素的影响而呈现出的不规则波动。这种因素包括实际时间序列值与考虑了趋势性、周期性、季节性变动的估计值之间的偏差，它用于解释时间序列的随机变动。不规则因素是由短期的未被预测到的以及不重复发现的那些影响时间序列的因素引起的。

时间序列一般是以上几种变化形式的叠加或组合出现的，如图 8-11(1)～(4)所示。

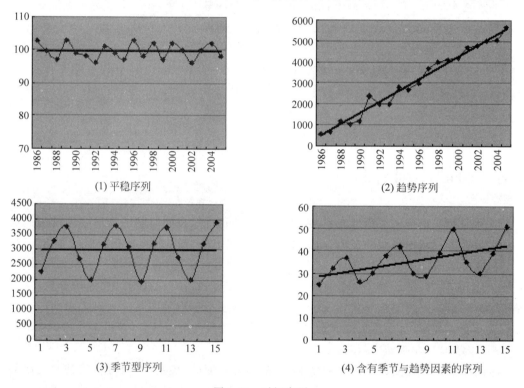

图 8-11 时间序列

8.6.1 时间序列的分类

根据其所研究的依据不同，可有不同的分类：

（1）按所研究的对象的多少来分，有一元时间序列和多元时间序列。如某种商品的销售量数列，即为一元时间序列；如果所研究对象不仅仅是这一数列，而是多个变量，如按年、月顺序排序的气温、气压、雨量数据等，每个时刻对应着多个变量，则这种序列为多元时间序列。

（2）按时间的连续性可将时间序列分为离散时间序列和连续时间序列两种。如果某一序列中的每一个序列值所对应的时间参数为间断点，则该序列就是一个离散时间序列；如果某一序列中的每个序列值所对应的时间参数为连续函数，则该序列就是一个连续时间序列。

（3）按序列的统计特性分，有平稳时间序列和非平稳时间序列两类。所谓时间序列的平稳性，是指时间序列的统计规律不会随着时间的推移而发生变化。平稳序列的时序图直观上应该显示出该序列始终在一个常数值附近随机波动，而且波动的范围有界、无明显趋势及无周期特征；从理论上讲，分为窄平稳与宽平稳两种。相对地，时间序列的非平稳性，是指时间序列的统计规律随着时间的推移而发生变化。

（4）按序列的分布规律来分，有高斯型(Guassian)和非高斯型时间序列(non-Guassian)。

时间序列分析是一种广泛应用的数据分析方法，它研究的是代表某一现象的一串随时间变化而又相关联的数字序列（动态数据），从而描述和探索该现象随时间发展变化的规律性。时间序列的分析利用的手段可以通过直观简便的数据图法、指标法、模型法等来分析，而模型法应用更确切和适用，也比前两种方法复杂，能更本质地了解数据的内在结构和复杂特征，以达到控制与预测的目的。时间序列分析方法包括：

① 确定性时序分析：它是暂时过滤掉随机性因素（如季节因素、趋势变动）进行确定性分析方法，其基本思想是用一个确定的时间函数 $y=f(t)$ 来拟合时间序列，不同的变化采取不同的函数形式来描述，不同变化的叠加采用不同的函数叠加来描述。具体可分为趋势预测法（最小二乘法）、平滑预测法、分解分析法等。

② 随机性时序分析：其基本思想是通过分析不同时刻变量的相关关系，揭示其相关结构，利用这种相关结构建立自回归、滑动平均、自回归滑动平均混合模型来对时间序列进行预测。

为了对时间序列分析方法有一个比较全面的了解，现将时间序列分析方法归纳为如图 8-12 所示。

图 8-12　时间序列分析法

8.6.2　时间序列建模的基本步骤

时间序列建模基本步骤是：

（1）用观测、调查、统计、抽样等方法取得被观测系统时间序列动态数据。

（2）根据动态数据作相关图，进行相关分析，求自相关函数。相关图能显示出变化的趋势和周期，并能发现跳点和拐点。跳点是指与其他数据不一致的观测值。如果跳点是正确的观测值,在建模时应考虑进去,如果是反常现象,则应把跳点调整到期望值。拐点则是指时间序列从上升趋势突然变为下降趋势的点。如果存在拐点,则在建模时必须用不同的模型去分段拟合该时间序列,例如采用门限回归模型。

(3)辨识合适的随机模型,进行曲线拟合,即用通用随机模型去拟合时间序列的观测数据。对于短的或简单的时间序列,可用趋势模型和季节模型加上误差来进行拟合。对于平稳时间序列,可用通用 ARMA 模型(自回归滑动平均模型)及其特殊情况的自回归模型、滑动平均模型或组合 ARMA 模型等来进行拟合。当观测值多于 50 个时一般都采用 ARMA 模型。对于非平稳时间序列则要先将观测到的时间序列进行差分运算,化为平稳时间序列,再用适当模型去拟合这个差分序列。

【本章小结】

本章内容是为第 9 章做准备的,系统介绍了数据分析中的常用工具,包括分类分析、聚类分析、时间序列分析等。

【本章习题】

以韩都衣舍为例,分别说明分类、聚类、时间序列分析法在客户分析中的具体应用。

第9章 网站数据分析与应用

【本章知识点】

本章从商务网站积累的海量交易数据的利用出发,探讨了商务网站利用数据分析工具发现访问者访问规律,利用这些规律提升网站价值的一些应用。具体内容包括:

(1) 商务活动及商务数据;
(2) 商务数据的特点;
(3) 商务数据的挖掘利用;
(4) 网站数据分析的内容;
(5) 网站数据分析技术;
(6) 网站数据分析应用;
(7) 网站数据分析发展;
(8) 案例分析。

【引导案例】 如何用数据说话

1. 数据的价值

1) 以用户为中心

以用户为中心是一种观念和意识的转变。

改变是因为行动,行动是因为意识。只有意识和观念发生了改变,才能在行动上做出改变,才能获得结果的改变。

2) 没有度量,就没有改变

以用户为中心是一种意识,有了这种意识和认知后,如何做到呢?

要想以用户为中心,首先得了解用户的心理。如何了解用户的心理呢?只有通过用户的行为来进行观察;用户的行为是什么呢?就是留下来的数据。

用户的行为通过数据来展现,我们只有通过数据才能知道用户做了什么,只有知道用户做了什么我们才知道问题在哪里,然后才能做出改变。

没有度量,就没有改变;没有数据,就不了解用户。

3) 永远稀缺

这个世界是稀缺的。时间永远不够,条件永远不充分,资源永远稀缺。既然这样,就要学会分清轻重缓急,学会利用二八定律;在行动之前就要学会放弃。唯有放弃才能获得。

抓住最重要的，最有价值的。数据分析的最大价值，就是告诉我们该抓住哪些，该放弃哪些！

用少量的时间和精力，做最有价值的事情，获得可观的收获，这就是数据分析的价值与意义所在。

2．统计工具和方法

1）理论指导实践

数据分析真正重要的是用什么理论指导你的分析。

一般都用两种理论：生命周期理论和行为模型理论。

结合生命周期理论与用户行为模型理论，就可以做出有价值的分析。

2）目标导向

在你不知道为何而分析的时候，那些数据一点价值都没有。

网站的存在是为了盈利，盈利需要目标用户，获得目标用户需要设计出满足用户需求的产品，提供满足用户需求的内容。

我们的目的是了解用户的偏好，然后投其所好，用我们的产品和内容满足用户的偏好，然后让用户更多、更久、更频繁地使用我们的产品。

做数据分析的目的是什么？

首先，要了解用户的兴趣偏好和行为习惯。

其次，了解最后用户喜好，或者说贡献最大访问的内容是哪些。

最后，砍掉用户不喜欢的，做好用户喜好的，想方设法让用户活跃起来。

3）工具和方法

工具：网站的统计工具有很多，百度统计、Google Analytics 等。

方法：根据理论和目的，设计一套符合你的网站需求的方法。

并不是所有数据都需要，需要根据网站的特点和分析的目来取舍。

3．做出改进

1）数据的局限

数据可能不真实、不完全。因为从技术上看，用户的行为能否真实且及时呈现在网页日志中并被技术人员收集到，这就是个问题。

其次，数据展现的结果必然不绝对。第一，用户的行为受网站的展现方式的影响，也就是说你的行为受你的想法的影响，而你在思考你的想法的时候又受你的想法以及你的行为的影响。你无法固定一个变量。那么结果肯定就不是绝对的；第二，我们在统计数据之前肯定要进行数据清洗和整理，而在清洗和整理的过程中，由于清洗方法的影响，也会干扰数据的准确性。

2）分析方显功力

数据分析的过程是这样的：数据搜集→数据清洗→数据统计→数据分析→分析报告。一般情况下，我们能得到的只是搜集来的数据，需要你按照自己的需求进行清洗，而清洗之后如何进行统计？还得看你的需求。统计只是对客观的重新展示，而分析才是功力所在。如何分析摆在你面前的数据？这需要根据你的主观需求。

3）行动才有意义

分析之后，你知道了真相，发现了问题所在，如果没有行动，如果不改进自己的工作并最终获得工作绩效的改进，那么所做的数据搜集、清洗、统计、分析，就没有意义。

拿到分析报告后，就是开始实行你的目的的时候了。

9.1 网站数据分析概述

关注电子商务发展的读者对下面这条消息都不陌生：2017年11月11日，天猫联手淘宝创造了最高单日成交纪录，全天交易额达1682亿元，无线交易额占比90%，如图9-1所示。2017年"双11"全天，物流方面再次刷新全球纪录，菜鸟网络共产生8.12亿元物流订单；支付峰值达到25.6万笔/秒，也刷新了去年创下的峰值纪录。花呗支付占比20%，保险总保单量6亿笔，总保障金额达到224亿元。

马云曾表示，阿里不再是一家电商公司，而是一家数据公司。

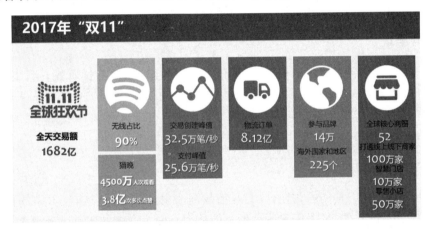

图9-1 2017年"双11"天猫创造交易额

9.1.1 商业活动与商业数据

商业活动是指企业的购买、销售/交换和银行的贷款等工作。法约尔认为，懂得买与卖与懂得很好地生产同样重要，商业能力除了策略和决策，还应包括长远的预测能力。

商业活动是商业主体和客体双方共同参与的活动。主体和客体双方围绕着商品互相询问、互相试探、互相了解、互相协商等都要运用语言。但商业主体是主体和客体这对矛盾的主要方面，其语言运用在商业活动中起着主导作用，对促进或阻碍商业交际活动的进行，乃至商业目的能否实现都具有决定性的意义，因而商业活动是人类最基本的实践活动，它的目的、方式和意义，伟大的经济学家大卫·李嘉图以他的"比较优势说"（The Theory of Comparative Advantage）给出了极为简单明确的证明：商业活动是"双赢"或"多赢"的。现代经济理论也证明：商业活动有竞争，但它是合作竞争，诚信竞争，它不是"兵不厌诈"的军事竞争。商业活动有博弈，但它是非零和博弈，它不是"你死我活"的零和博弈。因此，商业活动讲情感。

商业活动是国家经济活动中的重要组成部分,是商品流动、社会稳定等重要的因素。一个国家的商业活动反映了该国家的经济水平。

所谓商业数据,是指一个产业,其价值链上各个重要环节的历史信息和即时信息的集合,其内容包括商业企业内部数据、分销渠道数据、消费市场数据等。它不但能揭示这个产业的历史,还能反映产业的最新发展,更重要的是能预示产业的未来,为该产业价值链上各类企业的战略、研发、营销、管理等提供可靠的咨询和指导。大量产业的商业数据的集合,就是商业数据平台。商业数据平台不但能进行产业内的横向和纵向比较,还能进行产业间的比较,更能监控各产业的即时发展情况,功能更加强大。

9.1.2 电子商务数据的特点

电子商务数据是指人们在利用互联网进行商业交易时产生的数据。例如:网站上每一次的用户访问、产品交易、客户服务都会伴随着数据的产生,这些数据往往反映了一定的商业信息,如消费者的行为特点、商品的偏好等。

随着电子商务的迅速发展,网上信息迅速增长,并表现出以下特点。

1. 内容丰富

随着网络在社会各领域的运用,网上的信息内容日渐丰富,从科研教育到生活娱乐,从政策法律到文学艺术,从经济金融到军事政治,它涵盖了人类知识的各领域。互联网已经成为世界最大、最开放的信息集散地。人们通过互联网,可以真正做到足不出户就能知晓天下事。

2. 类型多样

网上的数据在网络发展的初期,以文本型数据为主。随着多媒体技术和数字通信技术的发展,图像、声音、软件、数据库等各种形式的数据在网上占有的比重越来越大。现在人们在网上欣赏音乐、观看电影、开展网上教育和学术交流、享受医疗保健服务和网上购物、咨询;大量传统文献的信息也通过各种数字化技术发布到网上;大量实时性的数据,如股市行情、天气预报、交通报道也充斥着网络。

3. 数量巨大

网上交易的爆炸式增长带来了交易数据量的快速增长。以淘宝网为例,淘宝网每天产生的交易数据达到50~80TB。这些海量数据给数据的存储、传输和加工处理都带来了挑战。

4. 结构复杂

由于互联网是一个开放系统,连入网络的每一个系统构成不同、信息组织方式不同、数据类型各异,因而网上的数据结构极其复杂。从服务器的类型来说,有电子邮件服务器、FTP服务器、Gopher服务器、WWW服务器,以及各种专用服务器,每种服务器工作原理、数据结构都不完全相同。即使是同一类型的服务器,甚至同一网站和网页中的信息,其数据类型也不完全相同。

5. 变化频繁

首先,从网络数据内容更新的速度上看,网上的数据可以按照老化周期的长短大致分为3类,即相对稳定的信息,如政府和企业的介绍信息、法律法规信息、科研成果信息等,这类信息的老化时间按月甚至年来计;迅速老化信息,如网络新闻、网上报纸、天气预报、交通信息等,这类信息的老化周期按小时或天计;即时信息,如证券信息、在线交流和网上节目直播等,这类信息的老化周期一般为几秒,最多几分钟。

其次,网络数据的变化还可以表现在网络数据的载体——网页的更新上。CNNIC 的调查显示,有 6.89% 的网页在一周以内更新,更新时间在 1 周到 1 月的占 5.01%。再次,网络数据的变化还反映在网址的变化和网站结构的调整上。系统的合并、升级、停止运行等都会造成网址的变化和网站信息组织方式、组织结构的改变。

6. 质量不一

网上信息发布具有很大的自由度和随意性,缺乏有效的过滤、质量控制和监管机制,因此,网络信息的利用价值差异极大。这些信息既有信息含量大、价值高的,也有无用的、重复的,并且相互混杂交织在一起。信息质量良莠不齐,为用户选择、利用网络信息资源带来了不便,也给网络信息的开发、管理提出了要求。

就商务网站的信息而言,数据质量问题体现在:

(1) 商品描述信息不完整。电子商务商品一般包括商品名称、价格、运费、买家、商品描述等信息。商品名称所含信息量很少,商品描述中也缺少关于商品的详细描述。

(2) 商品描述不一致。不同商家对相同商品会有不同的描述。例如 Canon 公司的一个产品 PowershotA400015,一些商家描述为 PowershotA400015,一些商家描述为 A400015。

(3) 商品描述混杂。缺少商品描述信息的同时掺杂了其他商品的信息,如"佳能(Canon)PowershotA3300 相机 1600 万像素、3 英寸液晶屏、促销价 $918.00 元,尼康(Nikon)COOLPIX533001600 万像素、2.7 英寸显示屏、新品现货促销价 $808.00 元",其实这是商品"SonyW630"描述中的一句话,可见促销商品的描述信息会对实体识别造成很大的干扰。

9.1.3 商务数据的挖掘利用

电子商务系统的大量涌现为商务数据的挖掘与利用提供了条件。数据挖掘是一种从海量数据中发现蕴藏在数据内的知识的技术。电子商务是数据挖掘最理想的应用领域之一,因为它能提供大量的具有丰富属性的数据,一方面在于它的理想性,另一方面在于它的实用性。

1. 可视化接口

可视化接口即用户交互接口。用户操作可视化界面,系统由可视化工具库中专用软件响应,同时从特征库中获取相关数据通过转换和映射向用户提供可视化的结果内容。特征库是数据抽取的结果。它是商务数据对象的属性值及其间关系的集合,一般用常规数据库组织。数据库管理系统有的采用大型管理软件,如 Oracle、SQL Server 等。有的也采用小型 DBMS，如 Access、VFP 等。选用一种 DBMS 实现对特征值及其相互关系的有效管理。

2．数据抽取

数据抽取是数据挖掘分析中的核心模块。它运用各种模式和挖掘算法来实现对因特网上各种数据对象相关特征值的抽取。因特网中商务数据源是多种多样的。例如图 9-2 中标出的网页、多类电子文档、商务网站数据库等。数据抽取模块主要完成从商务数据对象中抽取相关的属性值：商品名、型号、产地、价格及属性间的联系；还要收集与顾客有关的信息：顾客基本信息、顾客的消费记录、顾客的购物习惯与兴趣等。

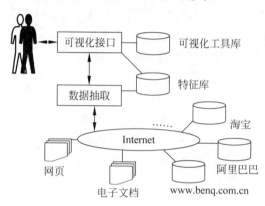

图 9-2　商务数据源与可视化窗口

3．数据挖掘的阶段

数据挖掘一般分为 4 个阶段：数据准备阶段，数据分析和分类阶段，知识获取阶段，预报阶段。数据挖掘阶段流程如图 9-3 所示。数据准备阶段的主要任务是从数据库中选取要抽取的数据集，对数据集进行清理、转换与集成。有的将其建成数据仓库。数据分析与分类阶段是对数据准备阶段的结果数据集进行进一步加工处理。首先，将数据对象分类处理，通过聚类与序列分析把一个数据集分成若干个子集。然后，分析它们之间的联系，进行链接分析。根据各种关系图，从中获得一些趋势信息，找出其间的规律性。知识获取阶段的任务是在第二阶段结果的基础上提炼知识。根据不同的数据集选择不同的应用算法。如神经网络、决策树、分类和回归树、最近邻居和可视化方法等。

预报阶段是知识获取的应用。利用已获取的知识进行具体的推测、预测、建模，掌握商务运作的主动权。指导商务活动，使商务管理与运行效益上一个新台阶。从图 9-2 到图 9-3 基本完成了商务数据的抽取与挖掘，挖掘的结果得到两类产品：符合系统要求的规范化数据库（如特征库和显现）相关的知识。在通常情况下，知识获取和商情预报是利用一些专用工具来实现的。在众多的工具中，可视化（软件包）工具是其中颇受欢迎的一类常用工具。例如，SpaceTree、TGW iKiBrowser 等就是典型代表。

在电子商务系统中，数据挖掘的结果是供决策者和技术管理人员使用的，如领导者、DBA（数据库管理员）、网站设计师等，他们有不同的知识结构，使用挖掘结果的目的和方式也各不相同，从而应当针对他们的不同特点，分别用合适的形式可视化地表达挖掘结果。

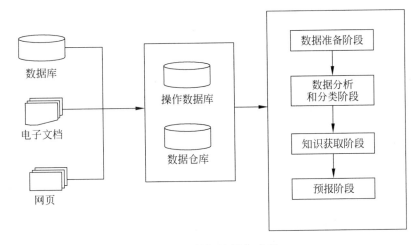

图 9-3　数据挖掘的过程

9.2　网站数据分析

网站数据分析软件的主要功能是在获得网站访问量等重要数据以后，对有关数据进行统计、分析，以便了解网站当前的访问效果和访问用户行为，并发现当前网络营销活动中存在的问题，为进一步修正或重新制定网络营销策略提供依据。

网站数据分析是通过观察、调查、实验、测量等，通过数据的显示形式（报表和报告）把网站各方面的情况反映出来，使运营者更加了解网站的运营情况，便于调整网站的运营策略。

9.2.1　为什么需要进行数据分析

我们最终需要的并不是数据，而是数据分析之后产生的有意义的信息，这样的信息可以帮助我们决策。数据分析的作用如图 9-4 所示。

图 9-4　数据分析的作用

9.2.2　网站数据分析的内容

网站数据分析的内容取决于网站数据分析的目的。总体来说，包括下列内容：
- 行业数据分析
- 竞争对手分析
- 域名评估
- 网站内容分析

- 网站用户行为分析
- 网站用户需求分析
- 网站营销数据库分析

9.2.3 怎么做数据分析

步骤1：建立数据体系

（1）明确目标；

（2）确定数据指标；

（3）建立数据分析模型。

【案例分析】 王先生，2009年末开始经营一家日常生活用品的电子商务网站，这是一个新的网站，他需要大量地获取流量（Acquisition），怎样买到真正有价值的流量呢？这是一个典型的电子商务网络营销需求。怎样增加访问者购买商品的比例？一个典型的转化需求。

网站分析应回到业务需求：

（1）市场推广方式是否有效，以及能否进一步提效；

（2）访问网站的用户是否是目标用户，哪种渠道获取的用户更有价值（跟第一个需求有交集也有不同）；

（3）用户对网站的感觉是好还是不好，除了商品本身之外哪些因素会影响用户的感觉；

（4）怎样进一步节约成本；

（5）新的市场机会在哪里，哪些未上架的商品能够带来新的收入增长。

步骤2：数据收集与处理

（1）获取数据资源；

（2）去除无效及虚假数据；

（3）根据数据模型进行运算。

收集数据的途径：

（1）宏观：宏观经济及互联网行业发展；

［宏观经济］国家统计局统计数据

［互联网行业发展］CNNIC、中科三方

［其他相关产业发展］国家统计局，相关行业协会数据

（2）消费者：用户生活形态与媒介习惯；

［消费者生活形态与媒介习惯］新生代市场监测

（3）互联网：互联网使用行为及特征；

［互联网使用行为和特征］艾瑞 iUserTracker、华通明略 NetTrack、comScore

（4）网络产品：产品使用行为和竞争分析；

［相关网络产品的用户使用］第3方行业研究报告；产品专项研究；第3方数据监测

（5）自有产品：自有产品的用户特征和行为。

［自有产品用户行为与特征］网民调研；万瑞监测；产品 Log 数据

userfly——网站可用性测试工具

userfly 几乎可以监控用户在网站上的所有操作，通过视频的方式录制并提供回放和下载，可以记录的用户行为包括：

- 监控鼠标的移动、点击和选取；
- 监控文本框的输入、选择框的选取；
- 记录页面的缩放、上下滚动和页面浏览的跳转；
- 监控对链接、按钮的有效点击；
- 排除对用户输入密码的记录，保护隐私。

步骤 3：数据解读与决策

案例分析（见图 9-5 所示）。

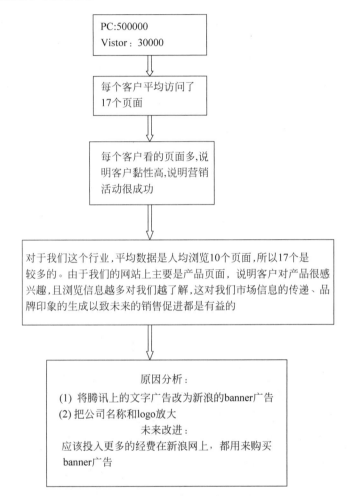

图 9-5　数据分析的过程

9.3　网站流量数据的获取

网站数据分析系统的实现一般可以分为两个步骤，第一步就是通过某种方法，获得网站运营过程中的各种流量数据，比如访问者的 IP 地址、访问时间、浏览器类型以及请求的 URL 资源等；第二步就是对上面获得的各种数据，运用现有的相关技术对其进行系统地分析和统计。

9.3.1 网站流量数据的获取方法

目前,在网站运营的过程中,Web 服务器端流量数据的获取大致上有三种方法,分别是监听网络数据包、分析服务器日志和添加页面脚本。

1. 监听网络数据包

数据包是网络传输的基本单元,主要由发端 IP 地址、净荷数据和接收端 IP 地址组成,里面包含了发送端用户所有的数据信息。监听网络数据包获取流量数据,这种方法是通过在客户端和 Web 服务器之间加一个基于软件或者硬件的包嗅探器,对所有经过的数据包进行监听和截获,从中提取出所需要的信息,比如我们前面提到的用户的 IP 地址、请求访问的 URL 资源以及浏览器类型等,接收到数据包的时间可以作为用户访问的时间。同时,还要将捕获到的数据信息,及时存储于数据库中。其原理如图 9-6 所示。

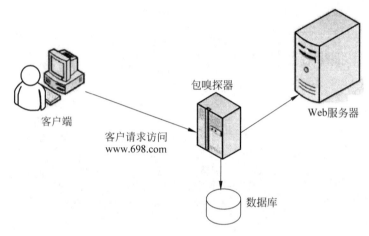

图 9-6 监听网络数据包

由原理图可见,通过这种方法进行网站流量数据分析,分析程序必须运行在 Web 服务器或是硬件包嗅探器上。图 9-6 就是采用的硬件包嗅探器,并配备分析数据库,这样就可以直接对其进行数据的统计分析。

2. 分析服务器日志

当前,主流的 Web 服务器软件都具有一套完整灵活的日志系统,如 Apache 和微软公司的 ns,日志由服务器自动生成,里面记录了用户访问网站的各种数据,包括 IP 地址、访问时间、访问方式、请求内容等。基于服务器日志的方法,是当前获取网站流量数据最简单、最普遍的方法,但日志文件中也存在着大量冗余数据,所以日志分析的难点就在于对原始数据的净化处理。其服务器日志文件数据净化处理的过程如图 9-7 所示。

3. 添加页面脚本

这种方法首先是在网站的页面内添加了一些脚本,常用的脚本有 ASP、JSP 和 PHP,这些脚本都内置 Request 对象,该对象封装了当前访问对象的各种信息;然后,通过编程技

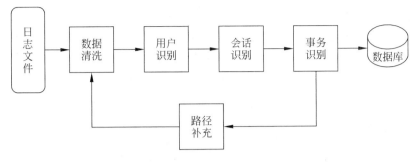

图 9-7 分析日志文件

术,获取访问信息并将其记录到数据库中,从而实现了网站分析数据的采集。最后,就可以直接对数据库中的这些数据,进行有效的分析处理。

4．三种方法的比较

通过上面的三种方法,都能实现网站流量数据的获取,但这三种方法各有利弊,下面分别来讨论。

1) 监听网络数据包

采用网络包嗅探器获取流量数据的优点是,可以更快、更广泛地搜集数据,灵活地定制统计分析所要抽取的各种内容;同时,由于网络数据包是通过 HTTP 进行传输的,其协议的标准具有一致性,无论网站的实现技术如何,系统都能够得到很好的支持,这样就使得系统具有很强的移植性。缺点是,由于包嗅探器运行在客户端和 Web 服务器之间或是 Web 服务器上,必然会影响到服务器的性能,如降低请求的响应速度、增加服务器负担等,而且,还要花费额外的硬件和软件,增加了网站运营的成本。

2) 分析服务器日志

这种方法的优点是日志文件由服务器自动生成,花费较小;分析程序和服务器运行完全独立,可以安装在任何一台主机上,这样就不受地点和时间的限制,也不会对网站性能造成任何影响;而且,日志文件是相当长时间内大量用户的行为数据,特别适合做整体分析。缺点是,不同服务器日志格式不一致,很难设计一个适合各种服务器日志的数据分析系统,这样可移植性就差;日志提供的数据信息有限,只能对现有数据进行汇总,也难以实现实时的统计分析;对于大型网站来讲,运营过程中,日志存储要占用大量硬盘空间,数据分析也要耗费大量 CPU 资源,速度也要受到日志文件大小的影响;此外,共享 IP 和缓存问题,还会造成日志记录的不准确。

3) 添加页面脚本

这种方法的优点是,利用脚本的可编程特点,使得其程序功能强大,能够灵活地获取网站运营中的各种流量数据,统计数据源全面且精确;而且,可以实现远程查看,随时了解网站的运行状况;对于小型网站来说,网站访问量不大,数据分析实现更为方便,这种方法是最佳方案。缺点是,不同 Web 服务器采用的脚本不同,造成系统的可移植性差;同时,由于在网站每个资源被访问时,都会先运行脚本程序,网站性能肯定会有所降低,尤其是在访问量大的情况下。

9.3.2 应用举例

UV(Unique Visitor：独立访客)，访问网站的一台计算机客户端为一个访客。一天之内相同的客户端只被计算一次。通过不同技术方法来记录，实际会有误差。那么，UV如何被度量？

1. 网站服务器分辨

网站服务器会接收到很多页面请求，每次请求的信息内部都包含了访问者计算机的一些信息，比如：IP地址、请求发出的时间、浏览器版本、操作系统版本等。网站服务器对这些请求进行分析，如果这些请求满足一些共同特征，比如来自同一个IP地址，且浏览器版本、操作系统版本相同，请求时间又相近等，如果满足这一系列的条件，那么就可以认为这些请求是来自于同一个访问者的，那么这些访问自然是产生1个UV。当然，共同特征该如何定义是由网站服务器的设置决定的。通常来讲，用IP地址＋其他特征共同来定义的情况比较多见。

2. 用Cookie分辨

当客户端第一次访问某个网站服务器的时候，网站服务器会给这个客户端的计算机发出一个Cookie，通常放在这个客户端计算机的C盘当中。在这个Cookie中会分配一个独一无二的编号，这其中会记录一些访问服务器的信息，如访问时间，访问了哪些页面等。当你下次再访问这个服务器的时候，服务器就可以直接从用户的计算机中找到上一次放进去的Cookie文件，并且对其进行一些更新，但那个独一无二的编号是不会变的。如果在一定时间内，服务器发现2个访问者所对应的是一个编号，那么可以认为来源于同一个访问者，也就是1个UV。

使用Cookie的方法要比第一个更精确些，但也存在一些问题，例如：UV功能依赖Cookie，如果访问者的浏览器不支持Cookie，有的客户端为保证更高级别的安全，关闭了Cookie的功能；或者是有些客户端设置了在退出页面时自动删除Cookie，抑或你经常自己去手动删除Cookie，或者没有使用默认的统计代码，则该功能将失效，可以通过IP地址来近似的区分客户端，但无法判断是否是新的独立客户端。

3. 什么情况下UV数会比IP数少

一般情况下，统计UV数应该大于或等于IP数，但有些情况下，有可能UV数会小于IP数：

(1) IP地址是绝对的，从TCP链路上取的，真实的，不唯一的；

(2) UV设置的Cookie，随机设置的，可重复的，只是重复概率足够小；

(3) 移动笔记本计算机不时地更换IP，会出现这种问题；

(4) 客户端禁用Cookie或者客户端安全级别高会导致Cookie设置不上，会出现这种问题；

(5) 如果采用图片统计，由于拿不到Cookie会出现这种问题。

4. IP 与 PV 的实用价值举例

例如通过 IP 定位,知道哪些省份、城市以及哪个区域的用户在访问,不同地域的用户关注的内容是否有差异,通过对这个数据的分析,可指导市场部门具体选定在哪个城市做推广或者活动效果更好。

例如某个地方性的网站,在春节期间 PV 未降反而增长了 20%,提供我们对这 20% 新用户的监测,发现 IP 地址都来源于本地,进而可以判断这 20% 的用户是从外地返乡的,在运营时,可为这 20% 的新用户有针对性地提供信息;例如提供返城火车票的信息服务,提供儿童教育类商家的信息等。

9.4 网站数据分析平台

对网络用户使用记录进行分析,是关于用户行为及潜在用户信息的知识发现,其主要任务就是从数据中发现模式。通常实现方法就是对网络服务器日志和 Cookie 等日志文件进行分析,发现用户访问行为频度和内容等信息,从而找出一定的模式和规则。主要包括关联规则、序列模式、网页聚类、频繁遍历路径等。

9.4.1 网络数据流量分析方法

目前国内外的一些流行分析软件大多数只提供一些简单的统计功能,如对某一个 URL 的访问数或访问时间的统计等,而不能对日志中隐含的关系进行挖掘分析,因而在功能上有一定的局限性。主要的网络数据流量分析方法包括:

1. 统计分析

对网页的访问种类、时间、不同种类的统计(频率、均值、中值)分析,有助于改进系统性能、增强系统的安全性,便于网页的修改并能够提供决策支持。通过对日志访问频率分析,可以在一定程度上发现用户感兴趣的热点问题。例如,国外某公司发现网站的访问量很多来自国外,其中一大半来自巴西,于是他们修改网页以迎合巴西用户的特点,结果使来自巴西的订单出现大幅度增长。

2. 路径分析

路径分析可以用于确定在一个网站中最频繁访问的路径。如:70% 的用户端在访问 /Library/ document2 时,是从 /Library 开始,经过 /Library/new、/Library/document、/Library/document1……;80% 的访问这个站点的用户是从 /Library/document 开始的;65% 的用户在浏览 4 个或是更少的页面后就离开了。

第一条规则说明了在 /Library/document2 页面中有有用的信息,但因为用户对站点进行的是迂回绕行的访问,所以这个有用的信息并不明显。第二条规则说明了用户对子站点的访问一般不是从主页开始的,而是从 /Library/document 开始的,如果在这一页面上包含一些目录类型的信息,则将会提高用户的浏览效率。第三条规则说明了用户在网站上驻留的时间。既然用户在这个网站上浏览一般不超过 4 个页面,就可以把重要的信息放在这些页面上。通过路径分析,可以改进网页及网站结构的设计。采用路径分析进行网络使用模式分析,比较常用的是建立在用户浏览页面的基础上的图形分析,从中可以发现用户访问的路径模式和最频繁访问的路径。

3. 关联分析

关联分析从大量数据中发现项集之间有趣的关联和相关联系,可从数据库中关联分析出形如"由于某些事件的发生而引起另外一些事件的发生"之类的规则,如"67%的顾客在购买啤酒的同时也会购买尿布"。对数据库进行关联分析的目的就是找出数据库中的关联规则。

关联规则的发现可以用来找出某次服务器会话中最经常出现的相关网页。在网络信息服务中,关联规则的发现也就是要找到用户对站点上各种文献之间访问的相关联系,这些文献之间可能存在也可能不存在直接的联系。例如,用关联规则发现方法,可以找到以下的相关性:40%的用户访问页面/Library/document1 时,也访问了/Library/document2;30%的用户访问/Library/document 时,在/Library/document1 进行了服务请求。利用这些相关性,可以更好地设计和组织站点,提供有效的服务。目前有关的用户访问记录的数据量比较大,如何降低搜索空间是关联规则的发现需要解决的问题。

4. 序列模式分析

序列模式的分析就是在时间戳有序的事务集中,找到那些"一些项跟随另一个项"的内部事务模式。找出会话间的模式,利用会话间的时间安排预测未来的访问模式,可以进行趋势分析、转折点检测和相似分析等。例如:在访问/Library/document 的顾客中,有 30%的人曾经在过去的一个星期里利用关键字"知识发现"在网上做过调查;在/Library/document1 上进行过服务的用户,有 60%的人在过去 15 天内也在/Library/document4 处请求服务。发现序列模式能够预测用户的访问模式,对用户开展有针对性的宣传。通过序列模式的发现能够在服务器中选取针对性的页面,以满足访问者的特定要求。此外,序列模式的分析有助于发现网络信息服务内容和产品的生命周期,暂时性的序列模式可以用来分析有关的工作和服务效果。

为了发现网络日志中的序列模式,首先需要把存放在文本文件中的日志记录转换为序列数据中的访问序列,在序列模式数据库上运用某个序列模式挖掘算法发现用户关心的序列模式。此外,为了挖掘用户感兴趣的序列模式,减少挖掘、解释和评价模式的时间,序列模式挖掘还应能体现用户对模式的约束。序列模式识别用户浏览行为的序列模式,主要集中在挖掘频繁遍历路径的算法,通过序列模式发现频繁访问路径。发现频繁访问路径的基本思路是:首先识别所有用户访问事务中的最大前向访问路径,然后将发现频繁访问路径模式的问题映射在所有的最大前向访问路径中,发现频繁发生的连续子序列的问题,即利用事务数据库中的挖掘序列模式的方法来发现所有的最大访问路径,对于某些自动生成的页面可以根据"热门访问路径"自动生成链接及其排列次序,把热门链接排在前面。

5. 分类规则分析

分类发现就是给出识别一个特殊群体的公共属性的描述，可以分析某些共同的特性，这个特性可以用来分类新的项。例如：大学的用户一般感兴趣的页面是/Library/document1；在/Library/document2 提出过服务请求的用户中有 50% 是学生。在获得有关的分类知识后，就可以进行适合某一类用户的网络信息服务活动，根据用户分类的信息对网络信息服务方式进行改进。由于网络日志是以文本形式存在的，所以可以利用文本挖掘技术的文本分类法从日志中发现用户感兴趣的内容。

6. 聚类分析

聚类分析可以从网络访问信息数据中聚集出具有相似特性的某些用户。具有相似模式的用户组成用户群体，可便于为其提供个性化的服务。在网络事务日志中，聚类用户信息或数据项能够便于改进网络服务。例如，根据用户聚类数据可发现不同的相关用户群，便于进行分类服务。聚类是按照某种相近程度的度量将数据分成互不相同的类别，聚类结果即一系列相近数据组成的集合。每一组中的数据相近，不同组之间的数据相差较大，这样就可以据此判别或调整站点的结构以利于用户的访问。用户对网站的访问存在某种有序关系，这种有序关系反映的是用户的一种访问兴趣，也就是说群体用户的访问兴趣和他们的访问序列有很强的相关性，先访问的节点具有较大的访问兴趣，因此需要一种聚类方法把这种有序关系挖掘出来。所以聚类挖掘的目的，就是从用户的访问日志中得到具有相似用户访问兴趣的聚类。

9.4.2 数据平台系统

数据平台系统分为实时数据平台系统、离线数据平台系统和数据访问中间件。

1. 实时数据平台系统

具体实践活动中搭建了实时数据平台系统，进行数据收集，并实时进行计算，为网站运营人员提供实时的数据支持。实时数据平台系统需要在短时间内低延迟地处理大量的数据网络传输、数据计算和数据结果存储，所以实时数据平台系统在大数据量的网络传输、数据计算、数据存储和系统稳定性上面临挑战。为解决实时数据平台系统面临的挑战，设计了该系统平台的架构，该系统从数据流向上看，整体上分为：实时数据采集系统、数据网络传输中间件、数据分布计算系统三部分。

1）实时数据收集系统

实时数据收集系统是整个数据平台系统处理数据的来源，专门负责对原始用户数据、业务行为和日志的收集。用户普通的访问请求和业务请求数据通过数据采集系统等转发给实时数据分析系统完成数据计算分析，在数据采集系统保留了日志文件，并最终由数据采集系统转发给离线数据平台系统。数据采集系统数据来源及其在整个数据平台系统架构中的位置和作用如图 9-8 所示。

正如图 9-8 所示，网站客户端有价值的分析数据主要包括两种：一种是网站的用户访问时，对用户访问的信息，如对用户访问的次数、当前访问的来源域名和来源页面，搜索关键

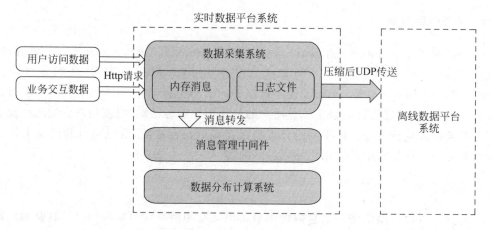

图 9-8 实时数据平台系统

字等，进行的统计分析；另一种是对用户对特色网站各种特色服务的使用情况，如对登录、注册、论坛的发回帖数据、互动网站的用户生成内容、电商网站的用户购买行为等，进行统计分析。针对这两种行为，数据采集的方式不一样。关于用户对页面的访问行为的数据，数据采集系统通过客户端 JavaScript 脚本进行收集，数据平台组提供 JavaScript 脚本的 API 接口给客户端产品开发人员进行调用，脚本程序记录用户的客户端浏览器事件和其他相关的客户端数据，并将数据实时地向数据平台采集系统发送。

关于用户的业务行为数据，数据采集系统通过产品系统服务器端进行数据收集，不同产品系统的服务端在业务发生时将行为日志推送到数据平台采集系统。业务日志格式由数据平台组主导，并和产品技术组商定后，定义统一的业务处理日志格式。数据平台组提供数据发送接口的实现，由产品业务系统进行调用。接口实现需要特别的数据发送策略，保证不会发生因为数据平台系统故障引发产品系统内数据在内存堆积等系统故障。

数据采集系统采集数据的类型和每种数据类型数据采集的方式如图 9-9 所示。

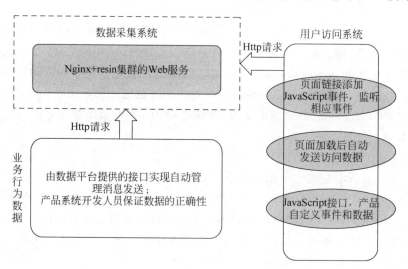

图 9-9 数据采集的数据类型和相应采集方式

下面对图9-9说明的数据收集方式的细节进行说明,并具体阐述数据采集系统架构方案。

(1) 页面访问行为的数据收集。

数据采集系统通过客户端JavaScript脚本收集用户对页面的访问行为。实现包括三种方式:一种是在网站的重要页面(如首页、推荐页、广告位等)的链接上添加事件触发机制,当指定的事件发生时,将该链接的URL信息,以及将该链接在页面中的位置和其他相关数据,通过Http请求发送到数据采集系统。

第二种是在用户请求页面加载完毕后,收集用户客户端信息,将数据通过Http请求发送到数据采集系统。客户端信息包括用户IP、用户访问页面URL、浏览器Refer、登录用户的网站ID,和生成的客户端标识唯一用户的Cookie值(该Cookie值如已经生成,则直接获取)及UserAgent。用户Cookie标识的生成规则如下:用户客户端PC的时间毫秒数后面加4位随机数字。该规则用来尽量保证客户端用户标识的唯一性。

第三种是给客户端脚本调用者提供灵活方便的使用方式,定义统一的API接口,接口接收的参数包括事件类型、客户端事件相关的对象(文字、图片、视频等)的属性信息,包括名称、内容、连接信息,这些属性信息由用户自己定义名称,并保证数据传入的正确性。

(2) 业务行为的数据收集。

网站特色的业务行为各种各样,复杂程度不一,通过统一的客户端脚本进行数据收集无法实现,因此需要从各产品系统的服务端进行数据收集。为了提高数据传输、计算和分析的效率,数据平台组的技术人员需要提取业务行为发生时的关键信息,并对不同的业务行为进行抽象概括,统一业务数据收集时的格式。

业务行为的发生主要涉及业务行为主体信息(用户信息)、业务行为动作信息(用户动作)、业务行为对象类型、业务行为对象的属性、业务行为在网站发生的产品线信息(域名、板块等),数据平台组的技术人员据此定义不同产品系统统一的数据收集格式。在此基础上,数据平台组和各产品系统组需要一起共同定义业务行为、行为对象类型和对象数据属性等的数据字典信息,最终形成标准文档,由产品系统调用数据发送接口时遵守,并方便数据平台组对产品系统的业务数据进行有效性核对和正确性校验。

产品系统组在各产品系统的服务端程序中调用数据平台组提供的数据发送接口,将产品系统中发生的业务行为按照事先定义好的字典信息进行统计后,实时地推送到数据平台的数据采集系统。在数据收集的接口实现中,需要保证数据传输的高性能和稳定性,保证系统具有一定的容灾性。

2) 数据网络传输中间件

数据传输的高性能和稳定性是指数据传输的时延尽可能短,为了实现这一要求,在接口实现中,创建并维持了和数据采集系统的连接池,避免重复进行网络连接带来的时间消耗和系统资源消耗。以保证在极端情况下数据发送的时间不超过5ms。

接口实现中产品系统的业务行为数据将被放到客户端生产者-消费者队列中。并且监控每条数据发送的时间,如果超过5ms没有完成数据推送,则取消当前数据发送请求,避免生产者队列中数据的堆积,降低产品系统的请求响应能力,或造成产品系统内存溢出等系统故障，以求最大限度地降低数据平台系统对产品系统的影响。

3）数据采集系统搭建

数据采集系统采用 Nginx Lx+resin 9.x 的 Web 服务，保证多连接和高并发情况下对客户端请求的处理能力，实践过程中，该前端服务可以保证每天每组 Web 服务器 5 千万～8 千万点击流(pv)，峰值 800pv/s 的数据接收能力。Nginx 是一款轻量级的 Web 服务器/反向代理服务器及电子邮件(IMAP/POP3)代理服务器，并在一个 BSD-like 协议下发行。其特点是占用内存少，并发能力强，事实上 Nginx 的并发能力确实在同类型的网页服务器中表现较好，国内使用 Nginx 网站用户有：百度、新浪、网易、腾讯等。

采集系统每天的日志文件都很大，既会影响服务器的处理效率，也会对日志分析带来不便，因此 Nginx 每小时切割日志，然后服务器脚本将经过压缩的日志文件，定时发送到数据离线服务的日志备份服务器上，传送过程中重要的数据通过 TCP/IP 传输，不重要的数据通过 UDP 传输，然后保存到 Hadoop 集群的分布式文件系统中去。这些数据被用来作为离线数据平台系统进行分析计算的主要数据源。

2. RabbitMQ 消息管理

数据采集系统需要将采集的数据实时转发给数据计算系统，可行的消息转发技术方案包括点对点进行数据发送和将消息转发消息管理中间件两种。实践经验表明，虽然点对点数据发送也可以保证网络数据发送的高性能，但是采用这种技术解决方案，导致数据采集系统和数据分析计算系统强耦合，容易导致数据采集系统和数据分析系统相互影响。

由于数据计算的业务复杂，需要进一步分布计算，一个采集系统和多个数据分析计算系统之间点对点关联后，会导致复杂和困难的系统维护任务。所以，采用了消息管理中间件进行消息管理，既保证了高性能的网络数据传输，也解放了数据采集系统和数据计算系统。

数据采集系统将采集的数据实时地发往消息管理中间件中，由消息管理中间件实现对日志消息数据进行管理，数据分析系统以订阅的方式获取数据分析的数据源。这种方式，既将数据采集系统和数据计算系统进行分离，避免这两个系统之间互相影响，同时又方便了数据计算系统在计算时按照业务要求和服务器资源的限制，可以平滑地进行平行拆分。数据平台系统采用的消息管理中间件为 RabbitMQ。

RabbitMQ 是一个在 AMQP(Advanced Message Queuing Protocol，高级消息队列协议)基础上的、完整的、可复用的企业消息系统。AMQP 和 JMS 类似，不同的是 JMS 是 SUN Java 消息中间件的标准和 API 定义，而 AMQP 是一个线路级的协议，它描述了网络传输时字节流的数据格式，所以，遵从 AMQP 的任何语言写的工具均可以操作 AMQP 的消息队列，RabbitMQ 客户端可以支持多种不同的语言实现，如 Python、Java、.Net、C 等。RabbitMQ 服务端用 Erlang(一种通用的面向并发的编程语言)写成，具有健壮性和并发高性能的优点，并且支持消息持久化和崩溃恢复，稳定性好，因此选用 RabbitMQ 作为消息管理中间件。

RabbitMQ 中的核心组件是 Exchange 和 Queue，Exchange 也叫交换机，接收消息和路由信息，然后将消息发给消息队列 Queue。RabbitMQ 支持特定的 Exchange 和特定的

Queue 通过绑定关键字 BindingKey 绑定起来。

在数据平台的实践过程中，由采集系统采集的各种类型的消息统一发往 RabbitMQ，由其对消息统一进行管理和传递发放，各个数据分析系统根据业务需求订阅消息，处理计算后得到相应的计算结果，不同的数据分析系统需要订阅的消息不尽相同。这是一种经典的发布/订阅消息的传输模型：通过特定的消息寻址模型，将消息传递给部分或者全部匹配寻址模型的多个消费者。

在 RabbitMQ 多种交换器类型中，支持主题式的交换器 Exchange，提供了这样的路由机制：通过消息设置的路由关键字和绑定关键字的模式进行匹配，将消息路由到被绑定的队列中去，该方式使用主题名字空间来作为消息的寻址模式。实践过程中，绑定的关键字可以用零个或者多个标记构成，每一个标记之间用"字符进行分隔。绑定关键字用这种形式进行说明，并且支持通配符。

数据采集系统和实时数据分析系统之间采用字节流的方式进行数据传输，客户端和服务端进行数据交换的字符串格式符合 Hup 请求的 Query 字符串格式。

实践证明 RabbitMQ 的每个服务进程可以对数据采集系统每天发送的上亿级数据消息进行管理，稳定地为十几个数据分析系统提供消息订阅服务，轻松方便地实现了数据采集系统和数据分析系统之间的联系，解决了实时数据分析系统根据业务进行水平扩展的难题，提高了系统的稳定性和可维护性。

3. 实时数据分析系统

为了得到实时数据平台系统最终的数据结果，满足运营工作人员对数据准确度和实时性的要求，最终要落到数据计算分析系统对原始数据进行计算处理。短时间需要计算的数据量大，从而服务器的压力较大。单台服务器难以满足所有的业务计算要求，需要对业务进行拆分后，交由不同的分布服务器共同协作完成。同时，实时的业务需求会不断增长，也要求数据分析系统是一个易于扩展的系统架构。

所以，实时数据分析系统是一个分布式的计算系统，包括十几个不同的实时数据分析服务进程，大部分进程之间相互独立，少部分进程之间通过 Socket 建立通信通道进行数据交换。每个进程从 RabbitMQ 消息队列中间件订阅消息作为数据分析的数据源后，在内存中做实时计算。

同时，实时数据分析系统的多个计算服务进程具有相同的业务抽象行为，所以，抽象出统一的业务处理接口，不同的数据分析系统开发过程中继承接口，并根据不同的数据计算要求编写不同的具体实现，有利于提高系统开发和代码维护的效率。

实时数据分析系统在短时间内得到的结果数据，需要快速存入到存储系统中，选用普通的关系型数据库难以满足这种要求，且容易在数据处理高峰因为瓶颈导致系统不稳定，所以使用了 mongoDB 存储集群满足实时数据分析系统高速的读写要求。

接下来分别对数据分析系统的内存计算、业务接口抽象和数据存储具体实践进行描述。

1）实时数据分析系统的内存计算

实时数据分析系统需要保证数据计算的速度，实时数据分析系统是消息队列中间件的订阅消息的客户端，RabbitMQ 提供的客户端消费者实现中，创建了 BlockingQueue 队列以方便处理线程异步的消费数据，如果一条数据计算平均消耗的时间超过实时数据分析系统从消息中间件中获取一条消息的平均消耗时间,数据流信息将会在该实时数据分析的进程中堆积,不仅影响实时计算结果的准确性,并且最终有可能会造成内存溢出。

所以,数据分析系统对每条消息的处理速度会影响系统的稳定性和健壮程度。估算系统可以容忍的每条数据计算时间的方法是:每条记录在实时分析系统中的计算处理时间,应该小于客户端请求峰值时,每次请求平均响应时间的三分之二(因为还需要考虑数据传输时间的消耗等)。如果超过或接近这个时间,则需要考虑优化计算效率。

实时数据分析系统为了保证数据计算的速度,计算结果和计算时的大部分辅助数据(如用户的 IP 信息、Cookie 标识、字典数据缓存等)需要放到进程内存中。内存空间相对有限而昂贵,所以必须尽可能充分估算每个实时数据分析进程在一个统计分析时间单元内(如一天)为了满足对应业务需求需要消耗的内存空间;尽可能充分地利用每个内存单元的空间效率;尽可能及时清除内存中过期的缓存数据。在实践过程中,通过对目前内存中数据对象进行监控和统计,发现进程中有大量 HashMap 的 Entry 对象,必要情况下需要实现内存优化的 HashMap,进一步提升对内存空间的利用效率。充分地利用每个内存单元的空间效率是指尽可能地使用数据的基本类型,例如,数据尽可能使用基本类型;日期在内存中以 long 型存储和参与计算;用户 IP 信息可以转化为 long 型在内存中进行缓存。

及时清除内存中过期的缓存数据是指及时清除过了计算有效期的缓存数据,例如统计某一用户在某一页面的停留时间,需要在内存中以用户的 Cookie 标识和统计页面 URL 为 key,记录用户进入该页面的时间和离开该页面的时间。如果进行数据计算后没有将所有相关数据及时清理,用户的 Cookie 标识和统计页面 URL 的笛卡儿乘积将很快耗尽内存空间,这种类似的情况可以通过定时开启扫描线程对过期的缓存数据进行清除。

实践中发现,相同的业务数据量下 TreeMap 的内存占用空间是 HashMap 的二分之一以下,当然,查询的处理时间上也将比 HashMap 消耗的时间更长,如果对时间的处理时间要求不极端,而又希望获取尽可能多的内存资源时,可以考虑用 TreeMap 代替 HashMap。

2)实时数据分析系统的业务接口

实时数据源的实时数据需要数据预处理和数据清洗。实时数据分析系统从数据消息队列中获取实时的数据流作为业务分析处理的数据源,每条数据进行处理前需要将数据字节流转化为业务对象,并且对相关的字段进行有效性校验。通过业务数据有效性校验的每条数据进入实时数据分析系统的处理接口进行数据计算。业务数据根据实时分析的业务需求参与数据计算,计算得到的结果会在内存自定义的数据结构中进行更新。

为了能够观察计算结果的变化趋势,便于和以后同一时间点的数据进行对比,需要定时保存数据结果的快照数据。这一过程需要独立的线程对当前的数据结果进行保存,避免降低处理接口的数据处理速度,需要保证数据的遍历和保存能够在下一个快照数据保存时间周期开始前结束。独立线程和数据处理线程操作相同的内存数据对象,所以自定义的内存数据结构需要考虑线程并发性,目前实践中使用的是 ConcurrentHashMap。

业务数据在一个统计单元结束的时间点,需要对内存数据进行处理。这一过程一般发生在一天的结束,基于和上述情况同样的原因,也需要开启独立的进程进行处理。该过程一般包括:开辟新的内存对象满足新一天的数据内存计算,对上一天内存的数据结果进行快照保存;根据业务需求对内存结果进行进一步的计算分析后保存到数据库中;上述工作完成后,清除上一天经过处理后的内存对象。

此外,实时数据的接口还应该对外提供获取内存对象的能力,方便系统的数据交互,为更高要求的数据查询提供便利(如实时查询内存计算结果的变化)。由上述分析可见,实时数据分析系统的业务处理过程是相似的。这样,可以对实时数据分析系统进行统一的接口定义、统一数据分析系统的编程框架。实时数据分析系统的开发者只需要按照统一的接口要求编写自己的实现就可以了;并且为在框架层控制流数据处理程序的生命周期,实现可动态加载或动态卸载实时数据的处理程序,提供了业务处理模型的基础。

3) 实时数据分析系统的数据存储

实时数据分析系统的计算结果中包括两部分:一部分是关键的运营数据,如实时的PV、IP、热点关键字等这类计算结果,需要及时地呈现给运营的工作人员,方便运营人员根据过去运营工作的效果,及时调整自己的运营行为。另一部分是综合性的统计运营数据,并不需要实时地数据展现,但是数据结果和关键的运营数据关系紧密,如用户回访率等数据,这部分数据可以称为关键运营数据结果的衍生数据。

对于关键的运营数据,数据结果需要及时地写入存储设备中,以便及时地数据展现。如不能满足这一要求,在大量快速的数据流写入请求的冲击下,很快就会导致实时数据分析系统的崩溃。所以,为了应对高速的数据写要求,一方面要求存储数据尽可能高效快速,另一方面要求在数据存储上也具备方便的水平扩展性。NoSQL 存储系统在数据一致性要求不高的情况下,强调对数据的高速写入的支持,作为 NoSQL 的产品 mongoDB,可以通过搭建 mongoDB 集群(如图 9-10 所示),方便在大数据量写入的情况下系统水平扩展。因此,我们采用 mongDB 集群作为实时数据分析系统关键计算结果数据的存储方式。

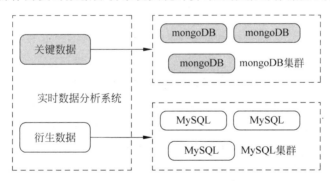

图 9-10 实时数据分析系统的数据存储

对于关键运营数据的衍生数据,这部分数据不需要实时地数据展现,不要求及时地数据写入,一般在一个统计时间单元结束(如一天)时经过进一步综合加工后写入存储系统中。这部分数据写入存储系统的数据量一般不大,并且允许较长的时间进行数据写入,例如零点开始至工作时间开始前都是可接受的时间范围,并可能需要支持复杂的表间关联查询,因此不需要存放到 NoSQL 中,一般按一定时间散列,如按年散列、按月散列等存放到关系型数据库中,数据平台系统采用 MySQL 存放这类数据,为了提高数据检索的效率,适当地增加数据索引。

数据平台系统处理的源数据量大,写入数据存储系统的结果数据也有明显的特点:数据量较一般系统量大而密集,同时数据结果的轻重缓急不同。实效性强的数据要求快速写入，所以需要支持高速写入的数据存储系统；实效性不强的结果数据写入普通的数据存储系统。同时，数据产品写入数据存储系统的数据随时间的变化，对数据产品用户的重要程度也不相同，数据产品的用户更多关心"最近几天"的数据，对越早的数据，访问频率越低。所以，数据产品结果数据的存储应该考虑"冷数据"和"热数据"，而选择不同的方式进行存储。

数据平台系统需要关键数据的高效读写，常常需要对数据结果进行进一步分析，因此mongoDB的高可用性、高水平扩展性、高效存取和支持MapReduce等特性使得其在实时数据系统的系统架构中具有重要的价值。

9.4.3 离线数据平台系统

数据产品系统有大量涉及复杂数据分析和数据挖掘的需求。这种业务需求不需要即时的数据统计结果，对时间的实时性要求不敏感，但是要求对在一定时间内的海量数据通过多维度、多角度进行观察和反复计算，且查询需求复杂，常常不仅涉及一张表的查询，还需要对多张表中上千万的数据记录进行数据分析和信息综合。这种情况下，一般的关系型数据库无法满足海量数据分析、数据存储和快速数据检索的业务需求，需要复杂的数据模型和数据分析模型来完成这一任务。

大量非结构化的数据分析过程给知识的分析挖掘带来了新的挑战，常见的OLAP手段在海量的数据处理面前显得力不从心，为了实现可接受的时间内对TB级别的异构数据进行分析，需要用新的数据计算手段进行数据分析，数据平台系统采用基于HGFS、MapReduce的高扩展、高性能的集群海量数据处理框架Hadoop对海量网页数据和日志文件进行处理；日志数据反复计算得到的数据结果，需要在单个服务器上以统一的模式将多个异构的数据源进行存储，以支持管理决策，数据平台系统采用面向OLAP的列存储数据库Infobright(是开源的MySQL数据仓库解决方案，引入了列存储方案，高强度的数据压缩，优化的统计计算)对大量数值型数据进行存储。

Web具有大量非结构化的数据结构，在对数据分析的过程中，涉及复杂的业务逻辑。除了考察对海量数据进行常见的数据分析之外，还需要考虑来路(访问路径、来源)URL信息和URL信息本身具有的内容属性等信息，传统提出的OLAP和数据挖掘等方法在海量的Web数据分析上显得力不从心，难以胜任当前的需求。

为了解决上述问题，常见的办法是对多个磁盘数据进行并行的读写和计算，但是进行并行读写计算的同时，需要解决更多的问题。

当数据集的大小超过一台独立服务器的存储能力时，就有必要对数据进行散列分区，将分区数据存储到独立的不同计算机上。管理网络中跨不同计算机存储的文件系统称为分布式文件系统，该系统既依赖网络，同时也引入了网络编程的复杂性，例如，为了使文件系统能够在节点故障的情况下，避免丢失数据，就是一个很大的挑战。另一方面，Hdfs中保存的数据在进行分析时，需要结合不同节点中保存的数据，即从一个硬盘读取的数据可能需要和其他的多个磁盘中的数据结合进行读取分析。分布式系统允许对多个数据源的数据进行分析，但是如何保证数据分析的准确性是一个很大的挑战。

Hdfs 是一个分布式文件系统，全称为 Hadoop Distributed Filesystem，它在设计上，以流式的数据访问模式来存储超大文件，并运行在商用的硬件集群上。商用硬件集群是指 Hadoop 不需要运行在高昂可靠的硬件上，它被设计运行在普通硬件的集群之上，虽然相对应的带来比较高的节点故障率，但是 Hdfs 被设计为遇到上述故障时，可以持续运行并且不让用户感到明显的业务中断。

在数据访问模式中，一次写入，多次读取是相对最高效的，这种数据访问方式就是流式的数据访问。这也是大部分离线数据挖掘的数据访问模式。从数据源生成或者复制得到数据集，然后在数据集上进行各种各样的数据分析，而每一次数据分析都涉及数据集的大部分甚至全部数据。在离线的数据中心系统中每天生成的日志文件有几十个，按照小时进行分割后平均每个文件大小在 1GB 左右，所以数据平台系统每天需要处理的日志文件数据量可能在百 GB 甚至 TB 级别。

Hdfs 的数据在磁盘上以数据块(block)的方式进行保存，默认为 64MB。这一点和单一磁盘上的文件系统相似，但是与其他文件系统不同的是，Hdfs 中小于一个块大小的文件不会占据整个硬盘磁盘块的空间。Hdfs 文件中块大小比磁盘块(一般为 512B)大，大大减少了寻址的时间开销。

在离线数据分析系统中搭建的 Hdfs 的集群系统里，包括两类节点，NameNode 以管理者模型运行，DataNode 以工作者模型运行。NameNode 节点管着整个分布式文件系统，并且可以提供多种备份机制，来保证系统在 NameNode 出现故障时，可以继续正常地运行工作。根据数据平台系统实践经验看，NameNode 的备份机制非常重要，如果运行 NameNode 的机器出现故障，HDFS 的文件系统将无法工作且无法恢复，文件系统上的所有文件将会被全部丢失。通过对 NameNode 的多种备份机制，来提升 Hadoop 文件系统的容灾能力和运行的可靠性。

离线数据平台 Hadoop 数据处理的实践过程中编写的程序先要通过小数据集的测试，然后才能将处理程序运行到集群中。即便如此，当离线分析程序运行在整个数据集上时，可能暴露出更多的问题。Hadoop 提供了一些辅助性的工具，如 IsolationRunner 帮助完成集群的分布式测试；另外，Hadoop 还提供了一些钩子(Hook)程序，帮助对分布式程序中的任务剖析调试，以方便更进一步地性能调整和优化。

数据平台系统的实践过程表明，Hadoop 基于集群的分布式并行系统中，计算结果可以很方便地扩充，因而提供了近乎无限的计算能力。离线数据分析系统的实际生产活动中，搭建了上百个处理节点，每个节点通过 MapReduce 的编程模型完成不同的离线数据分析处理的任务。而处理的结果数据，最终结果存储在 MyISAM 为存储引擎的 MySQL 数据库中，中间结果存储在 Infobright 中，以便前台数据产品进一步地进行数据分析。

Hadoop 作为事实上互联网进行海量数据分析的标准技术，有力地支持了离线数据系统的数据存储、处理和计算。海量的日志数据经过处理后，可以认为是 BI 级别的数据量，也即可以通过成熟的 OLAP 的数据存储和处理手段进行分析，得到的最终综合数据可以根据业务的需要存储到一般的数据库中，以备数据平台系统的数据查询需要。

离线数据平台系统的内部结构图如图 9-11 所示。

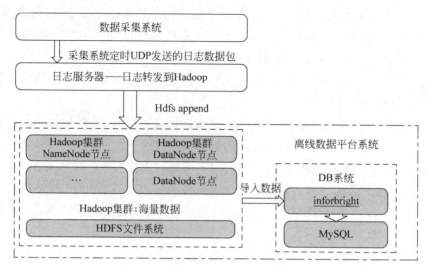

图 9-11　离线数据平台系统的内部结构

9.5　数据分析应用

【引导案例】　社交网站营销中的心理学。

Facebook 上曾有一张被疯传的照片，父亲跟女儿打赌说，只有当这张照片被"Like"超过百万次，女儿才能拥有属于自己的小猫。而最终，这张图的"Like"数超过两百万，而其主页也得到病毒式的推广，有 1/4 Like 图片的人同时 Like 了其父的主页。

另外还有一个例子，Poultrykeeper.com 的一位老板直言员工上 Twitter 纯粹是浪费时间，于是同一员工打赌：员工发的推文每转一次，老板给员工 50 便士，如果这条推文没有被转超过十次，员工给老板 10 磅。最终这条推文被转了 22000 次，而员工则拿到了 1100 磅的奖金。

9.5.1　网站优化

分析网站统计数据可以更好地提升网站优化效果。

网站优化过程中，流量统计工具已经成为站长优化必备的工具。通过流量工具可以清楚地看到网站流量的构成，从来源到热门关键词，从进入页面到跳出页面，从访问时段到分布情况等，这些都是进行网站优化应该重视和参考的数据，从这些数据的背后我们能够找寻出进一步强化优化的方法。具体可以从以下要素入手分享。

1. 访问来源分析可以看清外链效果

利用流量统计除了分析网络的主关键词外，更可以通过来源分析，看到网站流量的来源构成，特别是除了直接输入与搜索引擎引入的流量外，那些通过第三方到达的流量，也就是我们平时构建的外链效果体现。对于平时在其他平台上发布软文和外链，期待能够为网站推广带来潜在的客户和流量的行为，在流量统计的分析中一目了然，我们可以对成功的外链和效果不明显的外链做到心中有数，能够为接下来的网络营销外链工作指明方向，进一步巩固和利用好这些效果好的外链平台，从而强化优势，弥补不足。

2. 分析访问跳出页面以加强网站内链工作

网站优化还需要重视提高客户的用户体验感，如何能留住初次来访的用户，这就需要利用良好而清晰的内部链接让用户可以在到达网站后可以看到更多相关的内容，引起他们的兴趣让他们产生更多的访问，进而增强其对网站的认可，有助于将他们转化为忠实用户。在构建网站内链方面，为了分析和找到内链设计的不足，可以通过统计结果中分析出跳出率高的页面进行专门的内部优化。通过对这些页面的设计分析，找到不足之处，作为借鉴，对全站的内链情况进行针对性的强化，增强相关内容的曝光率，让用户更多地找到自己感兴趣的内容，是增强网站推广优化效果，获得更多"回头流量"，培养忠实用户的重要途径。

3. 关键词分析可以让优化查漏补缺

网站优化的要点之一就是对网站关键词的优化，为了保证在行业或领域内的竞争力，站长需要通过做好优化，使网站在搜索引擎相关关键词的搜索中占据靠前的排名，通过良好的排名获得更多的目标流量，从而得到更多高质量的同行业用户。从统计结果的分析中，可以清楚地看到每天、每周、每月哪些关键词为网站带来了较多的流量，而哪些预期的关键词并没有发生作用，如此一来，便可以有针对性地对网站优化方案进行调整，进一步加强网站优化效果。

9.5.2　个性化推荐

资料调查显示90%以上的信息对于90%的用户是无用的，这样造成的结果就是用户要花费大量的时间搜索所需信息，导致"信息过载"问题的出现，也致使信息的利用率大大降低。在时间和资源等因素的制约下，用户不希望被淹没在信息的海洋中，人们渴求从网络中更快速高效地寻找到所需的信息。

传统的信息服务主要是利用搜索引擎解决这个问题，搜索引擎的本质是帮助用户找到想要的东西。用户在使用搜索引擎时需要事先知道搜索的对象是什么，在输入相关的关键词后才能找到需要的资源，如查找某网站、某新闻详情、某名人资料等。而搜索引擎属于被动式的网络服务，并且在传统的信息服务中，不同的用户搜索的结果仍然相同，无法满足用户的个性化需求，也不能有效地解决信息超载问题。个性化推荐技术正是在这个背景下应运而生，推荐的本质是代替用户对他没看过的资源对象进行评定，从而帮助用户找到他喜欢的东西。推荐系统通过用户的历史访问记录，猜到用户喜欢什么，进而把用户喜欢的东西找出来，推送到用户面前。

1. 个性化推荐系统的组成

个性化推荐系统主要由三个模块组成：用于收集用户信息的行为记录模块，分析用户喜好的模型分析处理模块以及推荐模块。行为记录模块是用于记录用户行为，包括用户问答、对产品的评分、购买商品、下载资料等用户行为。处理模块对用户的行为进行记录和分析处理，利用推荐算法建模找到用户潜在的兴趣爱好以及对产品的喜好程度。然后，利用推荐模块将用户可能喜欢的内容推荐给用户,包含购买建议、文本评价等推荐形式。图 9-12 为三个模块各自实现功能所需的处理流程图。

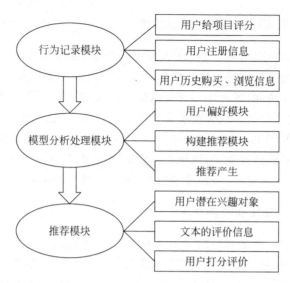

图 9-12　个性化推荐系统的组成

2. 个性化推荐系统的作用

个性化推荐的最大优点在于,它能收集用户特征资料并根据用户特征,如兴趣偏好,为用户主动做出个性化的推荐。而且,系统给出的推荐是可以实时更新的,即当系统中的商品库或用户特征库发生改变时,给出的推荐序列会自动改变。这就大大提高了电子商务活动的简便性和有效性,同时也提高了企业的服务水平。

总体说来,一个成功的个性化推荐系统的作用主要表现在以下三个方面:

1) 将电子商务网站的浏览者转变为购买者

电子商务系统的访问者在浏览过程中经常并没有购买欲望,个性化推荐系统能够向用户推荐他们感兴趣的商品,从而促成购买过程。

2) 提高电子商务网站的交叉销售能力

个性化推荐系统在用户购买过程中向用户提供其他有价值的商品推荐,用户能够从系统提供的推荐列表中购买自己确实需要、但在购买过程中没有想到的商品,从而有效提高电子商务系统的交叉销售。

3) 提高客户对电子商务网站的忠诚度

与传统的商务模式相比,电子商务系统使得用户拥有越来越多的选择,用户更换商家极其方便,只需要点击一两次鼠标就可以在不同的电子商务系统之间跳转。个性化推荐系统分析用户的购买习惯,根据用户需求向用户提供有价值的商品推荐。如果推荐系统的推荐质量很高,那么用户会对该推荐系统产生依赖。因此,个性化推荐系统不仅能够为用户提供个性化的推荐服务,而且能与用户建立长期稳定的关系,从而有效保留客户,提高客户的忠诚度,防止客户流失。

个性化推荐系统具有良好的发展和应用前景。目前,几乎所有的大型电子商务系统,如

Amazon、eBay等不同程度地使用了各种形式的推荐系统。国内方面,知名购物网站麦包包、凡客诚品、库巴网、红孩子等都率先选择了本土最先进的百分点推荐引擎系统构建个性化推荐服务系统。在日趋激烈的竞争环境下,个性化推荐系统能有效地保留客户,提高电子商务系统的服务能力。成功的推荐系统会带来巨大的效益。另一方面,各种提供个性化服务的Web站点也需要推荐系统的大力支持,国内推荐系统领航者百分点科技就Web站点个性化内容推荐方面也做出了贡献,在信息爆棚的今天,实施个性化阅读势在必行。

3. 个性化电子商务推荐系统的主要算法

个性化电子商务推荐系统的主要算法有:
1) 基于关联规则的推荐算法(Association Rule-based Recommendation)
2) 基于内容的推荐算法(Content-based Recommendation)
内容过滤主要采用自然语言处理、人工智能、概率统计和机器学习等技术进行过滤。

通过相关特征的属性来定义项目或对象,系统基于用户评价对象的特征学习用户的兴趣,依据用户资料与待预测项目的匹配程度进行推荐,努力向客户推荐与其以前喜欢的产品相似的产品。

基于内容过滤的系统其优点是简单、有效。尤其对于推荐系统常见的冷启动(Cold Start)问题,Content-based方法能够比较好地进行解决。因为该算法不依赖于大量用户的点击日志,只需要使用待推荐对象(item)本身的属性、类目、关键词等特征,因此该方法在待推荐对象数量庞大、变化迅速、积累点击数稀少等应用场景下有较好的效果。但该方法的缺点是对推荐物的描述能力有限,过分细化,推荐结果往往局限于与原对象相似的类别中,无法为客户发现新的感兴趣的资源,只能发现和客户已有兴趣相似的资源。这种方法通常被限制在容易分析内容的商品推荐,而对于一些较难提取出内容的商品,如音乐CD、电影等就不能产生满意的推荐效果。

3) 协同过滤推荐算法(Collaborative Filtering Recommendation)

协同过滤在信息过滤和信息系统中正迅速成为一项很受欢迎的技术。与传统的基于内容过滤直接分析内容进行推荐不同,协同过滤分析用户兴趣,在用户群中找到指定用户的相似(兴趣)用户,综合这些相似用户对某一信息的评价,形成系统对该指定用户对此信息的喜好程度预测。

与传统文本过滤相比,协同过滤有下列优点:
(1) 能够过滤难以进行机器自动基于内容分析的信息。如艺术品、音乐。
(2) 能够基于一些复杂的,难以表达的概念(信息质量、品位)进行过滤。
(3) 推荐的新颖性。正因为如此,协同过滤在商业应用上也取得了不错的成绩。Amazon,CDNow,MovieFinder,都采用了协同过滤的技术来提高服务质量。

协同过滤推荐算法,可进一步细分为基于用户的协同过滤(User-based Collaborative Filtering)和基于物品的协同过滤(Item-based Collaborative Filtering)。

基于用户的协同过滤的基本思想是:根据所有用户对物品或者信息的偏好,发现与当前用户口味和偏好相似的"邻居"用户群,在一般的应用中是采用计算"K-邻居"的算法;然后,基于这K个邻居的历史偏好信息,为当前用户进行物品的推荐。

基于物品的协同过滤的基本原理也类似,该方法根据用户和物品直接历史点击或购买记录,来计算物品和物品之间的相似度,然后根据用户的历史偏好的物品信息,将挖掘到的类似的物品推荐给用户。

基于用户的协同过滤和基于物品的协同过滤各自有其适用场景。总的来看,协同过滤方法的缺点是:

(1) 冷启动问题:如果用户对商品的评价非常稀疏,这样基于用户的评价所得到的用户间的相似性可能不准确(即稀疏性问题)。

(2) 随着用户和商品的增多,系统的性能会越来越低(即可扩展性问题)。

(3) 最初评价问题(first rater):如果从来没有用户对某一商品加以评价,则这个商品就不可能被推荐。

因此,现在的电子商务推荐系统都采用了几种技术相结合的推荐技术。

4. 应用案例——百分点推荐系统

个性化推荐是根据用户的兴趣特点和购买行为,向用户推荐用户感兴趣的信息和商品。随着电子商务规模的不断扩大,商品个数和种类快速增长,顾客需要花费大量的时间才能找到自己想买的商品。这种浏览大量无关的信息和产品过程无疑会使淹没在信息过载问题中的消费者不断流失。为了解决这些问题,个性化推荐系统应运而生。

个性化推荐系统是建立在海量数据挖掘基础上的一种高级商务智能平台,以帮助电子商务网站为其顾客购物提供完全个性化的决策支持和信息服务。购物网站的推荐系统为客户推荐商品,自动完成个性化选择商品的过程,满足客户的个性化需求,推荐基于:网站最热卖商品、客户所处城市、客户过去的购买行为和购买记录,推测客户将来可能的购买行为。

在电子商务时代,商家通过购物网站提供了大量的商品,客户无法通过屏幕就了解所有的商品,也无法直接检查商品的质量。所以,客户需要一种电子购物助手,能根据客户自己的兴趣爱好推荐客户可能感兴趣或者满意的商品。

以国内最具代表性的百分点推荐系统框架为例,个性化推荐系统的推荐引擎在个性化算法的框架基础之上,还引入了场景引擎、规则引擎和展示引擎,形成全新的百分点推荐引擎的技术框架,系统通过综合并利用用户的兴趣偏好、属性,商品的属性、内容、分类,以及用户之间的社交关系等,挖掘用户的喜好和需求,主动向用户推荐其感兴趣或者需要的商品。

基于云计算的个性化推荐平台,消除了数据孤岛,建立基于用户全网兴趣偏好轨迹的精准云计算分析模型,打通用户在多个网站的兴趣偏好,形成用户行为偏好大数据中心。

拥有多种智能算法库。基于多维度的数据挖掘、统计分析,进行算法模型的建立和调优。综合利用基于内容、基于用户行为和基于社交关系网络的多种算法,为用户推荐其喜欢的商品、服务或内容。

9.5.3 网页设计优化

一个好的网站除具有好的内容和绚丽的页面之外,网页的优化工作也十分重要。网页的优化是由很多方面的优化组成的,用户需要掌握网站设计制作技术(包括网站架构设计、网页设计以及制作页面编写代码等),相关其他方面的知识(包括电子商务、人机交互、易用性和一些相关的软件知识等),以及心理学、商业运作等相关知识。

网页的优化分为两类:技术优化和人文优化。

技术优化指的是代码的优化、目录结构的优化和搜索引擎的优化等针对技术方面的优化工作，一般都是看不见摸不着的，但是会给用户带来不少方便，也会给网站带来更大效益。技术优化有一定的模式而且需要优化的东西也比较固定，相对简单一些，只是时间问题。

人文优化指的是交互性优化和易用性优化等针对用户使用方面的优化工作，这一部分是网站用户看得见摸得着的东西，人文优化是最花精力、最困难的，因为要猜测使用者的心理。

1. 技术优化

1) 代码优化

代码优化主要解决的问题就是页面浏览速度和适应性的问题。文字和图片是构成页面的两个主要因素，所以我们的优化也主要针对文字和图片。随着代码的标准化、字体的样式大小等的指定趋于规范使用CSS(Cascading Style Sheets，层叠样式表单)样式表来完成。对于图片主要存在的问题是尺寸过大。网页中一般应用两种格式的图片：JPEG和GIF。JPEG格式的图片适用于颜色比较多、构成比较复杂的图片(比如一些照片、渐变颜色等)；GIF格式的图片适用于颜色要求不是很高、构成比较简单的图片(比如网站的logo、大的色块构成的图片等)。GIF图片尤其要注意在导出的时候对颜色数目的选择，选择恰当会达到减小尺寸的效果。对于一些比较大的图片还可以将它切割成比较小的图片进行拼接，同一时间内多幅小图的打开也可以提高网页的下载速度。

2) 目录结构优化

网站的目录是指建立网站时创建的目录。目录结构的好坏，对浏览者来说并没有什么太大的感觉，但是对于站点本身的上传维护、内容的扩充和移植有着重要的影响。下面是建立目录结构的一些建议。

- 不要将所有文件都存放在根目录下。
- 按栏目内容建立子目录。
- 在每个主目录下都建立独立的images目录。
- 不要使用中文目录；网络无国界，使用中文目录可能对网址的正确显示造成困难。
- 不要使用过长的目录；尽管服务器支持长文件名，但是太长的目录名不便于记忆。
- 尽量使用意义明确的目录。

3) 针对搜索引擎的"关键字"优化

"关键字"的体现要合理，比如可以制作一个"网站导航"的页面，网站导航页面会淋漓尽致地体现各个关键字，这个页面不但方便用户使用，也会更容易地被搜索引擎找到，起到事半功倍的作用。

随着搜索引擎都有了图片搜索功能，网页里边的图片也是体现关键字的好地方，在页面里边加入图片后千万别忘记给图片起一个"名字"。

2. 人文优化

1) 文案优化

一个吸引人的网页文案一般有以下几个特点：

(1) 排版清晰明了、一目了然。做到这点需要了解排版的有关要领，即控制好字与字、行与行之间的距离,控制好字体的颜色,以及该突出的词句一定要突出等。

(2) 语言有特点、吸引人,以便在最短的时间内告诉浏览者"你就是他要找的"。

(3) 一个页面文章内容的多少要控制好,避免太多,注意要给浏览者休息眼睛的机会。

2) 链接优化

网站的优势在于"链接",充分利用链接引导用户阅读他们感兴趣的东西,同时也能有效地优化"寸土寸金"的标题页面,提高信息含量。我们需要明确用户是在"浏览网页"而不是在"阅读网页",用户只会对自己感兴趣的东西进行阅读,其他基本上都是浏览。

3) 注册优化

尽量简化让用户填写的注册信息。通过优化,根据实际需要将网站注册过程中的某些必填改为自愿填写,而且在一些关键页面中添加一些关于注册客户和普通客户会享受不同待遇的提示,会大大提高网站的人性化程度,并起到事半功倍的作用。

9.5.4 服务提升与优化

传统业务规划通常只考虑业务之间的逻辑关系,较少考虑客户操作视角中形成的一连串的心理反应、行为特征、价值取向等,而在客户为中心的业务规划中,客户的每个操作都需要详细分析,记录在案,通过行为轨迹综合分析客户心理特征,所以能够更有效地促进客户完成业务。以下为传统业务规划和客户为中心的业务规划二者的对比。

1. 传统业务规划

(1) 大脑风暴构建业务流程,从业务规划者角度而非客户角度出发。

(2) 我们不知道客户需要什么,更糟糕的是客户可能也不知道。

(3) 每个环节都存在客户流失,而我们不知道发生了什么。

(4) 客户每次点击都是营销机会,但是我们错过了每一次机会。

(5) 客户在每一个环节都错过了本来他可能会购买的商品。

(6) 当客户离开时我们可能永久地失去了该客户,没有留下有价值的信息。

2. 从客户视角构建业务框架

(1) 以客户为中心的思维方式构建业务框架。

(2) 系统需要满足不同类型的客户的个性化需求,其核心为数据挖掘和应用。

(3) 系统需要协助客户达成实现客户期望,并帮助客户发现并实现潜在需求。

(4) 系统需要智能寻找最佳的帮助时机,智能地进行客户协助。

(5) 系统建设需要考虑未来系统的发展方向,其核心为客户需求挖掘。

以购买为例,我们经过客户研究发现几个行为特征,消费者首先对产品开始感兴趣,此时销售人员虽然可以帮助客户,但是不宜直接对话,最佳方式是通过系统智能地与消费者进行互动,帮助消费者决策。而当消费者产生了真正购买的冲动之后,消费者更愿意主动通过Internet Message方式与客服沟通形成购买行为。所以,营销人员必须对每个营销时机有提前预估,这就要求我们在数据体系构建时,必须能够帮助营销人员统计客户变化情况,并且需要满足营销人员针对客户每时每刻不断变化的需求进行个性化营销定制的需求,协助营销人员展开精准营销活动。图9-13为数据体系结构的示意图。

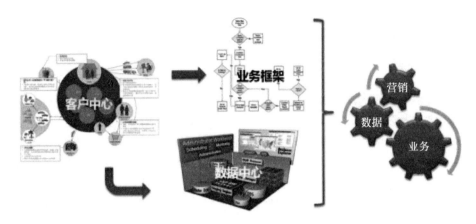

图 9-13 数据体系结构

（1）数据框架建设必须以业务及营销为中心。
（2）数据框架建设需要满足现有的业务需求，并且需要尽可能满足未来业务发展的需求。
（3）数据框架建设重点在于实现智能交互。
（4）数据需要能够用于分析、判断、决策和使用。
（5）数据框架建设需要能够反映出数据的变化趋势，协助业务的分析判断。

9.5.5 网络营销

数据分析的结果广泛应用于网络营销的方案策划中，帮助营销人员选择恰当的网络营销手段，并将营销信息准确投递到合适的人群中。

1．整合营销

整合营销理论是指以消费者为核心，重组企业行为和市场行为，综合协调使用各种传播方式，以统一的目标和统一的传播形象，传递一致信息，实现与消费者的双向沟通，迅速树立品牌在消费者心目中的地位，建立企业品牌和与消费者长期、密切的关系。它与传统营销的区别在于：传统营销的着眼点是交易，对象是消费者，传播手段是单向的，借助大众营销；而整合营销的着眼点是建立关系，对象是所有的关系利益人，传播手段是互动的，并借助数据库驱动营销。而网络的特征使得企业在营销中更加突出消费者在整个营销过程中的地位，网络的互动特性使消费者能真正参与到整个网络营销过程中，网络营销以消费者的需求为起点，力图实现消费者满意和企业利润最大化。

2．一对一营销

一对一营销理念的核心是以客户占有率为中心，通过与每个客户的互动对话，与客户逐一建立持久、长远的双赢关系，为客户提供定制化的产品，目标是在同一时间向一个客户推销最多的产品，而不是将一种产品同时推销给最多的客户。传统的营销，是从产品的角度经营，一次关注一种产品或服务，满足一种基本的顾客需求，然后挖掘市场，尽可能多地找到在当前销售季节中有这种需求的顾客。而一对一营销，不是一次关注一种需求，而是一次关注一位顾客,尽可能多地满足这位顾客的需求,其目的是鼓励企业建立客户的基础,它鼓励企业长期不断地与客户进行相互交流,并让这种交流促成一种学习型关系。

3. 互动式营销

互动式营销是营销商通过互动技术支持,获得来自消费者方面的更准确的信息,从而做出快速的反应和及时沟通。网络营销区别于传统营销的最显著特点之一就是网络的互动性,而在网络营销中,消费者变被动为主动,他们通过鼠标的点击就能够参与到双向互动的营销过程中,他们可以主动搜集自己感兴趣的商品信息,来做出购买决策,甚至还可以通过主动地参与,来设计自己喜好的产品。企业也需要根据顾客参与提供的信息,做出即时的反馈,并对自身的营销努力进行测试和评价,以更好地实现营销目标。这种营销方式充分实现了消费者与企业的双向互动。

4. 数据库营销

数据库营销是利用企业经营过程中收集形成的各种顾客资料经分析整理后作为制定营销策略的依据,并作为保持现有顾客资源的重要手段。数据库营销可以充分了解顾客的需求,提供更好的服务;对顾客的价值进行评估,区别对待高价值顾客和一般价值顾客;可以分析顾客需求行为,进行市场调查和预测。与传统数据库相比,网络数据库营销的独特价值主要表现在三个方面:动态更新;顾客主动加入;改善顾客关系。

5. 直复营销

直复营销是一种为了在任何地方产生可度量的反应和达成交易,而使用一种或多种广告媒体的互相作用的市场营销系统。直复营销者可在一定广告费用开支允许的情况下,选择可获得最大订货量的传播媒体。网络作为一种交互式的、可以双向沟通的渠道和媒体,可以很方便地为企业与消费者之间架起桥梁。基于互联网的直复营销将更加吻合直复营销的理念,互联网作为开放、自由、双向式的信息沟通网络,可以实现企业与消费者之间的直接沟通,为每个目标消费者提供直接向营销人员反应的通道,并可以在任何时间、任何地点实现这种双向信息交流。

6. 关系营销

关系营销是指企业与其消费者、分销商、经销商、供应商等建立、保持并加强关系,通过互利交换及共同履行承诺,使有关各方实现各自目的。其中,建立和保持企业与消费者之间的长期关系,是关系营销的核心,即保持消费者,为其提供高度满意的产品和服务价值,通过加强与消费者的联系,保持长期关系。互联网作为有效的双向沟通渠道,使企业和消费者之间可以实现低成本的沟通和交流,是企业与消费者建立长期关系的有效保障。这是因为基于互联网的营销活动能实现个性化消费需求,能与消费者保持密切联系,能全程控制质量,利于建立协作伙伴关系。

7. 软营销

软营销是针对工业经济时代的以大规模生产为主要特征的强式营销提出的新理论,它强调企业进行市场营销活动的同时必须尊重消费者的感受和体验,让消费者舒服地、主动地接受企业的营销活动。传统营销活动,如传统广告和人员推销,是通过不断的信息灌输方式在消费者心中留下深刻印象,至于消费者是否愿意接受,需要不需要则不予考虑。在互联网上,由于信息交流是自由、平等、开放和交互的,强调的是相互尊重和沟通,网上使用者比较注重个人体验和隐私保护。概括地说,软营销的主动方是消费者,而网络的互动性又使其愿望得以实现。

8. 病毒式营销

病毒式营销描述的是一种信息传递战略,即"让大家告诉大家"。利用网络快速复制和传递的性能传向数以万计、数以百万计的受众,达到信息像病毒一样传播和扩散的效果。即依靠提供有价值的产品或服务,通过人群与网络宣传,实现"营销杠杆"的作用。病毒式营销已经成为网络营销最为独特的手段,被越来越多的商家和网站成功利用。一个有效的病毒性营销战略包含六个基本要素:提供有价值的产品或服务;提供无须努力向他人传递信息的方式;信息传递范围很容易从小规模向大规模扩散;利用公众的积极性和行为;利用现有的沟通网络;利用别人的资源。

9. 体验营销

体验营销,是让消费者先试后买,从厂家提供的一整套产品服务的消费过程中感受一种精神和心理上的满足和愉悦。网络营销所提供的虚拟空间,让消费者可以有身临其境的感觉。目前在线游戏成为各大网络公司和软件公司最赚钱的项目,就是把体验营销运用于网络营销的结果。

【本章小结】

本章系统介绍了网站数据的特点、网站数据分析的内容以及数据分析的应用。电子商务最大的特点是所有的业务数据都实时地保存在网站的服务器中,数据量巨大。通过科学的分析,可以从数据中发现很多有意义的信息,帮助网站经营者采取相应的措施,提高竞争优势。

网站数据分析的指标很多,需要读者认真领会每一个指标的含义、指标数据的采集和指标数据的应用场景。

【本章习题】

1. 理解下列指标:
PV,UV,客户转化率,客户跳失率,重访问客户
2. 简述网站数据采集的方式。
3. 常用的数据分析方法有哪些?
4. 举例说明数据费结果如何应用到网站运营中。

第10章 网站升级

【本章知识点】

当网站从功能、性能以及经济上不再满足企业的业务需求时,就需要进行网站升级了。本章主要内容包括:

(1) 网站升级的含义;

(2) 网站升级的时机;

(3) 网站升级的内容;

(4) 网站升级时应注意的问题。

【引导案例】 国家药监局信息中心网站升级案例。

国家食品药品监督管理局信息中心(以下简称信息中心)成立于1978年,是国家食品药品监督管理局直属事业单位。主要负责食品药品监管信息化建设,开展面向政府决策和科技决策的信息研究,承担国家科研项目,进行国内外药品、医疗器械、保健食品等相关信息的收集、研究分析与服务等工作。

国家食品药品监督管理局信息中心现已成为政府决策信息支持中心、食品药品信息数据分析及发布中心、食品药品监管信息化技术支持中心、食品药品信息的检索和咨询中心。可对外提供信息服务的方式包括:网站、光盘、影视、期刊、资料、图书及咨询等。

1. 需求分析

随着信息中心网站服务内容的大量增加以及客户数量的大幅提高,系统是基于Domino BS架构,此版本于2002年建设投入使用,目前的网站功能已经无法满足中心的业务拓展需要,并且功能的不完善也导致日常维护工作繁杂,效率较低。中心提出的网站具体需求大致包含以下几点:

1) 用户系统升级

包括增加密码强度检测、定期修改提醒、会员到期提醒、会员资料修改记录、会员登录提示模块、后台会员管理系统以及会员重复登录检测系统。

2) 网站内容管理系统升级

新增全文检索系统、Flash图片新闻管理系统、Excel数据导入模块、PDF文件导入模块、信息特定字段重复检测系统、数据访问统计系统、简繁体转换系统。

3) 前台显示模块

开发模块利用AJAX读取Domino数据库,可设置读取条件、排序方式等;文章标题长度自适应系统。

2．项目实施

在对信息中心的系统进行全面分析之后,我们采用先后台再前台,分层、分模块的不停机升级模式,项目实施周期为一个月,通过备份的网站系统,搭建测试环境进行升级,同时进行测试,并不断根据信息中心具体需求进行功能完善。

3．项目总结

在实施过程中,项目组不但完美实现了用户的需求,还从专业的角度为信息中心提供方案改进建议,在用户体验、执行效率、搜索引擎优化等各方面为信息中心提供了更优的解决方案。

10.1 网站升级概述

网站运营一段时间后,因为网络技术的发展以及网站服务器环境的改变,企业原有网站可能会出现兼容性、整体视觉、功能实现等方面的缺陷。网站升级服务将迅速弥补以上不足。

网站升级与网站维护是两个不同层次的概念。网站维护是对网站的内容做部分的、局部的、微小的修改和完善,它不改变网站的整体风格和主要功能。而网站升级则是对网站整体的改造,是网站新的生命周期的开始。

网站是否需要升级,取决于现有网站的功能、性能是否还能够满足企业和访问者的需要。这需要网站管理人员在日常运营过程中不断收集各种数据,根据网站运营效果与目标的比较,发现问题。

1．网站访问速度

访问者登录到网站时的登录速度是影响访问者满意度的一个重要因素。根据心理学测定:如果人们在计算机前等待的时间超过 30 秒,就会出现烦躁的情绪。因此,保证在足够短的时间内让访问者看到他想访问的内容,是留住访问者的一个重要手段。

由于网站的访问量持续增加,原有的网络带宽可能不能满足网站流量的需要,这时就需要考虑升级了。

2．网站业务功能

随着企业业务范围的扩大或业务内容的转变,原有网站提供的业务功能不能满足新业务的需要,需要对网站的业务功能、处理逻辑、应用程序进行重新设计和开发。

3．网站处理能力,并发访问的处理能力

电子商务网站与一般的信息系统有一个显著的区别:网站的访问量会呈现"爆发"式的访问。

随着网站的推广和应用的成熟,访问量越来越大,"突发"流量也会越来越大,超出了设计的极限,网站就会瘫痪。

4. 网站安全性、可靠性

中国有一句老话：树大招风。随着网站知名度的提高，吸引广大客户的同时，也会吸引竞争对手、黑客等的注意力。这时，有意、无意的攻击就会随之而来。

【启发案例1】 2010年1月12日上午7点钟开始，中国最大中文搜索引擎"百度"遭到黑客攻击，长时间无法正常访问。范围涉及四川、福建、江苏、吉林、浙江、北京、广东等国内绝大部分省市。

网站管理者应根据网站面临的安全问题和安全隐患，采取新的措施来保证网站的安全。

10.2 网站升级的内容

【启发案例2】

宝洁公司"联系＋发展"中文网站全面升级，以打造更符合中国创新资产拥有者需求的独特平台。

在短短100天内，宝洁公司"联系＋发展"中文网站的注册访问量超过2万，收到的有效创新方案超过120个，其中一项很有希望达成业务合作，这在宝洁公司"联系＋发展"的历史上创造了一项新的纪录。

为了让创新资产拥有者更好地了解宝洁公司的需要，也让宝洁更便捷地了解他们的需求，"联系＋发展"部门还对网站的界面进行了优化，网站操作功能更加便捷，可以让登录用户在第一时间了解宝洁公司"联系＋发展"部门的最新动态。页面新添加了"帮助中心"和"留言板"功能，这两大新增功能会针对用户对网站本身及与宝洁公司合作方面的问题，提供最为快捷的帮助。

在考虑网站升级优化的时候，最重要的指导思想就是如何使它让中国用户使用起来更加得心应手，把宝洁公司"联系＋发展"中文网站打造成中国式创新门户，迎接更多的中小企业、科研院校和个人创新专利的所有者，更方便地联系宝洁公司，共同发展。

"联系＋发展"模式近期的一次重要实践——"'亲近生活，美化生活'2009微生物技术创新大赛"活动，得到了"联系＋发展"中文网站的推广与支持。这次大赛由宝洁公司与中科院微生物所、中国微生物学会联合举办，邀请北京及其他地区相关高校的青年学者和在校生，以个人或组队的形式参加，参赛者会在了解宝洁公司创新需求的基础上，向宝洁递交他们的技术创新方案。优胜者将获得现金奖励，并获推荐参加宝洁公司校园招聘，而优胜方案还有机会得到宝洁公司研发基金的支持。

宝洁公司希望通过"联系＋发展"中文网站这个强大便捷的网络平台，吸引更多的技术人才和科研团队逐鹿这次微生物创新竞赛，让更多的科技人才拥有一展才能的机会。

目前，将近150个机构或个人希望成为宝洁公司的创新合作伙伴，他们通过宝洁公司"联系＋发展"中文网站向宝洁公司提交了创新方案，涉及创新、产品、技术、商业模式、商标、包装及设计等方面。

一位登录"联系＋发展"中文网站的个体发明者这样说道："我在前天同时给四家公司发去了我的创新方案，没想到宝洁公司的信息反馈如此之快，今天就回复了，那我就选定宝洁公司了！"强大的全球化资源、科学而高效的创新方案处理团队、成熟的市场运作体系，再依托于这一快捷的网站平台,为实现潜在的创新合作创造了可能。

网站升级的内容包括:

1. 硬件平台的升级

硬件平台的升级主要是服务器、带宽、操作系统的升级。

服务器的性能直接决定了网站的访问速度和处理能力。随着网站的运行,业务数据不断积累,访问者人数不断增加,并发访问的数量持续增加,对服务器的存储容量、处理能力、并发访问的要求也不断增加。当服务器的响应时间不能满足访问者需要时,就要考虑服务器升级。

企业 WWW 服务器可以采用自营主机和服务器托管两种策略。

主机托管就是把服务器委托给第三方的 WWW 和电子商务服务商。主机托管是企业电子商务最好的起步方案,它有很多优点:

(1) 成本低。将网站成本分摊到许多主机托管租用者身上。

(2) 不间断的技术支持。可以享受网站维护人员高质量的服务。

(3) 可靠的服务器。

(4) 提供强大的功能。除了提供接入服务外,还可以提供电子商务软件、店铺空间、电子商务经验等。

选择主机托管商时要考虑的因素有:

1) 可靠性

客户希望网站能够每天 24 小时都运转。当然,没有哪种主机托管服务敢保证永远不出问题,但它们可以依靠技术人员和备用硬件最大限度地解决可靠性问题。

2) 带宽

主机连接到互联网的带宽必须能够应付交易高峰的负荷。有时服务提供商新增账户的速度比带宽扩展的速度快,结果导致接入瓶颈。在谈判服务合同时,应该要求服务提供商保证带宽和服务响应时间。

3) 安全性

既然公司的客户、产品、定价和其他信息都交到了服务提供商的手里,那么安全问题就非常重要了。服务提供商应该详细说明所提供的安全类型及实施措施。公司可以聘请安全顾问公司来监督电子商务运营的安全。

4) 成本

服务水平不同,定价也不同。了解自己的网站需要哪类服务器硬件和软件,并估计网站可能的交易负荷,是确定价格的重要因素。

如果企业网上业务不断增长,越来越多的交易信息通过网站来完成,并且随着网站的运营,企业也积累了一些网站运营的经验,就可以考虑采用自营主机的形式。大型企业或网上业务量非常大的企业最好采用自营主机的形式,这样既方便网站与企业后台业务数据的集成,保证各种业务数据的及时更新,也保证了企业商务数据的安全保密。

在从主机托管向自营主机的迁移过程中,如何保证业务的不间断服务是企业网站升级必须考虑的问题。

2. WWW 服务器软件升级

WWW 服务器软件功能可以分为：核心功能、应用构造、网站管理、动态内容和电子商务。不同层次的 WWW 服务器软件提供的功能是不同的。

1）核心功能

核心功能包括：安全性、FTP、检索、数据分析四项功能。

安全性：安全服务包括用户名与口令验证、身份认证、加密、访问控制等手段。同时支持各种安全协议，如 SSL（安全套接层协议）、SHTTP 等。

用户可以用 FTP 向服务器传输文件或从服务器获取信息。

WWW 服务器可获取访问者的信息，包括谁（访问者的 URL）正在访问网站，访问者浏览网站的时间有多长，每次访问的日期和时间，浏览了哪些页面。这些数据存放在 WWW 运行日志文件里。通过对日志文件的分析，可以获得访问者的很多有用信息，例如他们喜欢什么、不喜欢什么。

2）应用构造

使用 WWW 编辑软件来生成静态或动态页面。不同的 WWW 服务器软件提供的应用构造功能不同，有些只能提供简单的页面生成工具，有些能够提供强大的开发引擎，创建复杂的动态页面。有些 WWW 开发包软件可创建特殊的页面，这些页面可以识别出正在请求页面的浏览器，并回复一个动态生成的页面，所生成的页面可完全适合此浏览器的独特配置。

3）网站管理

网站管理工具提供链接检查。链接检查软件可检查网站的所有页面，并报告断开的、似乎断开的或有些不正常的 URL。

4）动态内容

动态内容是响应 WWW 客户机的请求而构造的非静态的信息。例如，客户在表格中输入订单号查询某订单的执行情况，WWW 服务器就要检索该顾客的信息，并根据找到的信息创建一个动态页面来满足顾客的请求。网站可利用动态网页来吸引顾客，并尽可能长时间留住顾客。动态页面的内容来自企业的后台数据库或网站的内部数据。

WWW 服务器能够访问来自多种数据库的数据，如 Oracle、SQL Server、DB2 等。

5）电子商务

电子商务软件为用户提供建设企业网站的基本手段，如电子商务模板、商品目录显示、购物车、交易处理机制等。好的电子商务软件可以根据需要生成销售报告，使企业能够随时掌握最新数据，了解哪些商品正在销售、哪些商品非常畅销以及其他销售信息。

电子商务软件还可以自动地重复和更换 WWW 上的广告，可以为广告确定权重，这样可以决定不同广告的播出频率。

3. 数据库升级

随着网站运营，交易数据在数据库中不断累积，对数据库的处理能力（如查询速度、并发访问等）的要求越来越高，需要对数据库管理系统及数据库本身进行升级改造。包括选用功能更强大的数据库管理系统、重新设计数据库、数据库优化等。

10.3 网站升级的实施

网络营销要想顺利地开展,网站功能的好坏至关重要。如果网站很精美,也推广了,但却没有带来效益,这说明网站只是病态的网站。

根据网站的特点做出系统的诊断,并且制定出适合需要的整体网站优化方案,是企业开展网络营销的根本之道。

10.3.1 网站改版流程

网站改版流程主要包含以下内容:

(1) 客户所在行业、客户本身深度分析:包括行业特征、客户特征、客户需求、客户企业文化、客户品牌特色、客户宣传战略、客户发展战略、客户管理运营特色。

(2) 网站目标用户需求调查,通过调查,了解网站目标用户的深度需求、使用趋向、整体偏好。并根据调查结果,制定网站营销报告。

(3) 客户原有网站整体诊断、分析,并根据分析结果,简要制定网站诊断分析报告。

(4) 就目标用户需求调查与诊断分析报告与客户进行沟通协商,最后确定网站改版的整个方向与进行方式,全面确定网站改版整个流程与有效运行机制。

(5) 在以上工作的基础上,详细制定网站结构规划、内容定位,并在此基础上编写网站改版方案。

(6) 就具体实施方案与客户进行有效沟通,确定网站改版的各个具体细节。

(7) 根据网站改版实施方案,整合组织各部门人员,有效分配和整合资源,对改版项目进行全面的开发建设。

(8) 对开发整合之后的项目成品,进行功能及运行性能的测试,并通过测试纠正开发过程可能出现的偏差,修正过后的网站将移植入实际运营环境,继续进行整合测试,直至网站完全开放、发布。

(9) 针对改版后的网站进行用户满意度调查,及时修改纠正新版网站中不太合理或不足的地方,保证网站最大限度地满足目标用户的所有需求。

10.3.2 网站升级的步骤

1. 定位分析

网站剖析:对网站的自身进行解剖分析,目的是寻找到网站的基础问题所在;
电子商务定位:对企业网站进行电子商务定位,明确网站的位置;
电子商务模式分析:分析网站的电子商务模式,研究与网站相匹配的电子商务模式;
行业竞争分析:行业竞争的情况,行业网站的综合分析;
网站发展计划分析:电子商务网站短期规划与长期发展战略的实施反馈分析等。

2. 网站诊断

网站结构诊断:网站的结构是否合理、高效、方便,是否符合用户访问的习惯;

网站页面诊断：页面代码是否精简，页面是否清晰，页面容量是否合适，页面色彩是否恰当；

文件与文件名诊断：文件格式与文件名等；

访问系统分析：统计系统安装，来路（访问路径、来源）分析，地区分析，访问者分析，关键词分析等；

推广策略诊断：网站推广策略是否有效，是否落后，是否采用复合式推广策略等。

3. 营销分析

关键词分析：关键词是否恰当，关键词密度是否合理等；

搜索引擎登录分析：采用何种登录方式，登录的信息是否有效；

链接相关性分析：链接的人气是否高，是否属于相关性较大的链接；

目标市场分析：对目标市场进行分析，研究目标市场与营销的关系；

产品分析：分析产品的特性，产品的卖点等；

营销页面分析：营销页面设置的位置，营销页面的内容，营销页面的第一感觉等；

营销渠道分析：所采用的营销渠道如何，新的营销渠道如何开拓；

后续产品和服务分析：后续产品的开发，服务的情况反馈分析；

价格分析：价格的合理性等。

4. 综合优化

网站的架构优化：结构优化，电子商务运行环境优化等；

网站页面优化：页面布局，页面设计优化；

导航设计：导航的方便性，导航的文字优化等；

链接整理：对网站的内外链接进行处理；

标签优化设计：对相关标签进行优化设计。

5. 整合推广

网站流量推广策略：关键还是流量问题，这个过程中会用到许多网络营销方法；

外部链接推广：友情链接策略的使用；

病毒式营销策略：具体的策略需要灵活运用；

其他推广：关注网络变化，开拓新的推广手段。

10.4 网站升级应注意的问题

绝大多数网站需要 24 小时不间断运营，采取怎样的升级策略，才能尽可能减少网站停运的时间。另外，网站积累了大量的业务数据，保证网站升级后业务数据的充分利用也是要考虑的问题。

10.4.1 网站升级的时机

为了尽量使网站的升级不影响网站的正常运营，需要把网站升级的影响降到最小，下列策略值得借鉴。

1. 选择在访问量最小的时段进行升级工作

一般来说，零点左右是网站访问量较少的时段，可以选择这个时间进行网站的升级。

但是，网站类型不同，网站流量大小的时段也不同，并没有一个严格的时间限制。例如：一些交友网站、游戏网站、聊天网站，可能越是深夜，访问量越多。作为网站管理者来说，平时注意网站数据的收集和利用（在第9章中已经介绍），发现统计规律，尽量选择自己网站的访问量最低时升级，是不错的选择。

2．建立备份网站

如果业务非常重要，不允许中断，可以先对原网站做一个镜像网站，把升级阶段的业务转移到镜像网站上去运营，等升级完成后再实现无缝迁移。

但这种方法的成本较高。

10.4.2 网站升级的数据保护

在设计新数据库时，要考虑与原有数据库的兼容，尽量使用数据库的CDP功能。

CDP(Continuous Data Protection，持续数据保护)是一种在不影响主要数据运行的前提下，可以实现持续捕捉或跟踪目标数据所发生的任何改变，并且能够恢复到此前任意时间点的方法。CDP 系统能够提供块级、文件级和应用级的备份，以及恢复目标的无限的任意可变的恢复点。

大家都非常熟悉的 12306 铁路购票系统，作为被公认为春运期间中国业务量最大的电子商务网站，考虑到铁路售票的复杂性，其业务难度和系统压力即使与几大互联网巨头相比，也是有过之而无不及。12306 为了满足春运不断提高的要求，整个系统每年都在不断扩容、升级甚至大面积更新换代，如今，整个计算平台大部分从自有数据中心转移到了云端，包括所采用的各种软件和硬件系统。但是最关键的容灾系统，却多年来从未改变，一直采用全球领先的 CDP 容灾技术作为 Oracle RAC 核心集群和电子支付交易系统的容灾的保障。

10.4.3 网站安全

网站的安全非常重要，如果企业的网站中存在需要授权才能访问的内容，保护好这些内容是网络管理者的责任，使用安全的数据库技术，对关键数据进行加密，过滤用户上传的数据是保证网站安全的重要途径。网站安全性遵从以下规则。

（1）使用安全的数据库技术

目前主流的数据库技术包括 MS SQL Server、Oracle、IBM DB2、MySQL、PostgreSQL，其中 MySQL 和 PostgreSQL 属于开源数据库，其他三种数据库根据不同许可方式有不同的价格，它们都是非常安全的数据库技术。需要注意的是，我们并不建议采用 Access，首先 Access 是一种桌面数据库，并不适合可能面临海量访问的企业网站，其次，Access 是一种非常不安全的网站数据库，如果 Access 数据库文件的路径被获取，人们很容易将这个数据库文件下载下来并看到数据库内的一切内容，包括需要授权才能看到的内容。如果选择

Access 的原因是因为它免费，可以考虑 MSDE，它也是免费的。

（2）用户密码或其他机密数据必须用成熟加密技术加密后再存放到数据库

使用明文在数据库中存储用户密码、信用卡号等数据是非常危险的，即使使用的是非常安全的数据库技术，仍然要非常谨慎，任何机密数据都应该加密存储，这样即使数据库被攻破，那些重要的机密数据仍然是安全的。

（3）密码或其他机密数据必须用成熟加密技术加密后才能通过表单传递

如果网站没有使用 HTTPS 加密技术，那网站服务器和访问客户之间的所有数据都是以明文传输的，这些数据很容易在交换机和路由器节点的位置被截获，如果无法部署 HTTPS，将所有机密数据加密后再通过网络传播是非常有效的办法。

（4）密码或其他机密数据必须用成熟加密技术加密后才能写入 Cookie

很多网站将用户账户信息写到 Cookie 中，以便用户下次访问时可以直接登录。如果用户账户信息未经加密直接写到 Cookie 中，这些数据很容易通过查看 Cookie 文件获得，尤其当你的用户是和别人共用计算机的时候。

对于访问者提交的任何数据，都要进行恶意代码检查，虽然我们要信任用户，但在网络中，必须假设所有用户都是危险的，如果不对他们提交的数据进行检查，就可能出现 SQL Injection，Cross-site Scripting 等安全问题。

（5）网站必须有安全备份和恢复机制

任何网站都可能发生硬件或软件灾难，导致网站丢失数据，必须根据网站的规模和更新周期，定期对网站进行安全备份，在灾难性事故发生以后，备份恢复机制需要在很短的时间内将整个网站恢复。需要注意的是，一定要对备份恢复机制进行测试，保证备份数据是正确的。

（6）网站的错误信息必须经过处理后再输出

错误消息常常包含非常可怕的技术细节，帮助黑客攻破你的网站，应当对网站底层程序的错误消息进行处理，防止那些调试信息、技术细节暴露给普通访问者。

【本章小结】

本章探讨了网站生命周期的最后一个阶段——网站升级的有关内容。当网站运营一定时期，其访问速度、业务功能、服务器性能、使用的方便程度等不能满足用户的需求时，就需要对网站进行改版、升级了。网站升级包括服务器硬件升级、系统软件升级、数据库升级、应用程序升级等内容。在进行网站升级时，尽量选择对网站访问影响最小的时间进行升级工作，还要特别注意对现有资源的保护，包括对数据库中积累的各种数据资源的保护和再利用。

【本章习题】

北京某高校的网站是 2003 年投入运营的，运营 7 年来，网站实现了下列目标：
（1）提升学校知名度。
（2）方便考生了解学校的专业设置、报考要求，使生源质量不断提高。
（3）方便在校生选课、成绩查询、网上教学资料下载，提高了管理水平。
（4）方便学生了解国家各种政策。

随着北京市逐步在市属高校中开展学分制改革,原有的教学管理系统、招生系统和学籍管理系统不能满足学分制改革的管理需要,需要对网站进行全面的改版和升级。

请仔细调研学分制管理的相关制度、规定,在此基础上完成以下工作:

(1) 提出网站升级的策略。

(2) 分析网站升级的内容。

(3) 给出具体的网站升级方案。

参 考 文 献

[1] 班孝林. 基于信息构建 IA 的网站评价与实证研究(D). 长春：吉林大学，2007.
[2] Jakob Nielsen. 网站优化——通过提高 Web 可用性构建用户满意的网站[M]. 张亮，译. 北京：电子工业出版社，2007.
[3] Andrew B King. Web 站点优化[M]. 杨敏，李明，等译. 北京：机械工业出版社，2009.
[4] 徐天宇. 电子商务系统规划与设计[M]. 北京：清华大学出版社，2010.
[5] 冯英健. 网站推广 120 种方法. 新竞争力网站(http://www.jingzhengli.cn).
[6] emarketer. 网站推广 29 种常用方法(http://www.emarketer.cn).
[7] 王星. 大数据分析：方法与应用[M]. 北京：清华大学出版社，2013.
[8] 赵守香，姜同强. 互联网数据分析与应用[M]. 北京：清华大学出版社，2015.
[9] David L Olson. 信息系统项目管理导论[M]. 李玉英，简德三，译. 上海：上海财经大学出版社，2004.
[10] 乌尔瓦希·毛卡尔. 客户关系管理[M]. 北京：中国人民大学出版社，2014.
[11] 杨青. 公司规划与信息系统规划[M]. 北京：经济管理出版社，2005.
[12] 李伟，陈雄鹰. 企业 IT 战略与决策[M]. 北京：机械工业出版社，2005.
[13] Brooks Frederick P Jr. 人月神化[M]. 汪颖，译. 北京：清华大学出版社，2002.
[14] Kenneth C Laudon, Jane P Laudon. 管理信息系统(原书第 15 版). 黄丽华，俞东慧，译. 北京：机械工业出版社，2007.
[15] 数据创新组. 京东平台数据化运营[M]. 北京：电子工业出版社，2016.
[16] James Martin. 战略数据规划方法学[M]. 耿继秀，译. 北京：清华大学出版社，1994.
[17] Wiegers Karl E. 软件需求[M]. 陆丽娜，王忠民，王志敏，等译. 北京：机械工业出版社，2000.
[18] 赵守香. 网站运营与管理[M]. 北京：清华大学出版社，2011.
[19] 戴鑫. 新媒体营销——网络营销新视角[M]. 北京：机械工业出版社，2017.
[20] 黄成明. 数据化管理——洞悉零售及电子商务运营[M]. 北京：电子工业出版社，2014.

图书资源支持

感谢您一直以来对清华版图书的支持和爱护。为了配合本书的使用,本书提供配套的资源,有需求的读者请扫描下方的"书圈"微信公众号二维码,在图书专区下载,也可以拨打电话或发送电子邮件咨询。

如果您在使用本书的过程中遇到了什么问题,或者有相关图书出版计划,也请您发邮件告诉我们,以便我们更好地为您服务。

我们的联系方式:

地　　址: 北京市海淀区双清路学研大厦 A 座 701

邮　　编: 100084

电　　话: 010－62770175－4608

资源下载: http://www.tup.com.cn

客服邮箱: tupjsj@vip.163.com

QQ: 2301891038(请写明您的单位和姓名)

用微信扫一扫右边的二维码,即可关注清华大学出版社公众号"书圈"。

资源下载、样书申请

书圈

扫一扫,获取最新目录